人口与社会学研究丛书

健康资本投资对农村居民可持续生计的影响研究

祝月明 著

武汉大学出版社

图书在版编目(CIP)数据

健康资本投资对农村居民可持续生计的影响研究/祝月明著.—武汉：武汉大学出版社,2021.3(2022.4 重印)
人口与社会学研究丛书
ISBN 978-7-307-22166-6

Ⅰ.健… Ⅱ.祝… Ⅲ.农村经济—可持续性发展—研究—中国 Ⅳ.F323

中国版本图书馆 CIP 数据核字(2021)第 044380 号

责任编辑：郭　静　　　责任校对：汪欣怡　　　版式设计：马　佳

出版发行：武汉大学出版社　（430072　武昌　珞珈山）
（电子邮箱：cbs22@whu.edu.cn　网址：www.wdp.com.cn）
印刷：武汉邮科印务有限公司
开本：720×1000　1/16　　印张：16　　字数：228 千字　　插页：1
版次：2021 年 3 月第 1 版　　2022 年 4 月第 2 次印刷
ISBN 978-7-307-22166-6　　定价：48.00 元

版权所有，不得翻印；凡购我社的图书，如有质量问题，请与当地图书销售部门联系调换。

目　录

导论 ·· 1
　第一节　研究背景与研究意义 ··· 1
　　一、研究背景 ··· 1
　　二、研究意义 ··· 2
　第二节　概念界定 ··· 5
　　一、健康资本 ··· 5
　　二、健康资本投资 ··· 6
　　三、可持续生计 ·· 7
　第三节　数据来源与研究方法 ··· 10
　　一、数据来源 ·· 10
　　二、研究方法 ·· 11
　第四节　研究内容、结构安排与技术路线 ······························ 13
　　一、研究内容 ·· 13
　　二、结构安排 ·· 14
　　三、技术路线 ·· 15
　第五节　可能创新点 ··· 17

第一章　理论基础与文献综述 ··· 19
　第一节　相关理论基础及应用 ··· 19
　　一、健康资本投资相关理论 ·· 20
　　二、公共产品理论 ·· 24
　　三、能力贫困理论 ·· 25
　　四、可持续生计理论 ··· 27
　第二节　文献综述 ··· 29

一、健康资本投资的影响因素研究 …………………………… 29
　　二、健康资本投资对农村居民收入影响的相关研究 ……… 33
　　三、健康资本投资对农村家庭贫困脆弱性影响的
　　　　相关研究 …………………………………………………… 37
　　四、健康资本投资对农村福利水平影响的相关研究 ……… 41
　　五、简要评述 …………………………………………………… 43

第二章　理论分析框架 …………………………………………………… 45
　第一节　健康资本投资对农村居民可持续生计影响的
　　　　　分析框架 …………………………………………………… 45
　第二节　健康资本投资影响微观差异分析 ……………………… 48
　第三节　健康资本投资影响路径分析 …………………………… 50
　　一、健康资本投资对农村居民收入的影响 ………………… 50
　　二、健康资本投资对农村家庭贫困脆弱性的
　　　　影响 ………………………………………………………… 56
　　三、健康资本投资对村庄福利水平的影响 ………………… 58
　本章小结 ………………………………………………………………… 61

第三章　健康资本投资对个体层面可持续生计的影响分析 …… 63
　第一节　研究设计 ………………………………………………………… 64
　　一、数据介绍与方法选择 ……………………………………… 64
　　二、模型设定与变量选取 ……………………………………… 66
　第二节　健康资本投资对农村居民收入影响的
　　　　　实证分析 …………………………………………………… 70
　　一、描述性统计分析 …………………………………………… 70
　　二、计量结果分析 ……………………………………………… 76
　第三节　稳定性检验 …………………………………………………… 101
　　一、基于工具变量法的内生性问题分析 ………………… 101
　　二、基于 PSM 的样本选择问题分析 ……………………… 104
　第四节　结论 …………………………………………………………… 108
　本章小结 ………………………………………………………………… 110

第四章 健康资本投资对家庭层面可持续生计的影响分析 …… 112
第一节 研究设计 …… 113
一、数据介绍与方法选择 …… 113
二、模型设定与变量选取 …… 114
第二节 健康资本投资对农村家庭贫困脆弱性影响的实证分析 …… 120
一、描述性统计分析 …… 120
二、计量结果分析 …… 130
第三节 稳定性检验 …… 146
第四节 结论 …… 152
本章小结 …… 154

第五章 健康资本投资对村域层面可持续生计的影响分析 …… 155
第一节 研究设计 …… 156
一、数据介绍与方法选择 …… 156
二、模型设定与变量选取 …… 157
第二节 健康资本投资对村庄福利水平影响的实证分析 …… 160
一、描述性统计分析 …… 160
二、计量结果分析 …… 170
第三节 稳定性检验 …… 201
一、基于工具变量法的内生性问题分析 …… 201
二、基于PSM的样本选择问题分析 …… 207
第四节 结论 …… 215
本章小结 …… 217

第六章 主要结论与政策建议 …… 219
第一节 主要结论 …… 219
一、健康资本投资是农村居民增收的重要保障，有利于个体层面生计的可持续 …… 219
二、健康资本投资是缓解家庭贫困脆弱性的有效途径，

有利于家庭层面生计的可持续……………………221
　　三、健康资本投资是提升村庄福利水平的路径选择,
　　　　有利于村域层面生计的可持续……………………222
　第二节　政策建议……………………………………………223
　　一、树立正确的健康资本投资理念……………………224
　　二、建立创新的健康资本投资渠道……………………225
　　三、完善科学的健康资本投资管理……………………227
　第三节　本书的不足和研究展望……………………………228
　　一、本书的不足…………………………………………228
　　二、研究展望……………………………………………228

参考文献………………………………………………………230

图 目 录

图 0-1 技术路线图 ………………………………………… 16
图 1-1 DFID 的可持续生计框架 …………………………… 28
图 2-1 健康资本投资的可持续生计分析框架 ……………… 48
图 2-2 健康资本投资影响路径 ……………………………… 51

表 目 录

表 3-1　个人收入含义及处理方法 ……………… 67
表 3-2　健康资本投资指标含义及处理方法 ……………… 68
表 3-3　控制变量含义及处理方法 ……………… 69
表 3-4　被解释变量的描述性统计 ……………… 70
表 3-5　分年度被解释变量的描述性统计 ……………… 71
表 3-6　解释变量的描述性统计结果 ……………… 72
表 3-7　分年度解释变量的描述性统计 ……………… 72
表 3-8　控制变量的描述性统计结果 ……………… 73
表 3-9　相关系数 ……………… 75
表 3-10　健康资本投资对农村居民收入的估计结果 ……… 77
表 3-11　健康资本投资对农村贫困居民收入的估计结果 …… 82
表 3-12　健康资本投资对农村居民收入的分位数回归结果 …… 86
表 3-13　健康资本投资对农业收入的估计结果 ……………… 89
表 3-14　健康资本投资对非农收入的估计结果 ……………… 92
表 3-15　健康资本投资对农村居民劳动时间的估计结果 ……… 96
表 3-16　健康资本投资对农村居民劳动生产率的估计结果 …… 98
表 3-17　基于 2SLS 的估计结果 ……………… 102
表 3-18　基于 PSM 方法识别的平均处理效应：体育锻炼 …… 104
表 3-19　PSM 后的平衡检验：体育锻炼 ……………… 105
表 3-20　基于 PSM 方法识别的平均处理效应：医疗保险 …… 106
表 3-21　PSM 后的平衡检验：医疗保险 ……………… 107
表 4-1　健康资本投资指标含义及处理方法 ……………… 117
表 4-2　控制变量含义及处理方法 ……………… 118
表 4-3　被解释变量的描述性统计 ……………… 120

表 目 录

表 4-4	解释变量的描述性统计结果	121
表 4-5	控制变量的描述性统计结果	123
表 4-6	家庭成员参与体育锻炼人次高低的样本均值检验	125
表 4-7	家庭是否有成员购买补充医疗保险的样本均值检验	127
表 4-8	贫困和脆弱性的联立统计	129
表 4-9	贫困脆弱性与健康资本投资之间的 Pearson 相关系数	131
表 4-10	贫困脆弱性影响因素的估计结果	131
表 4-11	健康资本投资对贫困脆弱性的估计结果	137
表 4-12	健康资本投资对贫困脆弱性的估计结果	141
表 4-13	健康资本投资对贫困脆弱性的 2SLS 估计结果	147
表 5-1	被解释变量含义及处理方法	158
表 5-2	解释变量含义及处理方法	158
表 5-3	控制变量含义及处理方法	159
表 5-4	被解释变量的描述性统计	161
表 5-5	被解释变量的分省描述性统计	162
表 5-6	解释变量的描述性统计	164
表 5-7	控制变量的描述性统计	165
表 5-8	村庄是否进行健身投资的样本均值检验	167
表 5-9	村庄是否进行医疗投资的样本均值检验	168
表 5-10	相关系数	170
表 5-11	村庄健康投资决策对贫困发生率的估计结果	175
表 5-12	东部地区村庄健康投资决策对贫困发生率的估计结果	179
表 5-13	中部地区村庄健康投资决策对贫困发生率的估计结果	183
表 5-14	西部地区村庄健康投资决策对贫困发生率的估计结果	187
表 5-15	村庄健康投资数量对贫困发生率的估计结果	193
表 5-16	健康资本投资对村庄人均纯收入的估计结果	198

表 5-17 村庄健康投资决策对贫困发生率的 2SLS 估计结果 ·············· 203
表 5-18 基于 PSM 方法识别的平均处理效应：健身投资 ·············· 207
表 5-19 PSM 后的平衡检验：健身投资 ·············· 210
表 5-20 基于 PSM 方法识别的平均处理效应：医疗投资 ······ 212
表 5-21 PSM 后的平衡检验：医疗投资 ·············· 214

导　　论

第一节　研究背景与研究意义

一、研究背景

中国作为一个农业大国,"三农"问题一直以来是党和国家最关注的问题,"三农"问题的核心是农民问题,资源禀赋劣势以及社会政策的残缺性等造成农村社会整体的弱质性,农村居民不得不直面各种风险,特别是"疾病—贫困"风险问题。2015年,联合国通过了2015—2030年的可持续发展议程,提出了17个可持续发展目标。其中,排在首位的目标是"在全世界消除一切形式的贫穷"。中国政府于2015年底发布《关于打赢脱贫攻坚战的决定》,要求到2020年实现在现行扶贫标准下的农村贫困人口全部脱贫。因此,贫困问题是世界各国政府和相关国际组织关心的重要议题,根除或者减少贫困成为历史上每一个国家努力的目标,也是经济学研究的核心问题。据国务院扶贫办调查显示:全国现有的7000多万贫困农民中,因病致贫占比42%。2017年3月,习近平总书记也在"两会"上明确指出:因病返贫、因病致贫是当前农村贫困人口的主要致贫原因。因此,健康和疾病问题导致农村居民生计的难以可持续是当前农村发展必须解决的首要问题。

Grossman健康需求理论证明健康资本是其他各种人力资本的重要前提和基础,增加对健康的投资,可以弥补健康折旧,显著增加个体的健康资本存量水平,投资后"生病"时间的减少和生命的延长能延长个体参加生产劳动的时间,进而增加未来的经济收入。

健康资本投资根据投资渠道的不同，可划分为私人健康资本投资和公共健康资本投资。私人健康资本投资依赖于个体和家庭的经济水平，但对于农村贫困群体来说，最基本的生活需要往往都不能够得到满足，因此无法保证健康这一重要人力资本上的起点公平。而公共健康资本投资作为公共产品的供给，也因地区经济发展的不均衡存在差异，据卫健委公共数据表示：截至2018年底，全国仍有46个乡镇没有卫生院，666个卫生院没有全科医生或执业医师；1022个行政村没有卫生室，6903个卫生室没有合格村医；1495个乡镇卫生院、24210个村卫生室未完成标准化建设。因此，为了实现农村居民可持续生计、消除贫困，必须加大农村范围内的健康资本投资力度。

另外，现实中农民面临着健康问题和因病致贫的困境相当普遍且触目惊心。笔者于2016年7月在导师组的带领下前后几次深入湖北省、河南省两省三县入户调研，在此过程中，发现河南省两县农民的健康状况相比湖北省较差，家庭成员患有慢性疾病的人数较多，并且有成员存在疾病风险的家庭的其他成员都表示因此生活难以维持。调研的亲身体验激发了笔者对相关问题的思考：为什么农村居民健康风险更大？健康资本投资是否可以真正提高农村居民健康资本水平？哪种投资渠道效果更明显？以及通过哪些机制可以促进农村居民生计的可持续以及实现脱贫、减贫？在这些问题的思考基础之上，最终形成了本文对健康资本投资对农村居民可持续生计影响的研究。

二、研究意义

(一) 理论意义

第一，将健康资本纳入可持续生计分析框架进行系统研究，有利于我国农村精准扶贫政策的实施与深入推进。目前，我国对收入分配及扶贫政策的研究成果较多，对健康资本的研究学者们转向了社会、经济因素导致的健康不平等的研究上，而从健康资本投资角度探讨农民生计的研究成果较少，并缺乏一定的系统性。健康资本投资不仅可以通过多种渠道影响收入提高、经济增长，还与家庭贫困脆弱性以及更大范围的村庄福利水平有着紧密联系。健康既是经济发展的目标之一，也是实现其他减贫目标的手段之一。本书拟将健康资本投资、可持续生计以及减贫纳入同一个分析框架，从健康资本投资的不同渠道出发，逐步深入从健康资本投资对农村居民收入的影响、健康资本投资对农村家庭贫困脆弱性缓解、健康资本投资对村庄福利水平的影响三个方面探讨健康资本投资对农村居民可持续生计的作用，从而提出合理的政策建议来应对健康资本投资不足带来的一系列社会及经济问题，这在一定程度上有利于农村居民生计的可持续，甚至是我国农村精准扶贫政策的准确开展。

第二，将健康资本投资理论、可持续生计理论与贫困理论结合研究，极大地丰富了农村减贫的理论研究体系。精准扶贫战略将在未来很长一段时间内成为我国农村经济社会发展的重要战略，对于农村方面的扶贫、减贫的理论研究已经取得了丰硕成果，而从健康资本投资对农村居民可持续生计的角度的研究较少。基于此，为了详细了解健康资本投资对农村居民可持续生计的作用机理，本书将从个体层面、家庭层面和村域层面和分别详细阐述健康资本投资对农村居民收入、健康资本投资对农村家庭贫困脆弱性以及健康资本投资对村庄福利水平之间的作用关系。

(二) 实践意义

第一，健康资本研究尤其是健康资本投资不足导致的因病致贫对研究农村居民可持续生计以及农村减贫有着非常重要的现实意义。贫困作为一种客观现象在农村普遍存在，健康资本投资不足导致的贫困更是目前农村贫困的一种特殊表现形式。健康被剥夺是导致农民陷入贫困风险的重要原因，也是我国社会、农村经济改革中的一个不容忽视并迫切需要解决的问题。并且随着经济的快速发展，农村"因病致贫"问题愈演愈烈，农村群体的健康问题也引起了广泛的关注。本研究中通过对健康资本投资对农村居民可持续生计的研究，在某种程度上可以更好地促进提升农村居民的健康意识，注重健康资本的投入，从而实现类似提高农村居民收入、降低家庭贫困脆弱性以及提升村庄福利水平等生计结果的效益最大化。

第二，关注农村范围内的私人和公共层面的健康资本投资及其对农村居民可持续生计的影响是落实和改进当前国家扶贫政策的重要途径，也是实现全面建设健康中国的重要基础。对个人来说，健康资本就是生产力，是人们所从事的一切社会、经济活动的基础，健康资本是生活质量的重要内含因素和判定标准，最终效应体现在人们的生活幸福感上；对整个社会而言，健康资本是一个社会发展的先决条件，它联系着个人命运、社会存在和国家政治生活的一切，是人类一切活动最重要的价值取向，也是衡量一个国家社会经济发展的重要指标。在一个14亿人口的国家，如果健康状况不好，是沉重的人口负担；如果健康状况良好，就是丰富的人力资源。科学的发展观使我们意识到关注健康资本投资对农村居民可持续生计的必要性，重视贫困农村居民的健康资本积累与投入，是落实和改进当前国家扶贫政策的重要途径，也是实现全面健康和谐社会的重要基础。

(三) 政策意义

第一，农村范围内的健康资本投资的研究是实现农民、农村和基层政府三方目标的重要政策依据。健康资本投资既是一种经济选择，更是一种公共政策选择。本研究在充分利用已有研究成果的基础上，通过建立健康资本投资可持续生计分析框架，将健康资本投资、可持续生计和减贫联系起来，利用统计数据和已有的实证研究成果对健康资本投资对农村居民收入的影响、健康资本投资对农村家庭贫困脆弱性的影响以及健康资本投资对村庄福利水平的影响，作出一个总体判断，并在统计结果的基础上提出个体及其家庭层面、农村制度建设与执行层面、"省市县乡"四级政府层面等利于健康资本提升和农村居民可持续生计的优化政策，是实现农民、农村和基层政府三方目标的重要政策依据。

第二，健康资本投资与可持续生计之间的理论研究能够进一步完善缩小农村与城市差距的政策研究。健康是人们普遍认为有价值去追求并实现的最终目标之一，人的一切活动都必须建立在健康地活着的基础之上，如果一个人失去了健康，将在很大程度上限制其获得其他的可行能力。由于健康的内涵和外延不断发生变化，对健康的研究不仅仅局限于医学、生物学与卫生经济学，还与社会学、发展经济学、劳动经济学等密切相关，从健康资本投资的角度对农村居民可持续生计研究的不断深化可以为更好地实现健康中国、提高农民福利和农村减贫的相关政策提供参考建议，因此，具有政策意义。

第二节　概念界定

一、健康资本

世界银行曾明确提出："良好的健康状况可以提高个人的劳动生产率，提高各国的经济增长率。"居民良好的健康状况能够提高劳动生产率，增加居民参与劳动的时间，是参与劳动和获得收入的先决条件。关于健康资本的概念至今没有一种统一的界定。但最早将健康资本纳入人力资本分析框架的是米西肯（Mushkin），他于1962年在其经典著作《健康作为一种投资》中认为健康资本等同于教育资本，是人力资本的重要组成部分。国外学者对健康资本的研究较早，1963年Arrow经典论文《不确定性和福利经济学》的发表标志着健康经济学的产生，这也说明健康资本在经济学领域得到充分应用，并于1972年得到完善。其中最具代表性的是Grossman和舒尔茨，Grossman（1972）根据健康性质的特征，指出了"健康资本"的内涵，构建了个人健康需求模型。舒尔茨在《人力资本投资》一书中曾认为："人力资本理论把每个人的健康状况都当作一种资本的储备，也就是健康资本，它要通过健康服务来发挥影响。"我国学者对这一概念的研究较晚，其中饶勋乾、成艾华（2007）指出，健康资本是其他类型人力资本的承载体，从实体形态的角度可以把健康资本理解为体力、能力、精力在有生命意识形态的人体身上的集中体现。于子东认为健康资本表现为心理、身体和社会的一种完美状态，并且这种状态足够支撑人们有能力完成个人日常活动（如学习、工作和休闲）。

本书认为，健康资本是人力资本的另一种重要存在形式，是初始健康资本的延伸，也是其他人力资本形成的基础。由于健康资本存在于有生命意识形态的人体身上，因此它随着健康资本所有者的存在而存在，尽管初始健康资本可以通过遗传获得，但它并不能像物资资本那样无限继承，而是可以通过医疗卫生支出、生活方式改善、营养摄入、食物消费、教育等因素进行促进和提升，直接影响收入能力，间接影响效用水平，并通过降低脆弱性对个人及家庭福利水平产生深远影响。

二、健康资本投资

根据健康生产函数，我们可以通过对医疗卫生、保健、营养、教育等项服务进行投资的方式使健康资本得到累积，即进行健康资本投资的直接收益是获得健康，间接收益是通过来维持或改善人的健康资本存量水平，进而提高人的生产能力，提高人们"无病活动时间"，延长劳动者生命和工作时间。

舒尔茨（1961）最早提出健康资本投资概念，他认为健康投资是指通过对医疗、卫生、营养、保健等项服务进行投资来恢复维持或改善提高人的健康水平，进而提高人的生产能力。Grossman（1972）在前人研究的基础上，认为健康投资包括医药治疗、医疗保健、体育锻炼、休息和健康消费品。吕娜、邹薇（2015）认为健康投入就是健康资本投资，依据筹资渠道可分为私人健康投资和公共健康投资，私人健康资本投资广义上指私人医疗支出、体育锻炼时间的花费、个人的营养摄入与食物消费支出，生活环境的改善以及一切维护健康的个人投资部分；公共健康投资指公共医疗卫生设施建设和完善、公共卫生环境建设和维护、医疗工作者的薪酬支付以及居民医疗补贴等政府支出部分。

本书在前人的研究基础上，认为健康资本投资指用于预防和治疗疾病，维护和保持健康所花费的货币资本投入和时间资本投入的总和，存在私人和公共两种投资渠道。另外，基于数据的可获得性和本书研究需要，进一步将健康资本投资细分为"健身类"和"医疗类"两类，例如，包括平均每周锻炼次数，是否参与体育锻炼以及是否有商业医疗保险，村庄是否拥有公共锻炼场地或设施，公共锻炼场地或设施的数量，村庄是否拥有医院、医疗点或药店，医院、医疗点或药店的数量等,这些都可以看作私人或公共健康资本投资的具体实施。并且,投资渠道不同势必产生的经济效应不同,但健康资本投资对农村居民可持续生计的研究必须要从两方面综合考虑,这样才会更全面、具体。

三、可持续生计

可持续生计(Sustainable Livelihoods)概念最早见于20世纪80年代末世界环境和发展委员会的报告。1992年,联合国环境和发展大会将此概念引入行动议程,主张把稳定的生计作为消除贫困的主要目标①。Chambers和Conway将生计理解为用以谋生的方式,认为包含能力、资产和活动在内的三大要素是该谋生方式得以发挥作用的基础。目前,包含联合国开发计划署(UNDP)的生计分析框架、美国援外合作组织(CARE)的农村居民生计安全框架以及英国国际发展机构(DFID)的可持续生计分析框架(SLA)在内的3个可持续生计分析框架被广大学者所认同,而DFID的可持续生计分析框架广泛应用于农村发展中,尤其在农村扶贫、减贫研究中更为多见。

DFID的可持续生计分析框架主要包含5个部分,即脆弱性背景、生计资本、结构和过程转变、生计策略和生计结果。可以归纳为:

(1)脆弱性背景

基于脆弱性的概念,脆弱性背景是个人或家庭在社会生活中可能遭遇风险,和风险一样,都与能够损害人们福利的未知事件的概率相关,是可持续生计分析的基础。在本书中认为,健康资本投资不足导致的"疾病—贫困"这一健康资本生计要素风险即为脆弱性背景,也是本书选取健康资本投资角度分析农村居民可持续生计的研究背景之一。

(2)生计资本

一般划分为自然、社会、人力、物质、金融五个维度,生计资

---

① https://wiki.mbalib.com/wiki/Sustainable_Livelihoods.

本既是生计策略行动的决定依据,也因生计结果的实现而得到最大改善。本书重点考虑健康资本作为人力资本的重要形式,在农村居民可持续生计中的重要决定作用。

(3)结构和过程转变

在 DFID 的可持续生计分析框架中,结构主要涉及个人、家庭、社区等多层面,通过一系列的相互交换活动,最终实现能力与资产的转换,而过程的实现取决于制度、政策和文化的完善。本书认为农村居民健康资本存量低,贫困脆弱性高,从个体层面、家庭层面再到村域层面的结构和过程的层层递进,对于改善农村居民生计状况十分重要。

(4)生计策略

生计策略是由一系列生计活动组成,通过多样化的生计活动来实现。在本书中生计策略包括私人层面和公共层面的健康资本投资,尽管两者主体不同,但都符合"经济人"特征,其目标是为了追求生计结果的效益最大化,最终实现农村居民可持续生计。

(5)生计结果

通常包含增加收入、提升福利、降低脆弱性、改善营养、提高食物安全、资源利用优化等方面。

在增加收入方面,本书认为从个体层面来看,农村居民收入的可持续是可持续生计最重要的体现,而健康资本投资通过提高农村居民健康资本水平,最终提高农村居民获取收入的能力,同时非农收入具有健康自选择机制,健康资本投资使得农村居民参与非农劳动的可能性更大,非农收入的获取增加了农村居民生计的多样性,使农村居民生计变得可持续,避免农村居民陷入"疾病—贫困"风险。

在脆弱性降低方面,本书认为从家庭层面来看,一旦有家庭成员陷入健康风险,家庭劳动生产率下降,医疗支出增加,家庭长期收入能力下降,对于本不富裕的农村家庭来说,甚至会通过变卖家庭资产等方式来维持家庭生计,家庭收入是各类资本"投入—产出"的结果,任何资本的缺失势必增强家庭贫困脆弱性,也就是说家庭未来陷入贫困的概率增大。往往"预防比治疗更有效",健康资本投资在一定程度上有助于前瞻性地预防贫困的发生，推动家庭可持续生计发展。

在福利提升方面，本书认为从村域层面来看，福利水平是地区经济发展水平的重要体现，提升农村居民的福利水平是政府制定公共政策的主要目的之一，公共产品的供给和减贫政策的实施是增强农村居民抗逆能力、缓解生计脆弱的关键。但公共产品的供给依托于当地的经济水平，由于地区经济发展的不均衡，公共产品的供给也存在不平等现象，这势必会影响农村居民福利水平。根据阿玛蒂亚·森的可行能力理论，福利包括经济性、社会性、安全性、发展性和居住性五个方面，公共健康资本投资作为公共产品的一种，一方面加强贫困农村公共健康资本投资在一定程度上提高了农村居民健康资本水平，进而提高了村庄人均纯收入水平，居民的经济性福利也会得到提升，根据阿玛蒂亚·森可行能力理论，收入不仅是福利的物质基础，还是福利获取的重要途径①；另外，马克思认为贫困总和资本主义生产方式相伴而生，由于缺乏营养而引起疾病或者加重疾病的事例举不胜举②，解决贫困问题和增进福利水平是相辅相成的。并且，迪顿也指出政府是解决和提高社会福利的必要条件。因此，本书认为公共健康资本投资带来的贫困发生率的降低在某种程度上就是福利水平增进的过程。另一方面，从"健身类"和"医疗类"两方面分析公共健康资本投资对福利水平的作用，包含提供公共锻炼场地或设施在内的"健身类"公共健康资本投资是文化性福利的重要体现，可以显著提高农村居民健康意识，为农村居民健身保健提供便利。而包含拥有医院、医疗点或药店的"医疗类"公共健康资本投资可以通过提高农村居民公共卫生服务水平让他们"有病能看""有病敢医"，实现农村居民安全性福利和发展性福利最优化。综合来看，公共健康资本投资本身及其产出效应（村

---

① 袁方，史清华，卓建伟. 农民工福利贫困按功能性活动的变动分解：以上海为例[J]. 中国软科学，2014(7).

② 曲新英. 反贫困与增进社会福利的思考——马克思、森和迪顿经济思想的共同点及其启示[J]. 东方论坛，2016(4).

庄人均纯收入水平提高、贫困发生率降低等)不仅提升了农村居民经济性福利、安全性福利、发展性福利和文化性福利，而且促进了农村居民生计的可持续。在本书的第五章健康资本投资对村域层面可持续生计的影响分析中，本书认为可以用村庄人均纯收入水平和贫困的测度指标——贫困发生率等对福利水平的测度进行替代。

本书研究的可持续生计问题是在原有的可持续生计分析框架基础上发展而来，是一种以农村居民健康资本投资为核心、以其生计持续改善为诉求的健康扶贫政策理念。健康资本投资这一生计策略，可以通过提升农村居民健康资本，获取相应的谋生能力，最终实现农村居民收入提高、家庭贫困脆弱性降低以及村庄福利水平提升这一生计结果。

第三节 数据来源与研究方法

一、数据来源

由于研究的需要，本书采用中国家庭追踪调查(China Family Panel Studies，CFPS)[①]数据，该数据旨在通过跟踪收集个体、家庭、社区三个层次的数据，反映中国社会、经济、人口、教育和健康的变迁，为学术研究和公共政策分析提供数据基础。CFPS重点关注中国居民的经济与非经济福利，以及包括经济活动、教育成果、家庭关系与家庭动态、人口迁移、健康等在内的诸多研究主题，是一项全国性、大规模、多学科的社会跟踪调查项目。CFPS样本覆盖25个省、市、自治区，目标样本规模为16000户，调查对象包含样本家户中的全部家庭成员。CFPS在2008年、2009年两年在北京、上海、广东三地分别开展了初访与追访的测试调查，并于2010年正式开展访问，每两年公布一次，目前已公布至2016

---

① 北京大学中国科学社会调查中心网站中国家庭追踪调查(CFPS)：http://www.isss.pku.edu.cn/sjsj/cfpsxm/index.htm。

年。经 2010 年基线调查界定出来的所有基线家庭成员及其今后的血缘、领养子女将作为 CFPS 的基因成员,成为永久追踪对象。CFPS 调查问卷共有社区问卷、家庭问卷、成人问卷和少儿问卷四种主体问卷类型,并在此基础上不断发展出针对不同性质家庭成员的长问卷、短问卷、代答问卷、电访问卷等多种问卷类型。CFPS 由北京大学中国社会科学调查中心(ISSS)实施。项目采用计算机辅助调查技术开展访问,以满足多样化的设计需求,提高访问效率,保证数据质量。

另外,尽管近年来个体追踪调查数据很多,如:中国健康与营养调查(CHNS)、中国健康与养老调查(CHARLS)等,且调查内容均包含健康、经济、社会、公共政策等多方面,但本书选取的中国家庭追踪调查数据(CFPS)按照研究对象将数据分为个体、家庭、社区三个数据库,满足了本书从个体、家庭、村庄三个层面研究健康资本投资对农村居民可持续生计的影响的研究需要,更易于数据的选取与分析。同时,该数据与其他数据相比,目前已公布至 2016 年,数据较新,完整度更好,更易于发现问题、研究问题。

二、研究方法

本研究将基于中国家庭追踪调查数据(CFPS)和实地入户调查数据,综合经济学、社会学、人口学、统计学等学科的相关理论观点,通过文献研究、描述性统计分析和微观计量分析等方法展开研究。主要包括:

(一)文献研究法

本书首先通过查阅及整理国内外健康资本投资、可持续生计和贫困的相关研究文献,提出本书的分析框架,构建理论模型并进行实证研究。我们知道,文献研究是理论研究和实证研究的基础,任何论文的研究思路、研究内容的形成以及计量方法的运用都是基于大量文献研究之上,并不是凭空想象的。在国外,对健康资本投资相关问题的研究早于国内很多年,西方学者关于健康资本投资的研究最早起源于 Mushkin(1962),之后 Becker 的家庭生产函数、Grossman 的健康需求理论、Mincer 的工资方程函数等具有代表性,对贫困问题的研究也由来已久，诸如像阿玛蒂亚·森的能力贫困理论、权利贫困理论、可持续生计理论等。而张军伟（2003）是国内最早关注这一问题的，因此现有的研究还不够充分，关注的问题还不全面，在本研究中更应对已有文献进行深度阅读，对国外经验选择性借鉴。同时，在文献查找和阅读的过程中，我们也应当遵循"重质不重量"和"宁缺毋滥"的原则，重点研读国内外权威和核心期刊，并实时做好阅读笔记，对优秀论文应反复查阅，悉心推敲，并对论文中专家提到的创新点及不足之处取其精华，去其糟粕，通过总结已有的文献找出本研究的贡献之处。

（二）实地调研法

文献研究是对现有问题的总结概括，而实地调研却是发现研究问题的必要途径。2016年7月，通过前往湖北省、河南省两省三县入户调研，一方面有利于了解农民及家庭的真实情况，另一方面通过面对面和农民、当地基层领导干部等深度访谈，有利于发现问题并加深对文献研究中的已有观点的理解。

（三）比较分析法

本书在实证分析中，通过研究内容和研究方法多方面的比较分析，更好地了解健康资本投资对农村居民可持续生计的影响。研究内容方面主要包括"健身类"和"医疗类"健康资本投资的比较、东、中、西不同区域的健康资本投资的比较、健康资本投资决策与投资程度的比较等。研究方法方面包括第三章实证分析中固定效应模型、混合效应模型、随机效应模型的比较，第四章中两种消费函数的比较，第五章中样本算法和模拟算法的比较等。

（四）微观计量分析法

本书基于CFPS（2010、2012、2014、2016）已公布数据和实地入户调研数据，在已有的分析框架下，运用STATA13.0软件，通过分位数回归模型、Probit模型、logit模型、最小二乘估计等进行实证分析，从健康资本投资对农村居民收入的影响、健康资本投资对农村家庭贫困脆弱性的影响以及健康资本投资对村庄福利水平的影响三个方面研究健康资本投资对农村居民可持续生计的作用。

第四节　研究内容、结构安排与技术路线

一、研究内容

(一) 健康资本投资与可持续生计的理论研究

从理论上揭示健康资本投资与可持续生计之间的关系，一是分析健康及其健康资本投资的效用，二是分析农村居民可持续生计结果最大化的机理，三是阐述因健康资本投资而引致的农村居民可持续生计。这一逻辑层层相扣，揭示了健康资本投资与农村居民可持续生计，甚至是减贫之间的关系。在此基础上，为了体现与以往研究的差异性，本书将健康资本投资效用归结于三方面作用的存在，即个体层面健康资本投资对农村居民收入提升作用、家庭层面健康资本投资对农村家庭贫困脆弱性的缓解作用、村域层面健康资本投资对村庄人均收入的提升以及贫困发生率、贫困深度以及贫困强度的降低作用。并在理论上阐述这三方面的存在形式与作用机理。最后，为了体现健康资本投资与农村居民可持续生计之间衔接的充分必要性，本书给出详细的内在逻辑分析。

(二) 健康资本投资的影响因素研究

农村与城镇相比，很多因素都具有差异性，健康资本投资意识与理念的差异也是必然的。为了体现这种差异性，本书对健康资本投资的影响因素进行了分析，试图从影响因素中提炼和论证健康资本投资与农村居民可持续生计衔接要素，继而从衔接要素视角分析个体层面、家庭层面和村域层面健康资本投资对农村居民可持续生计的影响。

(三) 健康资本投资对农村居民可持续生计的理论与实证研究

这一部分内容是本书的主体，从理论和实证两个方面论证健康资本投资对个体层面可持续生计(提高农村居民收入)的影响、健康资本投资对家庭层面可持续生计(降低家庭贫困脆弱性)的影响与健康资本投资对村域层面可持续生计(提升村庄福利水平)的影响的内涵与影响机理。这三大效应是本书的创新点，是对可持续生

计结果的细化与证实。研究成果可以为农村与农民健康政策安排提供依据，还能够为农村家庭贫困脆弱性缓解和脱贫策略提供支持。

（四）健康资本投资与可持续生计政策研究

对于我国农村区域而言，当前最为紧迫的是如何保障健康资本投资的效率和路径问题，所以在大量理论与实证结论基础上，需要结合我国农村个体层面、家庭层面、村域层面特征提出健康资本投资水平提升的政策建议，并基于健康资本投资视角来获取农村居民可持续生计与贫困缓解的政策体系设计的要素并进行对策设计。

二、结构安排

本书研究内容大体可以从以下几个部分展开：

首先是导论。在该部分主要对本书研究的背景、理论和现实意义、概念的界定、数据来源和研究方法、研究思路及内容、可能的创新点进行阐述。

第一章是理论基础和文献综述。主要包括两个部分：第一部分是对相关研究理论进行回顾，如：贝克尔的家庭经济模型、Grossman 健康需求理论、Mincer 收入函数理论等健康资本投资的相关理论，公共产品理论、能力贫困理论以及可持续生计理论等；二是对国内外相关研究问题的归纳总结，主要包括健康资本投资的影响因素、健康资本投资对农村居民收入的影响、健康资本投资对农村家庭贫困脆弱性的影响以及健康资本投资对村庄福利水平的影响等；三是对现有研究进行简要述评。

第二章是健康资本投资对农村居民可持续生计的理论框架与研究设计。从可持续生计的生计结果出发以及个体层面、家庭层面和村域层面的角度出发，主要包括健康资本投资与农村居民收入、健康资本投资与农村家庭贫困脆弱性以及健康资本投资与村庄福利水平视角分析健康资本投资的特征与农村居民可持续生计之间的关系。

第三章是从个体层面研究健康资本投资对农村居民收入的提升作用。本章将健康资本投资因素引入标准的工资方程，选取已公布的 CFPS 成人数据板块，从私人健康资本投资角度，利用分位数回归模型、Mincer 收入方程、混合效应模型、固定效应模型以及随机效应模型等研究私人健康资本投资对农村居民收入的直接影响效应。在内生性的处理上，由于数据的可获得性，选择平均每周锻炼次数和是否有商业医疗保险的社区平均强度作为私人健康资本投资的工具变量，验证了健康资本投资对农村居民收入的估计结果的稳健性。并且在此基础上还利用倾向得分匹配（PSM）进一步进行了平衡检验，改善了样本选择差异问题。

第四章是从家庭层面研究健康资本投资对农村家庭贫困脆弱性的影响。在本章中主要分为两个方面，一是在两种消费函数下对农村家庭贫困脆弱性的测度，二是利用逐步回归分析健康资本投资对农村家庭贫困脆弱性的影响。最后，通过工具变量法对这一估计结果进行稳健性检验。

第五章是从村域层面研究健康资本投资对村庄福利水平的影响。本章基于已有的中国家庭跟踪调查（CFPS）2010 年和 2014 年的村庄层面数据，采用模拟算法和样本算法两种方法，以贫困发生率、贫困强度、贫困深度和村庄人均收入水平为被解释变量，探讨公共健康资本投资对村庄福利水平的影响。在内生性处理上，同样采用工具变量法和倾向得分匹配法（PSM）共同检验估计结果的稳健性。

最后是本书的主要研究结论和对策建议。在前文各章研究结论基础上进行归纳概括，并基于结论提出了相关的政策建议，最后指出了本书研究存在的不足之处和未来进一步研究的方向。

三、技术路线

首先，从问题出发，针对农村健康资本投资不足、农村居民陷入贫困风险的概率更大以及以往对这一问题的关注尚浅等问题，依据现有的包括健康资本投资、公共产品理论与可持续生计等理论，从健康资本投资的角度看待农村居民可持续生计问题，利用合适的计量模型，从个体层面、家庭层面和村域层面层层递进，通过健康资本投资对农村居民收入的影响、健康资本投资对农村家庭贫困脆弱性以及健康资本投资对村庄福利水平的影响三个方面，研究健康资本投资对农村居民可持续生计的作用，这也是本书的核心部分。最后，根据实证研究的结果提出切实可行的政策建议。

如图 0-1 所示：

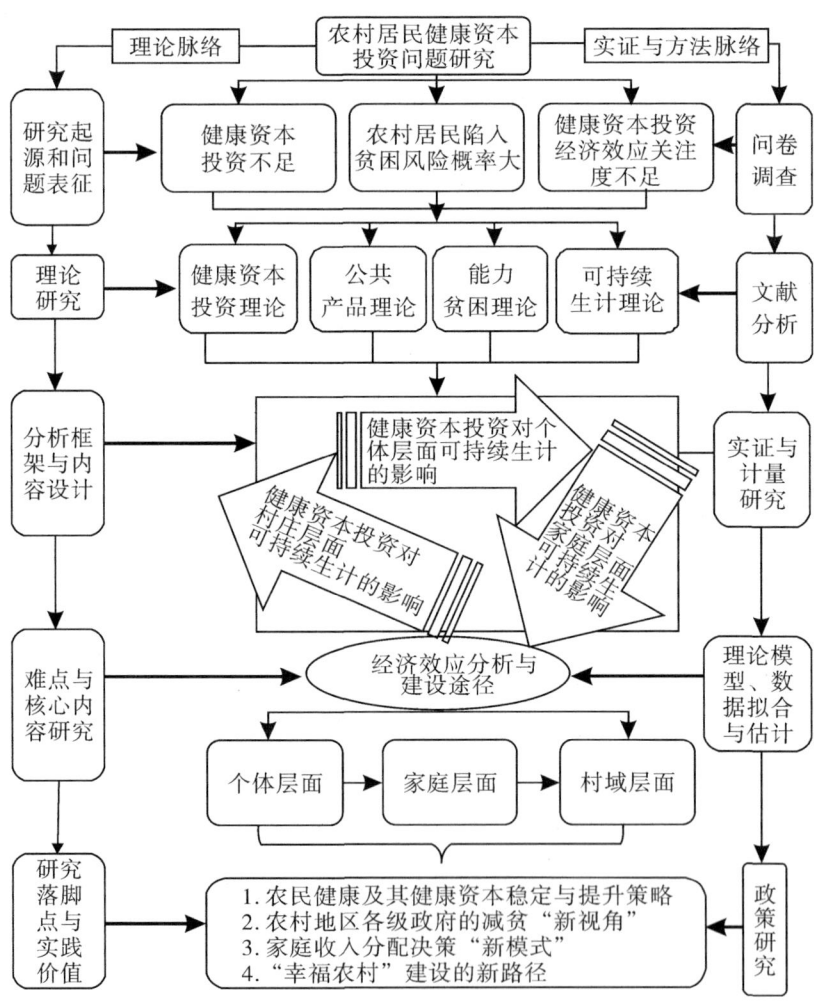

图 0-1　技术路线图

第五节　可能创新点

通过对相关文献的梳理，本书认为可以从以下几个方面进行创新：

1. 基于可持续生计分析框架，从健康资本投资的角度，构建健康资本投资的可持续生计分析框架。目前单纯从健康资本投资和农村居民可持续生计某一方面的研究较多，但将健康资本投资纳入可持续生计分析框架的研究较少。从理论上讲，健康资本投资和可持续生计的最终目标一致，均为实现脱贫、减贫。早在1992年联合国环境和发展大会就指出保证农村居民可持续生计是消除贫困的重要手段，而程名望等（2014）研究指出，从收入差距缩小视角看，健康对农村减贫的作用比教育更为显著[1]。因此，本书认为探讨健康资本投资对农村居民可持续生计的影响，这也是在以往研究基础上的新扩展。

2. 本书在总结大量的文献研究之后进行逻辑设计，分别从个体层面、家庭层面和村域层面分析健康资本投资对农村居民可持续生计的影响。从农村微观层面来看，农村居民不仅依赖于家庭、村庄，家庭和村庄也是由不同个体组合而成，农村居民、家庭、村庄相互依存、相互作用。实现农村居民生计的可持续，单纯从农村居民个体角度进行探讨是不全面的，会低估了健康资本投资的效用。同时健康资本投资不仅可看作个人或家庭的经济选择，也被认为是政府主导的公共产品供给，投资渠道不同，最终的落脚点也必然存在差异，基于可持续生计分析框架，本书对健康资本投资这一生计策略的生计结果进行了区分，分为"健康资本投资和农村居民收入""健康资本投资和农村家庭贫困脆弱性"以及"健康资本投资和村庄福利水平"三种作用，理论与实证构建私人和公共两方面健康

---

[1] 程名望，Jin Yanhong，盖庆恩，史清华. 农村减贫：应该更关注教育还是健康？——基于收入增长和差距缩小双重视角的实证[J]. 经济研究，2014(11).

资本投资如何从这三个方面来影响农村居民可持续生计，静态与动态分析相结合，层层递进。

3. 本书对可持续生计的生计结果进一步细化，将健康资本投资对农村居民可持续生计的影响从三个方面展开，即健康资本投资对农村居民收入的影响、健康资本投资对农村家庭贫困脆弱性的影响和健康资本投资对村庄整体生活水平的影响。从个体层面、家庭层面、村域层面来划分，个体层面体现为直接的劳动与收入能力的提升，健康资本投资带来农村居民健康资本水平的提高而带来收入水平的提高和收入周期的延长；家庭侧面则主要体现健康资本投资带来的家庭福利水平效用最大化，从而降低家庭贫困脆弱性；村域层面则主要体现公共健康资本投资带来的村庄福利水平的提升，具体表现为村庄人均收入的提高以及贫困发生率、贫困深度、贫困强度的降低等。

第一章 理论基础与文献综述

对农村居民来说，可持续生计既是一种保证生计可持续的综合能力，又是一种生计发展目标与结果。从能力视角来看，可持续生计既包括个人或家庭为了生存而能够完成某项活动的能力，又包括个体或家庭获取收入的能力以及获取与外界环境的良好互动能力①。健康资本作为人力资本的一种，具有提升农村居民收入水平和缩小收入差距的双重作用，加强对农村范围内的健康资本投资对于农村居民生计的可持续具有现实意义。

第一节 相关理论基础及应用

舒尔茨认为人力资本是通过投资而形成的，人力资本投资上的差异导致了个人之间、群体之间的收入差距，人力资本投资的不足更是造成贫困的主要原因。因此，提高贫困者的人力资本投入水平是解决贫困问题的关键所在。20 世纪 60 年代初，人力资本理论被应用到健康经济学当中，健康首次被经济学者们视为一种人力资本。米西肯（Mushkin）在《健康作为一种投资》（1962）一文中正式提出："将健康并入人力资本的框架体系，将健康与教育并列作为人力资本的重要组成部分。"

---

① 王振振，王立剑. 精准扶贫可以提升农村贫困户可持续生计吗？——基于陕西省 70 个县（区）的调查[J]. 农业经济问题（月刊），2019（4）.

一、健康资本投资相关理论

(一) Becker 健康生产函数

在现实生活中,消费者的经济行为得到的效用,有一部分是无法通过市场购买的,比如:健康。1965 年,加里·贝克尔(Gary Becker)将厂商生产函数的观念应用到家庭的消费活动上并提出家庭生产函数,认为消费者可以从市场上购买各种物品,并结合自己的"时间"生产可获得效用的消费品①。

以 Becker 为代表的健康需求理论,从健康资本投资——医疗服务的角度出发,认为消费者在收入与时间的限制下,购买医疗服务的直接目的是为了追求个人效用水平的极大化,获得健康而非医疗服务本身,医疗服务只是消费者为了生产获得健康效用的重要投入要素。消费者的效用函数可以表示如式 1.1:

$$U = U(H, Z) \tag{1.1}$$

式中,U 代表消费者的效用,H 代表健康,Z 代表其他能使消费者获得效用的消费品;其中,在该生产函数中,健康是通过消费者花费时间在市场上购买的医疗服务而得,所以健康的生产函数可以表示如式 1.2。

$$H = G(M, Th; E) \tag{1.2}$$

M 代表医疗服务,Th 代表消费者用于生产健康所花费的时间,E 代表其他影响消费者在非市场部门生产效率的环境变量(比如:教育)。通过上式,我们可以看出,医疗服务需求是消费者对健康需求的引申需求,消费者必须投入 M^* 的最佳医疗服务量才能获得 H^* 的健康水平。

(二) Grossman 健康需求理论

Grossman(1972)②经典之作 *On the Concept of Health Capital and Demand for Health* 的发表标志着健康需求理论的正式提出。该模型

---

① 朱贤晶. 健康资本理论模型及其研究[J]. 中国外资,2013(4).
② Grossman, M. On the concept of health capital and the demand for health [J]. *Journal of Political Economy*, 1972, 1(80).

采用经典的供给需求曲线来解释人们对于"良好健康"的需求,并且与 Becker 模型不同,Grossman 考虑到了消费者一生的效用,认为健康需求的最优决策受到消费者生命周期中财富和生存时间的约束。

另外,Grossman 模型中假设健康资本的折旧率是外生的,随着年龄的增长而增大,并且个人可以理性预期选择自己生命的期限(长度)。健康资本投资既是一种人力资本投资,也是一种个人生活中必不可少的消费,它和其他资本一样存在折旧的问题,人的健康状况如体能、精力和生命长短等受自然条件的限制,不像物质资本那样可以去继承,当健康资本存量低于某一临界值时,一切市场和非市场活动伴随着人们生命的终止而停止。所以,Grossman 认为消费者可以通过生产健康的方式来弥补健康折旧,健康资本投资由医疗服务、生活方式、人力资本存量(比如教育)、食物消费、环境等共同决定,这些变量能有效提高健康生产过程的效率。根据 Grossman 健康需求理论,健康资本作为需求品,为了人们用于预防和治疗疾病而消费了健身时间、医疗服务、食品、衣物等资源,并通过提高健康水平满足了人们享受生命的需要;作为投资品,因为闲暇及工作时间的增多、生病天数的减少、生产及收入能力的提高又体现了健康资本投资的回报。基于此,健康生产函数的一般形式可以如式 1.3 所示:

$$H = f(M, LS, E, S) \qquad (1.3)$$

式中,H 代表健康,M 代表医疗服务,LS 代表生活方式,E 代表教育(人力资本中的重要因素之一),S 代表环境。该模型认为:人越健康,从事市场活动和非市场活动的时间就越多。在非市场活动中,给定其他条件不变,在工资率与健康资本的使用价格固定的情况下,以教育为代表的人力资本能够有效地提高生产健康时间的效率和保健支出对健康投资的功效。

Grossman(1999)发表了题为《健康需求的人力资本模型》一文,深化了健康需求的相关研究,通过增加条件和改变假设使得将康需求的人力资本模型得到进一步的发展,大体可以归纳为以下三个方面:

1. 投资和消费混合的一般化模型

Murrinen(1982)在确定的条件下,同时考虑消费者健康资本投资的个人投资收益与消费效用,在该一般化模型中,年龄、受教育程度、财富状况等要素被纳入进行比较静态分析。相比早期的Grossman(1972)健康需求模型更具有普适性。

2. 不确定影响的引入

Grossman开创了健康需求人力资本模型的新领域,但是早期研究仍存在一些缺陷,主要缺乏对不确定性因素的考虑,Cropper(1977)将不确定影响引入Grossman的纯粹投资模型后,Dardanoni and Wagstaff(1987)、Selden(1993),and Chang(1996)也做了类似的研究。

3. 不确定性与保险影响的同时考虑

不确定性与保险影响的同时考虑使得健康需求人力资本模型更加完善,在Grossman纯粹投资模型的基础上,Newhouse(1993)通过引入共保率,Rand实验研究小组则通过采用经验数据估算了健康保险对于医疗保险的效用。引入不确定模型的共同发现是:与确定情况下的模型相比,消费者的健康需求与医疗需求在不确定的情况下都较高。

综合来看,无论是Becker健康生产函数还是Grossman健康需求理论均认为医疗服务、生活方式等是健康资本投资的特有方式。在我国农村,"因病致贫"现象普遍存在,"医疗类"的健康资本投资是最有效的方式。而从长远来看,预防比治疗更有效,"健身类"的健康资本投资可以改变农村居民的生活方式,慢慢通过健康资本积累提升健康资本存量水平,从而抵御因健康资本水平低导致的疾病风险。因此本书在健康资本投资对农村居民收入的实证研究中,将农村居民平均每周锻炼次数、是否参与体育锻炼以及是否有商业医疗保险作为健康资本投资指标。

(三) Mincer 收入函数理论

明瑟收入函数(Mincerian earning sequation)是由经济学家Mincer(1974)根据人力资本理论推导出的研究收入决定的函数,是研究个人收入分配问题的经典分析工具,因为其简单易懂而被众多

第一节 相关理论基础及应用

研究学者偏爱。明瑟收入函数最初研究教育和经验两个主要因素对收入的影响，其一般形式可以表示为式 1.4：

$$Y=f(S, E\cdots) \tag{1.4}$$

其中，Y 代表收入，S 代表受教育的年限，E 代表工作经验。但在具体研究中，一般个体的收入多以对数形式出现，同时也会加入工作经验的平方项，如式 1.5：

$$\ln Y=\alpha+\beta S+\gamma E+\delta E^2+\varepsilon \tag{1.5}$$

并且在式 1.5 的基础上，研究者可以根据自己的研究需要，在模型中加入其他变量，如：将健康资本引入明瑟收入方程中，并选取性别、年龄、地区等作为其他控制变量。基于此，可以得到健康收入效应的估计方程，如式 1.6 所示：

$$\ln Y=\alpha+\beta H+\gamma X+\varepsilon \tag{1.6}$$

其中，$\ln Y$ 代表个人收入，H 代表个体的健康状况变量，X 代表影响收入的其他因素，包括性别、年龄、地区、城乡、婚姻状况等，ε 为随机误差项。本书在第三章（私人健康资本投资对农村居民收入的影响）中会结合该理论方法做特定的实证分析。

另外，对这一问题的相关研究还有效率工资理论，该理论探究的是工资率水平跟生产效率之间的关系，认为工人工作的效率与工人的工资有很大的相关性。Leibenstein[1]（1957）最早将营养健康引入经济模型，并提出以营养为基础的效率工资模型，将营养和产出联系在一起。他认为，相比营养不良的人，那些热量摄入更多的劳动者的生产率更高。此后，大多数实证研究都是在效率工资模型的框架下进行的[2]，比如，Strauss（1986）通过寻找工具变量，采用两阶段最小二乘方法，用塞拉利昂的数据证实了营养摄入与家庭农场劳动生产率之间显著的正向关系。Thomas 和 Strauss（1997）、Croppenstedt 和 Muller（2000）、Sehultz（2002）均发现身高、身体质量指数、蛋白质的摄入等对工资具有显著的正向影响。而张车伟

---

[1] Leibenstein Harvey. Economic Backwardness and Economic Growth[J]. *Journal of Women's Health*，1957(1).

[2] 田霖. 营养经济学理论评介[J]. 生产力研究，2012(8).

(2003)①是国内最早关注这一关系的,基于中国贫困农村的数据,他对营养与健康对劳动生产率、收入的影响进行了系统的研究,研究发现所有营养和健康因素中营养摄入和疾病对农村劳动生产率的影响显著性最高。

健康资本投资取决于农村居民意愿,作为理性经济人的农村居民,当意识到健康资本投资可以给自身带来类似健康资本水平提高、收入提升等效用时,会主动进行私人健康资本投资行为。第三章健康资本投资对农村居民收入的影响研究就是对Mincer收入函数理论的一个具体应用。

二、公共产品理论

亚当·斯密在其经典著作《国富论》里最先提到公共产品理论,从公共产品理论的发展历程来看,最经典的目前主要有三个:一是,萨缪尔森(Samuelson)在1954年和1955年分别发表的《公共支出的纯粹理论》和《公共支出理论的图式探讨》一书中提出的纯粹公平产品理论,他认为任何人都不会因为消费公共产品而因此造成其他人对该产品消费的减少。二是,阿特金森(Atkinson)和斯蒂格利茨(Stigliz)在萨缪尔森的研究基础上对这以理论进行补充、修正,认为纯粹的公共产品的说法较为极端,鲜少存在。现实社会中更为一般的情况是这样一类物品:增加某个人的消费并不会使其他人的消费以同量减少,它处于纯公共产品与私人产品之间②。三是,布坎南(Buchana)在1965年提出"俱乐部的经济理论",他总结前人研究经验,将公共产品理论的概念扩宽、深化,认为萨缪尔森的纯粹公共产品理论仅仅只考虑了公共产品的消费数量上的不变性而没有考虑到质量的变化。他认为只要是集体或社会团体决定,为了某种原因通过集体组织提供繁荣物品或服务,便是公共产品,俱乐部产品就是这样一种集体共同消费产品,具有非竞争性

---

① 张军伟. 营养、健康与效率——来自中国贫困农村的证据[J]. 经济研究, 2003(1).

② 刘元. 基于公共产品理论的高职教育经费投入[J]. 大视野, 2019(2).

和非排他性。

综合来看，公共产品具有非排他性、非竞争性和不可分割性三个基本特征。所谓非排他性实质上指的是受益的非排他性，与私人产品的排他性相反，认为无论男女老少都是无差别地受益于公共产品所提供的保障；非竞争性表现为消费的非竞争性，即任何消费者都不会因为消费公共产品而因此造成其他人对该产品消费数量的减少和质量的下降；而不可分割性指的是效用的不可分割性，即由于每个人都想不付或少付成本享受公共产品，因此只好政府出面担当提供公共产品的职能，且是向整个社会成员提供，公共产品具有共同受益、联合消费、效用共享的特点，与私人产品"谁受益、谁付费"的效用分割原则不同。

以往的研究认为公共卫生医疗服务属于公共产品的一种，符合公共产品的三个基本特征，因此在本书第五章"健康资本投资对村庄福利水平的影响"研究中，公共产品理论提供了丰富的理论支撑，认为包含村庄是否拥有公共锻炼场地或设施，村庄公共锻炼场地或设施的数量，村庄是否拥有医院、医疗点或药店，村庄医院、医疗点或药店的数量的"健身类"和"医疗类"两类村庄公共健康资本投资是公共产品的一种，必须科学合理地认识到公共健康资本投资和村庄福利水平之间的关系，确保农村公共健康资本投资充足，在面对贫困地区的贫困问题时，政府才能发挥好公共产品的外部性，减少搭便车行为，加大政府投资和财政补贴，满足农村居民福利水平最大化的需求，从而实现农村居民生计的可持续，达到健康扶贫、减贫效果。

三、能力贫困理论

世界银行(1990)将贫困定义为"缺少达到最低生活水准的能力"，贫困作为一种复杂的社会问题，具有广泛的内涵。早期对贫困的理解仅从收入或物质缺乏的视角，认为收入低下不足以维持生活的状态就是贫困。比如，西勃海姆·朗特里和萨缪尔森均认为：如果家庭成员的最基本的生存、生活需求由于家庭总收入的不足而难以得到满足，就会造成该家庭陷入贫困困境。但这种收入贫困理论的解释含义过于狭窄，对贫困的本质认识不到位，更没有从深层次探索贫困发生的原因。Schutz(1971)从发展经济学的角度，认为贫困国家落后的根本原因并不完全因为物质资本的短缺，很大程度上取决于人力资本的匮乏以及过分轻视对人力资本的投资，随着减贫政策逐渐向医疗保障和基础教育倾斜，人们才更加认识贫困人群往往得不到公平的健康和教育，其人力资本低下，这是造成贫困的深层次原因。

阿玛蒂亚·森作为能力贫困理论的首创者，他在1999年从一个新的维度对贫困进行全面剖析，认为贫困不仅仅表现为收入低下，其真正含义是贫困人口创造收入能力和机会的贫困。并且在贫困的测度上，他认为贫困不应该用简单的收入来衡量，应该引入能力的参数对人们的生活质量全面测度，因此，贫困被认为是基本可行能力的被剥夺。森的能力贫困最重要的价值在于把贫困和能力结合到贫困和反贫困的研究框架中，他认为收入只是人们追求的目标，只有关注能力的重塑，才能改变贫困的根本现状。他将"能力"定义为一个人能够实现自由的各种功能组合，认为通过重建生计能力改善居民的健康状况、促进居民就业、完善社会保障制度、提高教育水平、保护生态环境等可以避免和消除贫困，如：高水平人力资本存量会提高农户能力和劳动生产率(Sen，1985[1]；Word Bank，2001；Van De Braw，2002[2])。

在本书研究中，我们认为对于农村居民尤其是贫困农村居民来说，"贫困就是缘于贫困"，他们不具备相应的能力来抵抗风险，也基本上无法进入资本市场和保险市场，容易陷入"低能力投资—脆弱性增大—低能力投资"的贫困恶性循环。面对严格的资产约束，他们必须调整自己的资产数量来进行"自我保险"，而健康资本是农村居民创收的基本能力，通过对该群体扩展医疗、卫生保健机会等能增加其健康资本并对生计的可持续有直接影响。

---

[1] Sen, A. K. *Commodities and Capacities* [M]. Amsterdam: North Holland, 1985.

[2] Van, D. Choosing RuralRoad Investments to Help Reduce Poverty [J]. *World Development*, 2002(4): 575-589.

四、可持续生计理论

"可持续生计"是指个人或家庭所拥有和获得的、能用于谋生和改善长远生活状况的资产、能力和有收入活动的集合。这一概念最早在 20 世纪 80 年代末世界环境与发展委员会的报告中使用,纳列什·辛格和乔纳森·吉尔曼在《让生计可持续》一文中指出,"消除贫困的大目标在于发展个体、家庭和社会改善生计系统的能力",主要强调为满足群体的基本需求、提高资源的生产力,要储备并消耗足够的食品和现金,保证财产、资源及收入的可获得性[1]。1995 年哥本哈根社会发展世界峰会正式将可持续生计纳入减贫政策和发展计划。

可持续生计不仅是帮助人们尤其是贫困人群认识生计的一种理论及思维框架,而且还是在操作层面提供分析贫困问题复杂因素的指导工具,目前,比较成熟且被广泛应用的可持续生计分析框架主要有:英国国际发展计划署(DFID)以脆弱性人群为基础基于生计资产结构和过程转变的可持续生计分析框架;联合国开发计划署(UNDP)以政策、技术和投资为驱动因子的可持续生计分析方法;国际救援组织(CARE)以基本需要和权利为基础相结合的可持续生计分析方法;英国乐施会(Oxfam)的可持续生计途径。其中,DFID 的可持续生计分析框架(图 1-1)目前应用最广,整个分析框架由五部分组成,包括脆弱性背景、生计资本、结构和过程转变、生计策略和生计结果,其中,生计资本包括五个部分:自然资本、金融资本、物质资本、人力资本和社会资本。人力资本是指人们为了追求不同的生计策略和实现生计目标而拥有的健康、劳动能力、技能和知识等;自然资本指的是人们的生计所依靠的自然资源的储存和流动,包括生物多样性、可直接利用的资源(如土地、树木等)以及生态服务;物质资本包括维持生计所需要的基础设施以及生产用具。金融资本主要指流动资金、储备资金以及容易变现的等价物等;社会资本指各种社会资源,如社会关系网和社会组织(宗教组

---

[1] 纳列什·辛格,乔纳森·吉尔曼.让生计可持续[J].国际社会科学杂志(中文版),2000(4):123-129.

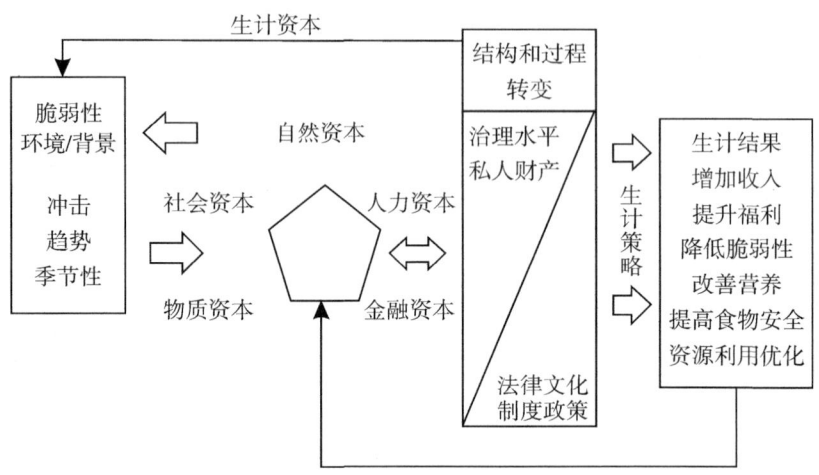

图 1-1 DFID 的可持续生计框架

织、亲朋好友和家族等）。生计的可持续取决于四个方面：一是生计内容的系统性，二是生计资本配置的有效性，三是制度、政策的可支持性，四是风险的可规避性。我们不能局限于追求收入的增加，而应提高摆脱贫困的脆弱性、根除贫困以及生活自我持续改善的能力。而根据 sen 的能力贫困理论，我们认为这种能力是可以通过健康资本水平的改善得以提升，从而促使农村居民能达到收入提高、脆弱性降低以及福利水平提升的目的。

可持续生计理论在农村扶贫、减贫实践中得到了充分运用和实证检验。目前不少学者从脆弱性的视角来审视贫困以及贫困地区农民的生计问题，如陈传波（2005）[1]、丁士军（2003）[2] 等利用 Dercon（2001）建立的风险与脆弱性分析框架，分析了贫困地区农户风险的具体表现和特征，讨论了农户可能遭受的各类资产风险、收入风险和福利风险，揭示了贫困农户、小农户多风险交织的状态，认为贫困农户容易陷入贫困的恶性循环，生计脆弱性进一步加剧。

---

[1] 陈传波. 农户风险与脆弱性：一个分析框架及贫困地区的经验[J]. 农业经济问题，2005(8).

[2] 陈传波，丁士军. 对农户风险及其处理策略的分析[J]. 中国农村经济，2003(11).

贫困农民进行生计策略选择时都是出于理性经济人假设，追求行为决策的效益最大化和风险最小化。在这一基础上，本书从健康资本投资的角度，探讨健康资本作为人力资本的一种，加大健康资本投资是否有利于提高农户收入、降低家庭贫困脆弱性、提升村庄福利水平，从而达到健康资本投资预期效用的最大化水平，实现农村居民可持续生计和农村减贫目的。

第二节 文献综述

健康资本投资作为一项重要的人力资本投资，相比于教育人力资本，研究起步较晚，但是由于其对于经济发展的重要作用逐渐被重视，目前学者们研究的重点方向主要集中在以下几方面。

一、健康资本投资的影响因素研究

健康资本投资最直接的表现形式为健康水平的提高，健康资本投资不足则会造成健康不平等，影响健康资本投资的因素比较多，已有研究结果可以通过以下两方面进行分类：

一类主要集中于受访者的个体特征因素，包括性别、年龄、受教育程度、收入水平、健康状况等。就性别而言，国内对其与健康资本投资关系的研究并不多见，但早在 20 多年前，Rossand Bird (1994) 研究表明女性一直以来处于社会分层中的劣势地位，她们的教育程度普遍偏低，很多操持家务不工作，工作女性的薪酬又比同等学历、同等职位的男性低。社会经济地位的弱势极大地限制了健康资源对女性的可及性①。郑莉、曾旭辉 (2015) 通过成长曲线模型，在社会分层和性别分层的交互作用分析中得出，女性相比于男性在生命的各个阶段健康优势不明显。就年龄而言，农村健康资本投资呈现偏"青、壮年"的特点，老年人因健康资本投资不足，健康不平等现象普遍存在（杜本峰、王璇，2013）。收入水平是影响健康资本投资最主要的因素，Kitagawa 和 Hauser(1973) 首次使用

---

① 郑莉，曾旭晖. 社会分层与健康不平等的性别差异——基于生命历程的纵向分析[J]. 社会，2016(11).

了美国1960年普查数据证实健康的收入分层现象,即在其他条件相同的情况下,个人收入越高,健康水平越高;反之则反。收入主要通过四个健康资本投资途径影响健康:早期儿童营养、有利或不利因素在生命过程中的积累、医疗等资源的获得和不同生活方式等行为因素①。收入差距的不断扩大,带来健康不平等呈现"亲富人"的特点(解垩,2009;齐良书、李子奈,2011;方亚、周燾,2012)。王勇、李建民(2014)在此基础上,进行了以年龄等为特征的组群分析,认为与收入相关的健康不平等随着年龄的增长不断扩大。教育程度的变动也会影响健康资本的实际供给。Grossman证明,在健康资本边际生产力递减的条件下,教育程度提高所造成健康资本供给的增加,将超过消费者健康需求增加的幅度(瞿艳明、崔潞瑶,2011)。何青、袁燕(2014)利用中国健康与营养调查(CHNS)的数据,研究发现母亲受教育程度对儿童时期营养的获得与健康资本的积累起到至关重要的作用。这一作用在其他群体间也表现明显,受教育程度的高低决定了受访者对自身及家人健康资本投资的重视程度(贾男、雷莲莲,2016)。近年来,研究者对人格特质与健康投资之间的关系进行了进一步的探究,程虹等(2018)指出人格特质作为一种代表劳动力个体特征的因素,对健康投资的影响更加形象,这也是其他所有因素得以有效发挥的基础。此外,那些健康预期较高、生活幸福感较强的受访者通过对疾病的治疗和预防,购买保险、健康体检等支出积极进行健康资本投资(浦科学,2013)。

另一类主要集中受访者所处的外在环境因素,外在环境因素又可以分为三个方面:社会性因素、经济性因素和政治性因素。城乡差别无疑是影响居民健康资本投资的最重要的社会性因素。首先健康的城乡不平等导致的收入不平等严重影响个人及家庭的健康资本投资,城乡差别造成社会经济地位的差别,学者们普遍认为健康与社会经济地位之间存在一种梯度相关关系(如Carnon等,1984;Antwell等,1998;Thurston等,2005)。齐良书(2006)基于中国9

---

① 瞿艳明,崔潞瑶.居民健康资本影响因素实证研究[J].江苏科技信息,2011(11).

个省的微观面板数据,着重考察了社会经济地位对健康的作用,研究选取居住地点(农村或城镇)和职业来代表社会经济地位,结果表明社会、经济地位对健康的影响不容忽视,一方面,社会、经济地位决定着人们的工作环境和生活环境,决定了人们获得各种健康产品和服务的条件;另一方面,社会、经济地位影响着人们健康认知及健康资本投资的积极心态。单纯从农民层面出发,有学者认为区域差异是影响健康资本投资的重要因素,杜本峰、王旋(2013)以农村老年人为研究主体,将22个省市按规定分为东部、中部和西部地区。回归结果显示地区变量对老年人的健康状况影响是有显著差异的,其中经济状况较好的东部地区的健康状况最好,其次是中部,最差的是西部①。这再次证实了社会经济地位与健康的密切联系。其次,城乡之间在生活方式上也有差别,马克斯·韦伯认为,社会经济地位更能促进人们良好的生活方式的养成,在这一影响机制下,地位越高,健康状况趋于越好。黄洁萍、尹秋菊(2013)将生活方式作为中间机制研究社会经济地位对人口健康的影响,基于结构方程模型和"中国健康与营养调查"(CHNS)数据,将生活方式的三个方面如吸烟、饮酒和体育锻炼为中介机制,考察了社会经济地位、生活方式与人口健康的关系。研究发现,社会经济地位不但直接影响健康,也通过生活方式间接影响健康。高兴民、许金红(2015)观点与之一致。

在经济性因素方面,王弟海等(2010)通过两部门经济模型,研究表明物质资本对健康人力资本投资起着决定性作用,并且健康人力资本投资带来的收益的大小决定了个人下期健康人力资本投资量,另外也进一步讨论了消费税和收入税对消费和资本积累的影响。张永辉(2008)通过对陕西省农户调查数据的分析,认为对于西部农村大部分家庭来说,健康需求的医疗保健消费无异于是奢侈品。在此基础上,张永辉(2010)使用1997—2006年中国营养与健康调查数据,研究发现医疗费用的上涨严重抑制了农民对健康人力资本投资的需求,因此他们的健康水平得不到很好的改善。这一观

---

① 杜本峰,王旋.老年人健康不平等的演化、区域差异与影响因素分析[J].人口研究,2013(9).

点得到学术界的普遍认同,袁迎春(2016)提出"看病贵"比"看病难"更能抑制人们健康人力资本的投资。有学者认为国家财政投入可以改善地区医疗卫生人力资源配置问题,可以有效解决贫困地区"看病难""看病贵"等难题(齐良书、李子奈,2011;李嘉莉,2017)。就业状况也是影响健康资本投资的重要因素之一,杨晓胜等(2015)通过建立决定医疗利用的回归模型,研究失业对医疗利用的影响,认为失业直接影响人们的可支配收入,对可能的大额医疗支出(住院、手术)影响显著,从而带来低的医疗利用率。而董夏燕、臧文斌(2017)从退休的角度讨论中老年人健康的变化,研究发现退休对中老年人健康影响显著,延迟退休有助于优化整个生命周期的健康水平。张永辉等(2018)综合职业类型和社会资本讨论其对健康人力资本投资的影响,研究表明与从事非农生产的中老年人相比,从事农业生产的中老年人健康状况较差。这都进一步证实了就业状况对健康人力资本投资影响显著。

在政治性因素方面,医疗保险(比如新型农村合作医疗等)提高了个人就医的财务可及性,增加了卫生服务利用,是最有利于促进参保个人健康人力资本投资,且对社会经济状态较差的人群影响更大(白重恩等,2012;潘杰等,2013;王甫勤,2015),这一观点得到学术界反复证实。黄俊(2017)基于中国家庭跟踪调查数据,认为医疗保险、养老保险、社会福利、低保或社会救济四个变量组成的社会保障待遇对老年人健康人力资本投资有促进作用,原因在于社会保障待遇水平从制度上、经济上保障老年人健康水平,一定程度上为老年人口的健康提供更适宜、有效的改善。侯石安、刘朔涛(2017)也做了类似研究,以重大疾病为切入点,认为健康人力资本的形成和积累与相应的保障机制体系建设密切相关,财政医疗支出政策促进了以事后治疗为主的疾病保险向以预防和保健方向为主的医疗体系的转变。相关的研究还包括张婷(2016)、申曙光和郑倩昀(2017)、王玉和赵伟(2017)等。另外,祁静、茅倬彦(2018)认为《"健康中国 2030"规划纲要》的提出,通过健康干预使得农村中老年人的健康知识、态度观念以及行为表现等方面均发生了明显的改善。邓利方、李铭杰(2018)在已有研究的基础上,猜想移动医疗、移动保健成为了解决老年人医疗保健问题的重要法宝。尽管选取的2002—2012年中国31个省的面板数据并没有有力证明"互联网+医疗"对老年人医疗消费的显著作用，但为以后的研究提供了好的思路。

二、健康资本投资对农村居民收入影响的相关研究

Mincer认为，任何时期的收益都可以被看成体现在个人身上的和由个人积累的人力资本存量的一种报酬，"投资"的本义为把个人的金钱、时间或精力资源都投入到预期有利润或有令人满意的可回报的事物中去。Mushkin(1962)发表《健康作为一种投资》一文，正式将健康资本等同于教育资本，认为其是人力资本的重要形式之一，可以通过投资取得。健康是一种投资品，可以通过对医疗卫生、保健、营养等项服务进行投资，投入越多，健康资本积累越多，健康资本存量下降速度就会越慢，人们"无病活动时间"就会延长，收入也会因为工作时间的延长以及工作效率的提高明显提高，即最终表现为健康与福利之间形成的良性循环。就个人而言，健康资本投资表现为高度的投资主体和客体的一致性，而作为首先是"经济人"的投资主体，进行健康资本投资的最主要驱动力就是为了获得经济收益，即进行健康资本投资的直接目的是为了提高其收入。对私人健康资本的投入为私人健康资本投资，主要包含家庭营养保健、体育锻炼支出、医疗的私人支出部分、生活环境的改善以及其他用于维护健康的私人投资部分等。良好的健康是个体获得收入的前提(Schultz, 2002; Ettner, 1996; 齐良书，2006)，健康资本投资与收入增长的关系是国外健康经济学研究的重中之重。然而较早的研究大多关注的是收入对健康的影响作用，忽视了健康资本投资的收入效应。我国在这一方面从2003年开始也有了开创性研究，但研究成果非常有限，大体可以从收入来源、劳动时间和劳动效率以及直接健康效应三个方面总结归纳健康资本投资对农村居民收入的影响。

(一)健康资本投资对收入来源的影响

按照收入来源划分，农村居民的收入可以分为农业收入和非农收入两种。随着我国城镇化进程的加快，农村劳动力转移到城镇就业已经是大势所趋，健康资本投资对农村居民收入增长尤其是非农

收入增长具有愈来愈重要的作用。Luft（1975）研究发现，平均来看，健康状况良好的人年工资比健康状况不好的人高37%。Gruber and Hanratty（1995）研究发现加拿大实施国家健康保险后，居民就业和个人工资得以提升。从2003年开始我国在这一方面也有了开创性研究。魏众（2004）从非农就业收入的角度，基于Heckman二阶段模型，在加入心理分析的健康维度基础上，研究发现健康对农村劳动力非农就业收入和家庭收入方面有较大正向影响，李宪印、陈万明（2009）本书通国VAR估计和格兰杰因果关系检验发现，健康资本投资和非农收入之间存在长期均衡关系，健康资本投资是农村居民非农收入增长的格兰杰原因。类似的研究还有何国俊等（2008），王引、尹志超（2009），王鹏、刘国恩（2010）和黄玉等（2013）。陈静思（2016）在前人研究基础上，加入性别讨论，基于比较分析法得出女性的健康状况提升而产生的收入效应比男性更大更显著，且健康状况在农业生产中的作用略大于非农就业，这点和魏众（2004）有所不同。于大川（2013）规避了以往健康指标选取的主观性和唯一性，从身高、身体质量指数、热量摄入比等客观健康指标角度，对比分析农民收入的性别差异。秦立建等（2013）使用Heckman模型研究了健康对农民工外出务工收入的影响，比较了不同健康状况间的外出务工收入差异，张欢等（2018）也做了类似的研究。周孝等（2015）从私人健康资本投资的两个方面，如增加保健等方面的正面健康资本投资和减少吸烟、饮酒等不良嗜好的负面投资，讨论私人健康资本投资行为对就业的影响程度，研究表明私人健康资本投资对其就业的作用，受其个体特征（如性别、年龄、受教育程度、健康水平等）的影响，且公共健康投资水平越高，私人健康资本投资对一般性就业的促进作用越大。还有些研究从人力资本投资的类型研究对劳动收入的影响，钱龙、陈杰（2018）通过对比研究教育和健康资本投资对农民工的收入效应的差异化，研究结果表明健康资本投资对农民工非农收入的影响明显高于教育，但个体能力越强，教育的回报率越高，能力越弱，健康的作用反而越强。

（二）健康资本投资对劳动参与时间和效率的影响

劳动参与时间和劳动参与效率的提高既是健康资本投资的重要

体现，也是农村居民收入得以提高的直接途径。摩根等(1962)从不同维度分析健康资本投资对劳动者在劳动力市场上表现的影响，结果显示，私人健康资本投资是影响个人劳动参与、劳动参与时间的重要因素。越健康的人参与劳动力市场和获得就业机会的概率越大，工资水平也越高。国内最早研究私人健康资本投资与个人收入增长的是张车伟(2003)，利用中国农村的数据，在明瑟收入工资方程的基础上他首次揭示了营养和健康对农村劳动力生产率的正向作用，并且这一影响最终作用于农民收入上。任兆璋、范闽(2006)运用较为前沿的多值政策效应方法，实证检验了健康资本投资影响劳动参与率的一致性估计量。刘生龙(2008)研究认为，健康资本投资会带来健康水平的提高，每增加一个等级，中国农村居民劳动力参与的可能性将会提高近4个百分点。肖小勇、李秋萍(2012)指出农民"因病致贫""因病返贫"的现象影响了农业生产效率的提升，私人健康资本投资带来的健康身体若辅之以更高的教育水平将会更加促进农业生产技术效率水平的提升。"有文化，懂技术，会经营"的身强体健的新型农民将会把农业科技成果加速转换成现实生产力，从而增效增产增收①。于大川、赵小仕(2015)研究发现营养摄入作为私人健康资本投资的方式之一，对农民的劳动参与有显著正向影响，每增加1%kJ的日均热量摄入，农民的劳动参与概率会分别提高4.85%②。王秀芝、易婷(2017)运用CFPS数据，在明瑟收入方程基础上得出健康资本投资会显著影响着劳动参与率，从而影响收入水平，并且这种收入效应在我国农村范围越来越明显。

国内外学者对这一问题的研究大多数从反方向进行论证，认为由于健康资本投资不足导致的健康水平恶化会大幅度缩减劳动参与时间，降低其劳动参与效率。Riphahn(1999)的研究发现德国40—59岁的个体由于健康冲击的影响退出劳动力市场的概率增加了

---

① 肖小勇，李秋萍.教育、健康与农业生产技术效率实证研究——基于1999—2000年省级面板数据[J].华中农业大学学报(社会科学版)，2012(3).

② 于大川，赵小仕.健康对农民劳动参与的影响：基于CHNS数据的实证研究[J].农业现代化研究，2015(6).

200%。Jiménez-Martín 等(2006)对西班牙 50—60 岁劳动者的分析表明由于健康资本投资不足导致的健康资本存量的下降将减少劳动者继续工作的概率。Smith(2004)也发现年龄超过 50 岁的农民健康资本投资的意愿下降,一旦遭受健康冲击其继续工作的概率将会下降 15%。国内学者解垩(2011)采用中国营养与健康调查数据(CHNS)分析健康对劳动力退出的影响,结果显示健康是劳动力退出的一个重要因素,并且对农村居民尤其是男性的影响更为显著,并提出应该积极提高私人健康资本投资水平,使农村居民不因健康问题过早地或非自愿退出劳动力市场。

(三)健康资本投资的直接健康效应

健康资本投资最直接的效益就是为了获得健康。按照现有研究成果,一般从健康资本投资的几种方式,如营养摄入与食物消费、医疗支出、保健锻炼等对该问题进行研究。Grossman(1972)提出健康需求函数,认为除了医疗因素、非医疗因素(教育、营养、收入)等都对健康水平产生影响;舒尔茨(1990)提出健康资本是初始健康状态的一种延伸,随着年龄增长而折旧(存在倒 U 关系),同时也由健康资本投资而增加;Martorell(1995,1997)和 Martorell 等(1994)认为儿童时期的营养摄入对身高存在显著影响,而身高是衡量成人身体质量指数的重要指标之一;Lindgren 等(1992)从儿童认知能力的角度,发现得到良好控制的慢性病对儿童不会造成影响;Heckman(2007)认为儿童时期健康会通过自产效应影响成年的健康状况,何青、袁燕(2014)基于中国健康与营养调查(CHNS)数据,认为保证儿童基本营养摄入以及缩小儿童健康水平差距的公共政策,才能保证在健康这一重要人力资本上的起点公平[①]。贾男、雷莲莲(2016)以老年高血压为例,讨论了健康资本投资对健康水平的影响,研究结果表明认知偏差导致的健康资本投资不足是造成健康水平低下的重要原因。韦艳等(2017)利用陕西省 2014 年"人口健康状况和需求"专项调查数据,研究发现农村中老年人的健康投资存在个体差异和地区差异,健康投资对农村中老年人的生理健

---

① 何青,袁燕.儿童时期健康与营养状况的跨期收入效应[J].经济评论,2014(2).

康或者心理健康有显著的正向影响。从生育的角度讲，母亲在孕期营养、健康资本投资等方面施加更宽松的预算约束会直接作用于孩子的大脑发育、体重等(Kline J and Stein Z(1989)；S. E. Black et al. (2005)；Chevalier and O. Sullivan(2007))。孙晓燕、夏海勇(2006)也是从生育的角度，以遗传病为例，认为父辈的健康资本投资在某种程度上有助于子辈健康资本存量的增加。

三、健康资本投资对农村家庭贫困脆弱性影响的相关研究

(一)贫困脆弱性的定义与测度

学者对贫困脆弱性的定义及测度等方面的研究目前尚未统一。从贫困脆弱性定义来看，Pritchett 等(2000)、Mansuri 与 Healy(2001)认为，贫困脆弱性指家庭在未来几年中至少有一年会落入贫困状态的可能性。Kühl(2003)则认为，可以从福利水平的角度来定义，贫困脆弱性为家庭的福利水平由于受到重大变故或冲击的影响会严重下降甚至低于贫困线以下的概率。韩峥(2004)认为可以两方面综合认识贫困脆弱性，即贫困脆弱性是遭受冲击的概率和抵御冲击的能力两者权衡的结果。李丽和白雪梅(2010)为了识别脆弱家庭和群体，将贫困脆弱性定义为未来陷入贫困的概率。大多数学者同意贫困脆弱性的概念具有前瞻性(Alwang, Siegel and Jorgensen, 2001；黄小林, 2010；万广华、章元, 2009)，因而是无法事先观察到的①。黄承伟和王小林(2010)则认为，脆弱性与贫困密切相关又存在明显差别，区别是脆弱性可以从风险的角度进行理解，是一个前瞻性的概念；脆弱性是一个动态概念，是贫困的一个重要维度，也是对贫困的动态度量。

从贫困脆弱性的测度来看，学者对这一问题的研究存在较大趋同性，但主要集中在以下三个方面：一是，从贫困和风险的角度将二者结合起来度量贫困脆弱性，即风险暴露脆弱性(VER)，如Cafiero 和 Vakis(2006)根据风险型贫困线计算贫困值，通过将风险直接并入贫困测度的方式测度脆弱性；二是，用期望效用与效用之差

---

① 许启发，王侠英，蒋翠侠. 城乡居民贫困脆弱性综合评价：来自安徽省的经验证据[J]. 经济问题，2017(8).

来度量脆弱性,即低期望效用脆弱性(VEU),如武拉平等(2012)运用低期望效用脆弱性对山西省农村贫困脆弱性进行估计和分解;三是,用未来陷入贫困的概率来度量脆弱性,即预期的贫困脆弱性(VEP),如葛珺沂(2013)采用这种方法度量西部少数民族地区贫困脆弱性。第一种思路将风险因素加入贫困测度中,尽管方法与脆弱性的内涵相一致,但由于数据的难以获取使得描述和记录风险成为首要难题。第二种思路基于微观经济学行为理论,有明确的经济学含义,主要问题是在实际操作中效用函数难以确定。因此,大多数研究者选择遵循第三种思路进行贫困脆弱性的测度。

(二) 贫困脆弱性的影响因素

学术界在贫困脆弱性影响因素方面的研究成果还比较有限,回顾以往研究,一方面,学者将贫困脆弱性的外部风险冲击因素归纳为自然风险、市场风险、社会风险、疾病风险等四个方面[1]。武拉平等(2012)在低期望效用脆弱性(VEU)方法基础上,通过对贫困脆弱性进行分解,认为健康状况恶化是影响家庭贫困脆弱性的主要因素之一,家中体弱多病者所占比例越大,家庭贫困脆弱性程度越高。俞林伟、陈小英(2013)也从健康贫困的角度,研究发现农民工面对健康风险时,由于过快增长医疗费用与自身医疗支付能力不足陷入贫困。杨龙、汪三贵(2015)认为尽管各地区农户贫困脆弱性的影响因素存在差异,但冲击性事件是共性影响因素。并基于脆弱群体的家庭特征、社区特征对这一影响因素进行分析,结果显示冲击性事件(旱灾、疾病风险、子女上大学、建房买房等)是各个地区农户脆弱性的共性影响因素,并且家庭规模、人力资本状况和房屋价值也是影响贫困脆弱程度的重要因素。薛龙飞等(2017)从风险冲击的角度研究山区贫困的影响因素,研究表明包括健康、教育、市场、就业、消费、自然、政策七个维度的风险冲击中,健康对贫困的影响效应最强。另一方面,学者们主要从人力资产、物质资产、金融资产、社会资产等因素通过衡量农村家庭内部抵御风险的能力大小来分析贫困脆弱性的影响因素。万广华等(2014)是国

---

[1] 高杨,张克云. 农村家庭脆弱性的研究述评[J]. 农业经济,2016(12).

内首次从资产的角度探讨贫困,研究提出可以通过农户所拥有的资产禀赋预测其未来收入水平的资产——贫困分析方法来判断农户的贫困脆弱性。解垩(2014)基于中国健康与养老追踪调查(CHARLS)的微观面板数据,也重点讨论家庭资产积累与贫困风险之间的关系,但由于参考数据间隔时间过短,认为这种影响只是短暂出现,并没有充分理由证明农村家庭资产积累与贫困风险有很强的必然联系。

几乎所有学者都认为,了解了贫困脆弱性,对中国扶贫减贫工作有重要的现实意义,也在实证分析的基础上提出了政策建议,如针对各地区脆弱性差异制定差异化扶持政策;提高脆弱农户抵御风险的能力;降低风险冲击的影响,事先建立农户风险预警机制;从经济、社会和心理效益,多角度选择扶贫项目等(赵培红,2009;黄小琳,2010)①。

(三)健康资本投资对消费的影响

刘国恩等(2004)认为经济收益仅仅是健康收益中的一个部分,个人健康既是经济效应的人力投资,同时也给个人带来消费价值与效用②。高梦滔(2005)认为私人健康资本投资不足引致的健康风险在长期内可能影响子女的教育资本投入,最终影响家庭的创收能力。何兴强、史卫(2014)指出健康风险带来家庭医疗支出的直接增加,又可能促使劳动供给和可支配收入的间接减少,为了应对健康风险,家庭会降低人均总消费、食品和非食品消费,但医疗保险有助于缓解健康风险促进家庭消费,特别是低收入家庭③。赵伟锋(2017)也从健康冲击的角度,认为农户家庭成员受到冲击时,农户会在家庭消费、医疗支出等之间重新配置④。

---

① 宋志立. 贫困脆弱性研究文献综述[J]. 经济研究导刊,2013(25).

② 刘国恩等. 中国的健康人力资本与收入增长[J]. 经济学(季刊),2004(1).

③ 何兴强,史卫. 健康风险与城镇居民家庭消费[J]. 经济研究,2014(5).

④ 赵伟锋. 健康冲击、家庭支出结构与农户收入[J]. 中南财经政法大学学报,2017(3).

(四) 健康资本投资对家庭贫困脆弱性的影响

通过对健康资本投资与农村家庭贫困脆弱性两者关系的研究文献的梳理,发现国内外目前直接关于健康资本投资与贫困脆弱性两者关系的文献还比较匮乏,现有研究中比较有代表性的是将英国国际发展署(DFID)提出的可持续生计发展框架应用于贫困人口的脆弱性评价中。李小云等(2005)运用此种方法,抽样考察了中国四省的贫困农户的自然资本、物质资本、金融资本、人力资本及社会资本的拥有状况,得出贫困村基础设施体系和公共服务体系十分薄弱,脆弱性较高的结论。方迎风、邹薇(2013)通过建立健康冲击、"能力"投资与消费平滑的动态最优框架,发现健康冲击导致生产性支出和健康投资下降,从而加剧了贫困的脆弱性,尤其对那些没有医疗保险的个人冲击更大。还有一些从公共产品层面,研究公共福利对贫困脆弱性的影响,Zimmer and Kwong(2003)研究表明社会保障对老年人口经济贫困的发生率具有显著影响,公共福利能够弥补子女对老年人口经济支持的不足。Robano 等(2013)以孟加拉国为例,分析了社会福利对赤贫家庭多维贫困的影响,发现公共项目显著减少了初期被剥夺得较多的家庭的多维贫困。章晓懿、沈崴奕(2014)运用预期贫困脆弱性测度方法对上海市城乡低收入家庭的贫困脆弱性进行测量,认为相对于城镇低收入家庭而言,农村低收入家庭的贫困脆弱性更高,医疗救助对农村低收入家庭贫困脆弱性的缓解作用更大[①]。刘伟、朱玉春(2014)从农民健康风险的角度,基于 Chaudhuri 提出的方法模型,从家庭和社区两方面对农户的贫困脆弱性进行测量,健康风险因素对农户贫困脆弱性有显著的影响,健康风险越大,农户陷入贫困的可能性越大;而改善农村的医疗卫生条件,对降低农户的贫困脆弱性有重要的意义[②]。沈冰清(2017)根据消费均值和消费波动模型测算了农村低收入家庭的脆弱性,认为新农合作为一项广覆盖的社会保护措施,其在降低农村低收入家庭脆弱性上起到了一定的作用,但实际影响因家庭支付能

[①] 章晓懿,沈崴奕.医疗救助对低收入家庭贫困脆弱性的缓解作用研究[J].东岳论丛,2014(8).

[②] 刘伟,朱玉春.健康风险对农户贫困脆弱性的影响研究[J].湖北农业科学,2014(13).

力不同而存在分化①。

四、健康资本投资对农村福利水平影响的相关研究

健康资本投资按照投资渠道的划分存在两种形式：私人健康资本投资和公共健康资本投资，加强健康资本投资不仅是个人和家庭的经济选择，也是一种公共政策选择，只将健康资本投资的注意力集中在私人健康资本投资的收入效应上将会低估健康资本投资所带来的整体效益。根据已有研究，包含公共医疗卫生设施建设和完善、公共卫生环境建设和维护、医疗工作者的薪酬支付以及居民医疗补贴等政府支出部分的公共健康资本投资可以最大限度提升农村整体福利水平，可以从公共层面健康资本投资的角度具体分以下几方面概述：

（一）健康资本投资对农村居民健康资本水平的影响

一般来说，公共健康资本投资对农村居民健康有促进作用，但当投入偏低时，由于有效的医疗卫生保健机制的无法建立，公共健康资本投资并不总是转化为有效的健康服务。解垩（2009）认为各地区的健康不平等由于公共健康资本投资的不平等而存在，只有设法扩大医疗保险的覆盖面，把弱势群体纳入医疗保障安全网中，才能最终提高农村居民的健康和医疗服务可及性。张永辉、王征兵（2010）指出针对我国农村居民健康总体水平不高的现状，应完善新型农村合作医疗制度，开展针对妇女和中老年人的医疗保健服务，从改善落后地区的医疗保健条件和环境卫生状况等方面入手改善农村居民的健康水平，促进健康公平②。刘晓婷（2014）认为尽管医疗保险对农村老年人健康水平有一定的促进作用，但仅仅只是众多社会决定因素之一，在我国农村不同保障项目参保者之间医疗福利权利与健康结果的不公平仍未得到足够重视③。陈天祥、方敏

---

① 沈冰清.新农合对农村低收入家庭脆弱性的影响研究——来自中国家庭追踪调查的证据[J].农村经济与科技，2017（9）.

② 张永辉，王征兵.农村居民的健康状况及其决定因素的实证分析[J].农业技术经济，2010（5）.

③ 刘晓婷.社会医疗保险对老年人健康水平的影响——基于浙江省的实证研究[J].社会，2014（2）.

(2016)指出农村"看病贵、看病难"现象存在的根本原因在于政府缺位与公共健康资本投资不足,公共健康资本投资存在规模效应,超过一定比例后才会对健康变量指标存在显著影响。周俊婷、李勇(2018)从农村中老年这一群体出发,认为新型农村合作医疗作为我国基本医疗保障制度的重要组成部分,旨在保障我国农村居民的基本医疗卫生服务需求,减轻因疾病增加的经济负担,不断改善农村居民的健康状况,提高其健康水平①。

(二)健康资本投资对福利水平的影响

农村贫困问题一直是制约国家经济全面快速发展的重要难题,而健康贫困问题则是最其中难啃的一块"硬骨头",公共健康资本投资作为一种公共产品供给,对村庄福利水平的影响尤大。程名望等(2014)通过比较认为公共健康资本投资比公共教育支出对农村的减贫效应更明显。刘树林等(2016)认为公共产品的投入从根本上提高农村社会福利水平,其中相比其他类型的公共产品投入,格兰杰因果检验显示农村公共卫生支出对农村社会福利水平的增进程度最大。王新玉(2017)设定一个引入闲暇的卢卡斯模型,认为包含健康投资和教育投资的人力资本积累与福利水平呈现 U 形曲线关系发展。王祖山(2018)延续了阿玛蒂亚·森对福利水平的五划分,在城镇居民福利与国民健康的相关数据基础上,通过对城镇居民的福利水平和健康关系的论证,认为城镇居民的福利水平与其所处地区的经济发展水平相关。刘畅(2018)从健康资本投资的选择路径角度,基于中国营养与健康调查(CHNS)数据,指出包含新农合和预防保健在内的健康选择在一定程度上促进了农民福利的可持续发展。赵桂芝、郭丽英(2018)基于福利经济学原理,研究表明,财政转移支付制度对农村居民收入配福利影响总体而言具有正向调节效应,但是福利提升效果不明显,甚至在个别年份存在福利下降的情况②。王鹏、梁城城(2018)从农民主观福利的角度出发,基于我国西部农村经济社会发展调查数据,认为个人主观福利的大小

---

① 周俊婷,李勇.新型农村合作医疗对我国农村中老年人健康状况的影响[J].中国药物经济学,2018(2).

② 赵桂芝,郭丽英.中国财政转移支付福利效应评估与改进对策分析——基于农村居民收入分配福利的视角[J].经济经纬,2018(5).

与其健康和收入水平存在显著影响关系。

五、简要评述

2021年2月25日，习近平总书记在全国脱贫攻坚总结表彰大会上宣布，我国脱贫攻坚战取得了全面胜利，现行标准下9899万农村贫困人口全部脱贫，832个贫困县全部摘帽，12.8万个贫困村全部出列，区域性整体贫困得到解决，完成了消除绝对贫困的艰巨任务。但脱贫不是终点，而是新生活、新奋斗的起点。在全面建成小康社会的关键阶段，培育农村贫困群众的内生发展动力，增强脱贫的可持续性仍然任重道远。本章通过对健康资本投资的影响因素、健康资本投资对农村居民收入的影响和健康资本投资对农村家庭贫困脆弱性的影响以及健康资本投资对农村福利水平的影响四个方面的文献进行回顾，我们发现学术界倾向于对健康资本投资经济效应以及失地农民的可持续生计等方面研究，而从健康资本投资的角度分析农村居民可持续生计的文献并不多见，仅在政策建议中将健康资本投资作为一个可行方向进行探讨。

第一，以往的研究，健康资本投资方面的理论基础较坚实，研究成果较丰富。在影响因素方面，已有研究考虑得较全面、透彻；在健康测量指标方面，最常用的是主观评价指标（自评健康状况），在收入效应方面，实证分析过程较详尽，利用比较前沿的计量方法、模型、工具，从农业收入和非农收入的角度，均验证了健康资本投资对农村居民收入的重要作用。本书借鉴前人的研究，充分考虑了可能的影响因素，健康指标的选取也尽可能做到不单一化，从体育类和医疗类两种最为普遍的健康资本投资方式着手，分别讨论健康资本投资的可能作用路径。

第二，健康资本投资和可持续生计的落脚点均为实现消除贫困的目的，和以往研究相比，如程名望等（2014）他们的研究重在比较教育和健康两种人力资本的减贫效应效果及差异，并没有详细描述健康通过什么途径实现农村居民可持续生计与农村减贫；另外，尽管有不少学者对健康资本投资的收入效应做了一定的研究，但是仅仅从收入的角度研究是远远不够的，本书从农村居民收入、家庭贫困脆弱性以及村庄福利水平三方面着手，研究更系统、具体。

第三，健康资本投资按照投资渠道划分，分为私人健康资本投资和公共健康资本投资，以往的研究很少做到同时兼顾。吕娜、邹薇(2015)的研究虽然也从私人和公共两部门的健康资本投资出发，但其仅仅研究两部门健康资本投资对居民收入水平的影响，并没有涉及与农村发展更为紧要的贫困脆弱性及农村福利水平等问题。

第二章 理论分析框架

关于可持续生计的研究成为目前国内外研究的重点,已有研究角度广泛,而将健康资本作为人力资本的一种,从健康资本投资对农村居民可持续生计影响的角度研究较少。从理论层面来看,健康资本投资这一生计策略,其效用表现形式多样,但从农民或家庭实际需求来看,健康资本投资对农村居民收入的提高、对家庭贫困脆弱性的降低以及对村庄福利水平的提升是衡量和评价健康资本投资这一生计策略的输出结果的重要指向性指标。本章论述主要分为三个方面:一是基于DFID可持续生计分析框架重构健康资本投资的可持续生计分析框架;二是分析健康资本投资影响微观差异,论述健康资本投资私人层面和公共层面两种投资渠道综合考量的必要性;三是演绎健康资本投资影响路径,主要包括个体层面上健康资本投资作用于农村居民收入过程、家庭层面上健康资本投资作用于农村家庭贫困脆弱性过程,以及村域层面上健康资本投资作用于村庄福利水平过程三个方面。

第一节 健康资本投资对农村居民可持续生计影响的分析框架

"因病致贫""因病返贫"现象的普遍存在是制约农村可持续发展的重要因素之一,同时也揭示了我国农村健康资本投资不足的现状。以往通过梳理中国在扶贫实践过程中涌现出的各种扶贫开发模式的作用特点,不难看出,这些模式均试图通过在一定程度上改善贫困群体的生计能力和手段来达到扶贫减贫的目的,在DFID可持续生计分析框架的基础上,基于"健康中国""农村全面脱贫"的时代背景下,本书构建了健康资本投资可持续生计的分析框架,在该框架中主要包括"一个策略、二种渠道、三个层面及五个部分"。

1."一个策略"

"一个策略"是指健康资本投资这一生计策略。从农村首要致贫因素来看,"因病致贫"对农村居民的影响深远。当农村居民面临疾病风险时,必须增强自己抵御风险的能力,采取相应的行动来维持自己生计的可持续性。而生计资本影响着生计策略的选择,在包含自然资本、人力资本、社会资本、金融资本、物质资本五个生计资本的可持续生计分析框架中,因健康或疾病导致的生计难以持续,首要任务就是提高农村居民的健康水平,而根据健康生产函数,我们可以通过对医疗卫生、保健、营养、教育等项服务进行投资的方式使健康资本得到累积,即进行健康资本投资。

2."二种渠道"

健康资本投资按照渠道的不同可以分为私人健康资本投资和公共健康资本投资,私人健康资本投资主要包括农村居民平均每周锻炼次数、是否参与体育锻炼以及是否有商业医疗保险三个方面。公共健康资本投资主要包括村庄是否拥有公共锻炼场地或设施,公共锻炼场地或设施的数量,村庄是否拥有医院、医疗点或药店,医院、医疗点或药店的数量四个方面。但在具体分析中都最终归为两类,即"健身类"健康资本投资和"医疗类"健康资本投资,以便更好地区分投资差异。

3."三个层面"

"三个层面"即个体层面、家庭层面和村域层面。本书试图通过个体到家庭到村庄的路径,层层递进,构建健康资本投资可持续生计分析框架,认为为了保证农村居民生计的可持续,忽视三个层面的任何一个主体都不能全面理解农村居民可持续生计和发展的关键要素。个体是健康资本投资可持续生计分析框架的逻辑起点,也是达到农村居民可持续生计的实操者;家庭是联系农村居民和村庄的重要枢纽,由多个个体组合而成,也是村庄的基本单位,更是进行投资决策的基本单位,家庭层面的目标就是为了实现家庭的生存、可持续发展与不断壮大;村庄不仅是一个生活共同体,而且还

第一节　健康资本投资对农村居民可持续生计影响的分析框架

是一个命运共同体，维持着农村居民生计的可持续发展的自然资源和环境。因此，为了实现农村居民生计的可持续，必须构建一个包容性的分析框架，将这三个主体同时纳入健康资本投资的可持续生计分析框架中。另外，与三个层面相对应的还有三个生计结果，即农村居民收入的提高、家庭贫困脆弱性的降低以及村庄福利水平的提升。

4."五个部分"

在新构建的健康资本投资的可持续生计分析框架中，依然包含DFID的可持续生计框架中提及的五个部分，即脆弱性背景、结构与过程的转变、生计资本、生计策略和生计结果。脆弱性背景是可持续生计分析的基础，在该框架中健康资本投资不足导致的"疾病—贫困"这一健康资本生计要素风险即为脆弱性背景。结构和过程转变包含结构和过程两个方面，在DFID的可持续生计框架中，认为结构是指私人财产和政府管理水平，本书将其扩展为农村居民、家庭、村庄三个部分。另外，过程的实现取决于制度、政策和文化的完善。生计资本分为自然、社会、人力、物质、金融五个维度，本书根据研究主题的需要，重点考虑健康资本这一人力资本对农村居民可持续生计的影响。生计策略是由一系列生计活动组成，通过多样化的生计活动来实现。在本书中生计策略包括私人层面和公共层面的健康资本投资，尽管两者主体不同，但都符合"经济人"特征，其目标是为了追求生计结果的效益最大化，最终实现农村居民可持续生计。生计结果通常包含增加收入、改善福利、降低脆弱性、改善营养、提高食物安全、资源利用优化等方面。本书认为从个体层面来看，农村居民收入的可持续是可持续生计最重要的体现，从家庭层面来看，任何资本的缺失势必增强家庭贫困脆弱性，往往"预防比治疗更有效"，健康资本投资生计策略在一定程度上有助于前瞻性地预防贫困的发生，推动家庭生计可持续发展。从村域层面来看，农村居民福利水平是地区经济发展水平的重要体现，提升福利水平是政府制定公共政策的主要目的之一，公共产品的供给和减贫政策的实施是增强农村居民抗逆能力，缓解农村居民生计脆弱的关键。公共健康资本投资本身及其产出效应(村庄人均纯收入水平提高、贫困发生率降低等)不仅提升了农村居民经济性福利、安全性福利、发展性福利和文化性福利，而且促进了农村居民生计的可持续。

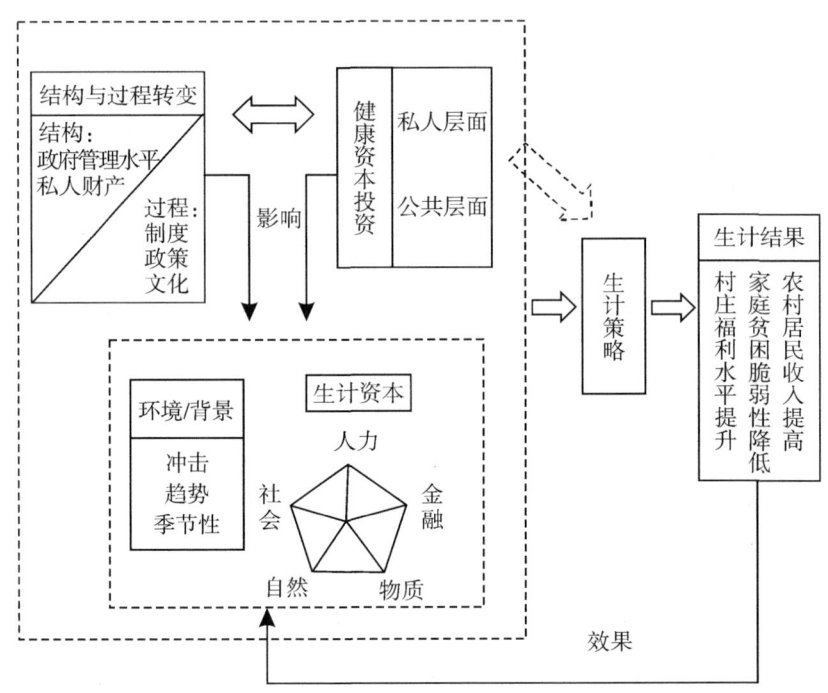

图 2-1　健康资本投资的可持续生计分析框架

第二节　健康资本投资影响微观差异分析

健康资本投资不仅是个人和家庭的重要经济选择，更是一种政府主导的公共产品的供给，按照投资渠道的划分，主要分为私人层面的健康资本投资和公共层面的健康资本投资，即私人健康资本投资和公共健康资本投资。随着"健康中国"的提出，私人健康资本投资和公共健康资本投资均是较为普遍的投资模式，私人健康资本投资弥补了公共健康资本投资的不足，而随着公共健康资本投资的大力投入，也在一定程度上促进了私人健康资本投资的快速发展。私人健康资本投资最直接的收益是获得健康，健康资本作为其他形式的资本发挥作用的重要媒介，一方面对提升农村居民收入具有积极的促进作用，另一方面也有利于推动农村居民生计可持续发展。从个体主义行为经济视角分析，公共健康资本投资必然是产生并服务于作为私人的合作成员需求更大化的合作性行为。准确地说，公共健康资本投资是实现政府合作框架中私人个体偏好及其收益更大化的物质基础①。公共健康资本投资作为农村公共产品，对其供给的优化不仅进一步发挥了提高农村居民健康资本水平的作用，而且提高了农村人均收入水平，降低了贫困发生率，使得农村福利水平得以全面提升。

学术界普遍认为挤入效应（Crowding-in-Effects）和挤出效应（Crowding-out-Effects）是衔接私人健康资本投资和公共健康资本投资的两种重要影响机制，两种效应的综合作用将最终决定地区经济发展水平。按照公共产品理论，公共健康资本投资作为政府主导的公共产品供给，具有正外部性，即公共健康资本投资在某种程度上不但不会妨碍私人健康资本投资，反而会对其产生一定刺激。公共健康资本投资有效地改善投资环境，降低私人投资成本，保护健康资本投资收益，引导私人对健康资本投资的偏好，最终实现整个农村范围内农村居民健康资本投资意识的增强，实现农村居民可持续生计。但对农村居民尤其是贫困农村居民来说，公共健康资本投资对私人健康资本投资还可能因为替代关系的存在而产生挤出效应，这是由于作为政府致力于提高农村居民健康水平的人力资本基础工程，公共健康资本投资使得农村居民参与健康资本投资方式更便捷，花费更少，因此私人健康资本投资会随着公共健康资本投资增加而减少得更为明显。

农村群体所处环境的差异性决定了他们相比城镇居民，普遍存在健康资本存量较低、健康资本投资不足等特点。为增强农村居民

---

① 刘玮，张正军. 公共支出的私人逻辑：以合作实现个体偏好[J]. 云南财经大学学报，2018(4).

人力资本存量，确保农村居民生计的可持续发展，必须大力促进健康资本投资。随着农村经济的快速发展，越来越多的农村居民开始重视健康资本投资，除了积极参与政府提供的公共卫生服务外，还会进行额外的私人健康资本投资。尽管由于投资主体不同，两者带来的经济效应也存在一定的差别，但二者同为投资的重要组成部分，根据公共选择理论，两者兼具"经济人"特征，都是为了实现投资带来的利益最大化，因此，必须将私人层面和公共层面的健康资本投资同时纳入健康资本投资对农村居民可持续生计的分析框架，才能最终实现农村居民收入提高、家庭贫困脆弱性降低以及农村福利水平提升的可持续生计生计结果利益最大化。

第三节　健康资本投资影响路径分析

"因病致贫"是农村居民目前面临的最大生计风险之一，而健康资本投资不足是"因病致贫"发生的最根本原因。在农村疾病贫困问题中，基于 DIFD 可持续生计分析框架，当面临健康资本对生计要素的风险时，生计策略主要包含两方面内容：一是农村居民基于自身主体性而采取的健康资本投资行为，二是相关政策或制度的实施过程，即健康资本投资作为政府主导的公共产品，为农村居民提高社会保障和必要的生计支持。为了更好地理解健康资本投资对农村居民可持续生计的影响，最终实现农村居民可持续生计，我们可以分别从个体层面、家庭层面以及村域层面层层递进剖析健康资本投资的可能影响路径。从健康资本投资这一生计策略行动的实施目标来看，大体上可以从提高农村居民收入水平、降低家庭贫困脆弱性以及提升村庄整体福利水平三个方面进行分析（见图2-2）：

一、健康资本投资对农村居民收入的影响

健康资本的大量国外研究成果证实劳动者的健康资本投资与劳动者收入之间存在正向促进的关系，国内也有越来越多的研究表明健康资本对个人收入有显著的正向影响，而且这一影响的程度日益显著。健康资本作为人力资本的重要组成部分，对于农民而言，私

第三节 健康资本投资影响路径分析

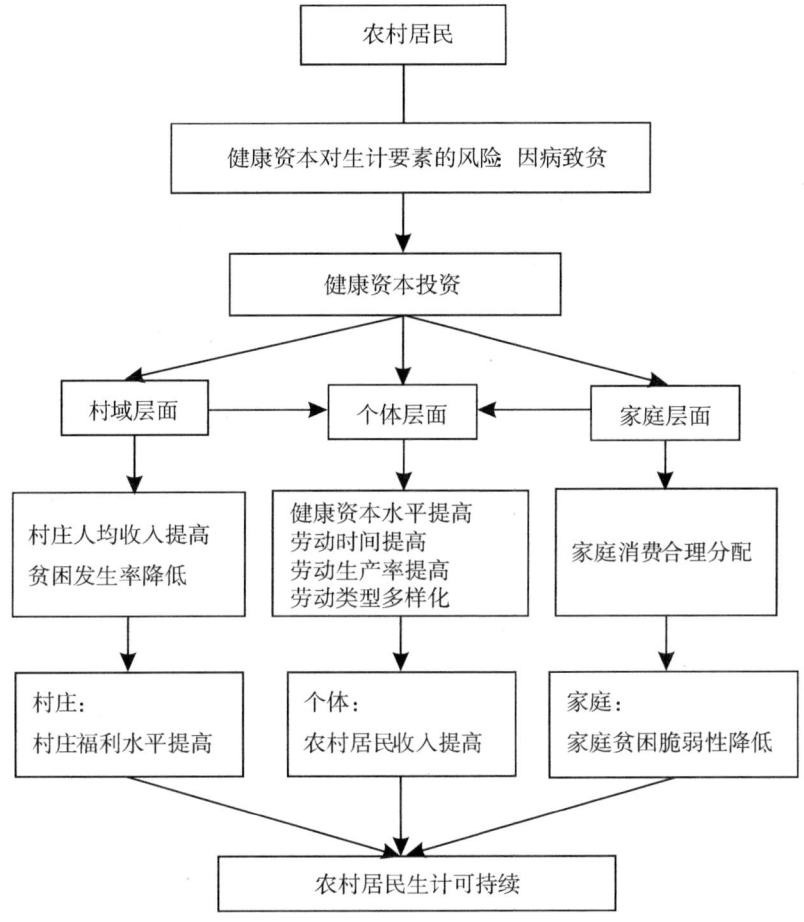

图 2-2 健康资本投资影响路径

人层面的健康资本投资行为与参与劳动力市场相比是一种特殊的行为，多数群体在未能理解健康资本投资重要性之前一般倾向于选择市场行为。但在当前经济社会环境下，健康越来越成为收入增长和扩大收入差距的重要变量，所以，越来越多的人开始重视健康资本投资，也意味着健康资本投资这一种特殊行为符合决策的行为逻辑，即在效用最大化下的理性决策。私人层面的健康资本投资的收入效应主要体现在投资获得的良好的健康资本状况通过提高劳动者

第二章 理论分析框架

参与劳动力市场的概率、获得就业机会的概率、延长工作寿命以及提升知识水平和技能，从而提高劳动生产率，获得更高的收入等方面。随着社会、经济的发展，人们越来越重视对健康资本投资，特别是对农村贫困居民来说，他们更大程度上依赖于体力劳动，相比于其他人力资本，健康资本对其收入的边际效用更大。私人层面的健康资本投资对农村居民收入的影响主要表现在以下几个方面：

(一) 健康资本投资和农村居民健康资本水平

进行健康资本投资的直接收益是健康，健康资本存量源于先天遗传和后天积累，每个人通过遗传都获得一笔初始健康资本存量，这种与生俱来的存量随着年龄渐长而折旧，但也能由于健康资本投资而增加。目前私人健康资本投资受到越来越多的重视，Grossman 健康需求模型(1972)认为，包括医药治疗、医疗保健、体育锻炼、休息和健康消费品在内的私人健康资本投资都对提高健康水平具有显著的作用。私人健康资本投资主要包括私人医疗支出、体育锻炼时间的花费、个人的营养摄入与食物消费支出，生活环境的改善以及一切维护健康的个人投资部分，私人健康资本投资主要通过影响农民医疗卫生支出和保健、生活方式、营养摄入和食物消费等改善其健康。在健康生活方面，由于个人及家庭对私人健康资本投资的重视程度不断加大以及健康知识的不断普及，农民可能会通过加强身体锻炼、调整饮食习惯、注重营养搭配等方式逐渐改变不健康的生活习惯，从而提高农民的健康资本水平。在医疗行为方面，购买各种医疗保险属于农民健康资本投资的一种，这种行为既是农民健康意识提高的重要表现，又在一定程度上促进其有病积极就医，减少了农村贫困家庭"小病拖、大病扛"现象，也是农村居民健康资本水平得以提高的根本保障。农村居民健康资本水平的提高意味着疾病的减少，一方面节省了个人收入中用于看病、治病的费用，另一方面增加了其他方面的投入，两者综合来看都是提高农村居民收入的一种体现。

(二) 健康资本投资和农村居民劳动时间

劳动经济学上假设人们的时间不是用于闲暇消费，就是用于有酬工作，因此，收入效应既可以用对闲暇小时数的需求来表示，也

第三节 健康资本投资影响路径分析

可以用工时供给来表示。在 Grossman 的健康需求模型中，健康通过影响劳动时间来影响劳动者获取收入的能力，劳动者需要在医疗保健、体育锻炼等方面进行投资来获取想要的健康[①]。对于农村居民来说，他们的单位时间可以分为两种：一类用于提高收入的技能型劳动时间或非技能型劳动时间，这类时间比重的增多可以极大提升农民用于健康资本投资的费用；另一类是闲暇时间，闲暇时间越多，农民用于休息和健康资本维持的时间就越多。假定两类时间变量之和为1(式2.1)。

$$n_t + s_t = 1 \tag{2.1}$$

其中 n 表示用于提高收入的技能型劳动时间或非技能型劳动时间；s 表示用于休息和健康维持的闲暇时间。

假定农民在闲暇时间内可以通过主动或被动的休息来保持健康状态，又或通过关注自身健康、了解健康政策或进行频率较高的健康体检或锻炼，而这些闲暇时间内的健康维护行为可以直接或间接提升农民健康资本存量，又或提高农民健康意识。一旦农民在闲暇时间通过了解政策而进行了更多的私人健康资本投资(如积极锻炼、参与医疗保险或形成健康生活习惯)可以带来健康资本水平的提高，最终的增长水平为(式2.2)：

$$e_t = h(s_t)e_t, \quad h' > 0, \quad h'' < 0 \tag{2.2}$$

假定 e_0 已知，e 表示农民在闲暇时间内通过各种方式积累的健康资本水平的比重情况。公式(2.2)是严格的凹函数，即闲暇时间内，农民健康资本存量水平会处于不断增长趋势。假定 $h'(0) = \infty$ 且 $h(0) = 0$，这一特征说明了闲暇时间内，农民在私人健康资本投资层面是严格的递增趋势。在一定闲暇时间之后，农民健康资本存量的提高可以让农民在两个方面得到提升：一是非技能型劳动时间中农民健康劳动方式的变革(n)；二是健康生活或工作方式的经验(e)。假定在农民能力水平固定的情况下，收入函数为式2.3：

$$y_1 = f(n, e_t, E_t) \tag{2.3}$$

[①] 邓力源，唐代盛，余驰晨. 我国农村居民健康人力资本对其非农就业收入影响的实证研究[J]. 人口学刊，2018(1).

其中 E 表示农民健康生活或工作经验的积累程度,且具有外生性。从投入和收益均衡的角度出发,农民健康水平在所有时间点 t 的状态下,即 $e_t = E_t$。假设函数 f 在 n 和 e 上是严格凹且递增,并且私人健康资本投资之后会形成正向的规模效应,即 $ef_e + Ef_E = f$。

私人健康资本投资行为作为农村居民众多决策行为的一种,是否进行,投资程度如何等都需要理性思考。私人健康资本投资使得农村居民的健康资本水平得以有效提升,劳动时间的收入和闲暇时间健康资本水平维持等会得到较大的改善,健康资本水平提升后收入流时间的延迟可以弥补原有劳动技能失效带来的损失,总体上处于平衡状态,甚至投资之后的效用高于投资之前的效用。

(三)健康资本投资和农村居民劳动生产率

劳动生产率是指劳动者在一定时期内创造的劳动成果与其相适应的劳动消耗量的比值。亚洲生产率组织在1970年提出劳动生产率的提高被认为是近几十年来农业发展和农民人均收入增加的一个主要原因。舒尔茨(1997)认为健康和生产率密切相关,虽然这方面的实证研究比对教育和生产率的研究要少得多。儿童的健康状况影响到他们以后在学校和劳动力市场的表现。成人的健康与劳动生产率的关系更直接,因为生病和残疾会影响工作量,身体不够健康的农民其单位时间的劳动生产率显然要低[1]。贝尔曼(1990)指出教育和健康作为重要的人力资本,通常不是直接导致贫困,它首先影响劳动生产率,然后作用于收入和贫困。美国管理大师杜拉克认为"资源投入—产出"的过程中,工作可分为有效工作和无效工作,在以体力为生的农村,个人劳动生产率的提高是其资源积累、收入提升的基础,私人健康资本投资通过影响农村居民在劳动力市场上的表现来影响其收入水平。较之于患有疾病的劳动者,健康资本水平高的劳动者更容易获得就业的机会,同时他们在工作时精力充沛、头脑灵活、动作敏捷,在单位时间内会生产出更多质量高的产品,提高了生产率,从而增加了收入。

---

[1] 李伟. 教育与健康水平对农户劳动生产率的影响:对中国农村贫困地区的一项研究[J]. 市场与人口分析,2001(5).

(四)健康资本投资和农村居民劳动类型①

农村居民因健康资本水平提高而进行的私人健康资本投资行为的最终目标仍然是提高收入,对于农村居民来说,收入按劳动类型来分大致分为两类:农业收入和非农收入,并且随着我国城镇化进程的加快,农村劳动力转移到城镇就业已经是大势所趋,私人健康资本投资形成的健康资本对农村居民收入增长尤其是非农收入增长具有愈来愈重要的作用。按照最为经典的非农就业理论——刘易斯的二元经济模型及刘易斯-费-拉尼斯模型,发展中国家存在二元经济结构,即存在传统农业生产和现代工业生产两种部门,并且经济发展分为两个阶段,第一阶段是劳动力无限供给阶段,在这一阶段由于大量边际生产率小于或等于零的农村剩余劳动力的存在,导致他们的收入水平极低,与此同时,城市大幅扩张,劳动力需求较大并且工资较高,这就造成了农村劳动力不断向城市涌现,直至农村剩余劳动力全部转移;第二阶段是农村剩余劳动力消失,农业劳动力的边际生产率提高,劳动者收入提升,现代工业生产部门为获得劳动力不得不提高工资水平,工资随着劳动力市场需求变化而变化,直至农业劳动力被现代工业生产部门完全吸纳。

我们认为私人健康资本投资对农村居民非农劳动的影响机制也是基于非农就业理论,由于二元经济结构的存在,即便在一个广义的农村概念下,农村居民和城镇居民在非农就业的劳动参与率上仍存在巨大差距,而私人健康资本投资对农村居民非农就业存在显著的"效率效应",提高了农村居民参与非农就业的可能性,具有更高健康资本水平的农民选择非农就业的机会也更多。从健康资本积累过程层面分析,作为"理性人"的农民,当私人健康资本投资带来高的健康资本水平时,其会选择完全的非农就业,此时农村居民

---

① 为了体现私人健康资本投资对农户收入的作用,私人健康资本投资之后的农户会有更多的健康资本选择去从事农业生产和非农生产,这会间接促进农民收入的积累。基于此内在逻辑,本书将分析私人健康资本投资之后形成的高水平的健康资本是否会促使更多农民参与非农劳动从而提高其收入水平。

收入完全由非农就业市场决定;当私人健康资本不足造成健康资本存量下降时,劳动者们会根据自身健康资本状况作出相应的调整,非农劳动时间减少,甚至会最终退出非农劳动市场,此时农村居民收入会大幅度下降,贫困风险会进一步加大。因此,私人健康资本投资是农村居民可以获得进入非农劳动市场的通行证,农民参与非农就业获得的非农收入既有助于提高农村居民的经济生活水平,减少农村居民陷入贫困的可能,又有利于缩小城乡二元经济的差距,最终实现全面富裕。

二、健康资本投资对农村家庭贫困脆弱性的影响

贫困脆弱性是一个具有预测性和前瞻性的概念,是家庭或个体遭受重大风险时的抵御能力的估计值,在该风险带来的冲击远大于其承担能力的情况下,家庭或个体就易于陷入贫困。健康资本投资从某种程度上看也是事前的防御行为,个体通过养成健康的生活方式、参加各种医疗保险、定期进行身体体检、食用更多健康食品等行为来保持、维护最佳健康状态。因此,健康资本投资对低收入家庭的贫困脆弱性具有缓解作用,能够从一定程度上减少低收入家庭在未来陷入贫困的可能性。健康资本投资对农村家庭贫困脆弱性的影响的研究大致从以下两个方面进行:

(一)贫困脆弱性的测度

国际上最具有代表性的贫困脆弱性测度的方法分为三种:预期的贫困脆弱性(Vulnerability as Expected Poverty,VEP)、低期望效用脆弱性(Vulnerability as Low Expected Utility,VEU)和风险暴露脆弱性(Vulnerability as Uninsured Exposure to Risk,VER)。在这三种方法中,其中低期望效用脆弱性(VEU)采用贫困线的效用与未来消费的期望效用之差进行测度,具有很强的主观性,而风险暴露脆弱性(VER)通过对消费因风险打击导致收入变化敏感程度来判断贫困脆弱性[1],是从消费的角度出发对贫困脆弱性进行探讨,不具有

---

[1] 章晓懿,沈崴奕.医疗救助对低收入家庭贫困脆弱性的缓解作用研究[J].东岳论丛,2014(8).

前瞻性,因此本书采用最常见的预期的贫困脆弱性(VEP)进行测度,该方法认为贫困脆弱性是个人或家庭在将来陷入贫困的可能性,而贫困指标采用的是贫困评估中最常用的 FGT 指标,具有普适性。具体操作如下:

将预期贫困脆弱性(VEP)框架作为测度框架,即家庭贫困脆弱性的大小取决于家庭未来福利水平的分布特征。VEP 的量化定义为个人或家庭在 t 期的贫困脆弱性是其在 $t+1$ 期的消费低于贫困线的可能性,用公式 2.4 表示如下:

$$V_{it} = P(Y_{i,t+1} \leq Z) \qquad (2.4)$$

其中,V_{it} 表示家庭 i 在 t 期的贫困脆弱性,$Y_{i,t+1}$ 表示家庭 i 在 $t+1$ 期的人均收入或消费,Z 表示事先确定的贫困线,$P(Y_{i,t+1} \leq Z)$ 表示家庭 i 在 $t+1$ 期的未来人均收入或消费低于贫困线 Z 的概率。并且在计算 V_{it} 之前,需要首先推导出未来收入或消费的概率分布函数 $f_t(Y_{i,t+1})$,而未来收入或消费与家庭基本特征、家庭风险特征、村庄特征等变量息息相关,并服从对数正态分布,进一步具体化后为:

$$\ln V_{it} = X_i'\beta_1 + S_i'\beta_2 + M_i'\beta_3 + \varepsilon_i \qquad (2.5)$$

其中,X_i 为家庭特征变量向量,S_i 为家庭所面对的风险冲击向量,M_i 为家庭所在村庄的特征变量向量,β_1、β_2、β_3 分别为家庭特征变量、家庭风险特征变量、村庄特征变量的参数向量,ε_i 为干扰项。

(二)健康资本投资对农村家庭贫困脆弱性的影响

相对于其他群体,农村贫困家庭大多呈现出家庭成员健康资本存量低、劳动力不充足、收入来源少、入不敷出且消费层次低等特点。疾病往往和贫困密不可分,从农村方面来讲,"因病致贫""因病返贫"的现象尤其突出,面临突如其来的疾病或突发事故等较大风险冲击时,不少家庭应对能力相对较弱,贫困脆弱性较高。健康资本投资作为农村社会保护政策的重要措施之一,也是农村家庭抵御疾病风险的重要手段,对农村家庭贫困脆弱性的影响最为显著。随着健康资本投资在农村的认知程度的提高,越来越多的农村家庭参与健康资本投资,并在风险共济、家庭医疗负担减轻等方面得到实惠，他们意识到健康资本投资可以使家庭的消费流变得更平滑，而平滑消费不仅可以改善家庭成员的健康资本状况，也可以使家庭把原先用于应付家庭成员健康风险的经济资源用于其他人力资本投资或生产投资，进而提高家庭整体的收入水平。

健康资本投资对农村家庭贫困脆弱性的影响机制可以按照健康资本投资指标进行分解，进而得到"健身类"和"医疗类"两种维度的健康资本投资对农村家庭贫困脆弱性的贡献，选择合适的模型进行回归分析，具体如下：

$$\log(V_i) = \beta_0 + \beta_1 X_1 + \beta_2 X_2 + \cdots + \beta_n X_n + \varepsilon_i \qquad (2.6)$$

其中，在农村家庭贫困脆弱性测度的基础上，将农村家庭贫困脆弱性状况看作被解释变量，X_i为解释变量，β_0为常数项，β_i为回归系数，ε_i为随机干扰项。

三、健康资本投资对村庄福利水平的影响

从经济学视角来看，贫困的形成主要是由个体或群体的某种或多种资本存量较低或缺失导致的，这也符合经济学"稀缺性"的前提假设。有数据显示，2013年我国财政卫生中用于公共健康资本投资的人均仅30元，并且农村基层比例更少。公共健康资本投资不足与基本公共健康需求的不相适应导致的"因病致贫"问题日益明显。《中国发展报告2007》指出，贫困不应只是"吃不饱饭"的生存贫困状态，还应涉及医疗、教育等方面。报告撰写人之一中国改革基金会研究员王小鲁表示，过去一段时间农村公共服务缺失造成的医疗和教育负担过重，是"新的致贫因素"，医疗负担过重对于农村贫困的影响尤为突出[1]。

健康贫困是农村贫困的一种特殊表现形式，受各地经济、政策等多因素影响，是指农村居民参与医疗保障、卫生保健和享受基本公共卫生服务的机会丧失，以及由此造成的健康资本水平下降导致参与经济活动的能力被剥夺，从而带来收入减少和贫困发

---

[1] 李晓敏，丁士军，陈玉萍. 贫困地区农户医疗服务需求与Grossman模型[J]. 生态经济，2009(5).

生或加剧①。公共健康资本投资区别于私人健康资本投资，是典型的政府主导型以改善民生健康为目标的社会保护政策项目，主要包括公共医疗卫生设施建设和完善、公共卫生环境建设和维护、医疗工作者的薪酬支付以及居民医疗补贴等政府支出部分，广义上还包括政府为私人医疗和健康投资提供的相关基础设施环境②。公共健康资本投资的产出效应主要体现在投资可以改善贫困人群的健康资本状况，促进公共医疗卫生服务提供的公平性，有利于农村贫困发生率的降低，防止健康与贫困的恶性循环。公共健康资本投资对村庄福利水平的影响主要表现在以下几个方面：

(一) 公共健康资本投资与农村居民健康资本水平

世界卫生组织(WTO)在1998年提出"21世纪人人享有卫生保健"的全球卫生战略，目的是为了通过公共健康资本投资制度的建立给广大普通群众提供最基本的医疗保障。公共健康资本投资对农村居民健康资本的提高具有不可磨灭的作用，Mushkin(1979)通过对美国公共医疗支出与人口死亡率的关系研究，最先证明了公共健康资本投资有利于减少患病率和死亡率。但国内对公共健康资本投资的重视较晚，2003年全国范围内爆发的SARS使我国政府认识到公共健康资本投资不足对居民健康资本存在深层次的负面影响，也意识到公共健康资本投资的重要性和必要性。

俗话说"三分预防胜过七分治疗"，公共健康资本投资是一种未雨绸缪，和临床治疗相比具有预防型，农村公共健康资本投资通过健康宣传、医疗保健、营养干预等手段帮助个人、家庭、村庄充分了解健康知识，确保农村居民健康资本保值和增值，通过加强公共基础设施建设和公共卫生配套设施完善，使得农村居民健康资本折旧减慢，提高了农村居民通过健康资本提高收入的能力，最终降低了农村公共健康风险。公共健康资本投资还具有溢出效应，当一

---

① 邓利虹，李健，柯雄. 城市贫困人群健康贫困负效应与政府救济策略分析[J]. 卫生经济研究，2015(7).
② 吕娜，邹薇. 健康人力资本投资与居民收入——基于私人和公共部门健康支出的实证分析[J]. 中国地质大学学报(社会科学版)，2015(1).

个村庄积极进行健康资本投资时,不仅仅会影响该地居民的健康资本水平,还会对相近或相邻的村庄产生影响,从长期来看,有助于各地区间健康不平等现象的缓解。另外,公共健康资本投资还具有显著的正外部性,在同等条件下,公共教育投资等其他人力资本投资的收益率取决于人们的期望寿命、力量、精力和持久力,这些因素都与个体的健康资本状况密不可分。

(二)公共健康资本投资与农村贫困发生率

随着社会的发展,农村贫困不再是单一的收入贫困,根据研究发现目前对我国农村影响范围最广、程度最深的就是健康贫困。贫困发生率既是农村贫困最直接的测度指标,也是在一个特定的时点静态地度量家庭或个人的福利水平的直接方式,是指贫困人口占总人口的比重。在既定人口不变的情况下,降低农村贫困发生率最直接的手段就是减少贫困人口数量,帮助贫困人群摆脱贫困困境,实现生计的可持续。从理论上讲,合理的投资也是快速提高收入的有效手段。

基于阿玛蒂亚·森的可行能力理论和福利经济学理论,福利涵盖生活的各个方面,主要包括经济性福利、居住性福利、发展性福利、安全性福利、文化性福利五个方面,公共健康资本投资作为一项政府主导的,作用于农村居民健康的基础性人力资本工程,目的是为了让农村居民享有最基本的医疗保障和公共医疗服务,拥有方便齐全的公共健身场所,改善农村居民不健康的生活方式,解决其"看病难、看病贵"的现状,通过影响农村居民健康来降低农村贫困发生率,提高了农村居民的可持续生计,最终实现农村减贫。为了体现当前农村地区实施的公共健康资本投资对村庄福利水平的提升效果,大概可以通过以下几个渠道进行分析:首先,从文化性福利来看,村庄健康资本投资的大力推行,如增加对农村体育锻炼场所、设施、医疗点、医院等投入等本身就是文化性福利的一种;从经济性福利来看,最重要的体现就是村庄人均收入水平以及农村贫困发生率随着公共健康资本投资的加大而提高或降低,村庄经济发展成果最终体现在农村居民福利的改进上;从安全性福利来看,在现实生活中,尤其是在我国贫困的农村,小病拖、大病扛,最后酿成不幸的悲剧频频发生。不良的健康生活方式和行为正是导致这些疾病的危险因素，而人们往往面对健康风险时大多数寄希望于医药，忽视了平时健康教育和健康促进等公共健康投资方式。从长期来看，公共健康资本投资可以显著改变人们生活，做到防患于未然，具体来说，农村体育锻炼基础设施的改善可以有效提高农村居民健康意识，从而有利于农村居民在闲暇时间选择体育锻炼来维持自己健康资本存量，预防各种"生活方式病"的侵害，减轻因健康问题而造成的社会、家庭经济负担；从发展性福利来看，建立在各级财政补贴基础上的农村医疗点、医院等医疗设施的改善通过降低医疗服务相对价格及提高医疗服务利用率这一机制影响农民的医疗支出，降低农村居民的医疗成本，让"有病不敢医"的农村居民"看得起病，也看得了病"，在一定程度上也起到规避农民大病风险的作用，同时，降低了医疗卫生服务市场的信息不对称性，促进农村居民选择更加有利于自己健康、减少医疗支出的医疗卫生服务，等等。

本 章 小 结

从古典经济学到现代制度经济学，学者们对于健康资本都进行了相关的研究，如贝克尔的健康生产函数、格罗斯曼的健康需求理论等。当前国家政策背景下，关于健康的政策不断出台和不断强化说明了健康资本投资的重要性，健康资本投资是农民、家庭乃至村庄的重要决策之一，尤其是当健康成为人们关注的主要话题之后，这种决策可能会成为最重要的决策。在农村地区，健康意识的提高和农民健康资本储备的增加等事宜都是当前最重要的工作。结合当前我们扶贫攻坚战的政策导向，健康扶贫的新策略需要进一步了解健康资本投资与农村居民可持续生计的内在关系。

本章从健康资本投资与农村居民收入、健康资本投资与农村家庭贫困脆弱性以及健康资本投资与村庄福利水平之间关系三个方面内容详细论述了本书研究主题的作用过程。从当前我国农村经济和社会发展的实际情况来看，个体、家庭、村庄在提高生计的可持续以及贫困缓解方面的举措不尽相同,在进行针对性的生计策略设计时需要考虑多重因素。为了准确了解可持续生计的影响因素,以及在健康资本投资实施过程中这些因素是否能够显著影响农村居民收入、农村家庭贫困脆弱性以及村庄福利水平等方面的生计结果。本章将分别从两个方面(私人健康资本投资和公共健康资本投资)、三个层面(个体层面、家庭层面以及村域层面)、三个效应(提高农村居民收入、降低家庭贫困脆弱性以及提升村庄福利水平)着手,在已有研究基础上综合来考虑健康资本投资对农村居民可持续生计的影响。从个体的角度来看,健康资本投资取决于个体内生性特征,农村居民大多数是从众行为的参与,当他们感知到健康资本投资效益时,即能够从健康资本投资参与中获得高于预期的收益(收入提高)时,这种参与行为会更高;从家庭的角度来看,脆弱性和可持续生计存在密切联系,脆弱性是农村居民生计难以持续的原因,健康资本的生计要素风险是导致农村家庭贫困脆弱性的最主要因素之一,健康资本投资可以在农村家庭面临疾病风险和应对健康冲击时充当极为重要的消费平滑手段;从村庄的角度来看,健康资本投资是政府主导的基础性人力资本工程,作为公共产品的一种,很大程度上取决于当地经济水平以及领导者决策水平等,制度越完善,覆盖群体规模越大,受益范围越广,农村贫困发生率就越低,村庄福利水平就会越高。

第三章 健康资本投资对个体层面可持续生计的影响分析

世界银行认为，对人力资本的投资，尤其是医疗卫生、营养保健体育锻炼和教育等方面的改善，有助于消除贫困的根源。农村居民作为"三农"问题的核心，其收入的提高是保证其生计可续续的关键。本章从个体层面出发，探讨健康资本作为人力资本的一种，对其进行必要的投资，具有提升农村居民收入水平和缩小收入差距的双重作用，对于提高农村居民可持续生计具有现实意义，即在本章中仅考虑私人层面的健康资本投资对农村居民可持续生计的影响。

可持续生计只是一种结果，并不能直接用于具体的实证分析中，从健康资本投资对农村居民可持续生计的影响路径来看，根据健康收入效应理论及可持续生计分析框架，认为一般情况下，劳动者健康资本投资的直接收益——"健康"可以通过提高劳动者参与劳动力市场的概率、获得就业机会的概率、延长工作寿命、增加劳动时间以及提升知识水平和技能，提高劳动生产率，从而进一步获得更高的收入水平。因此，从实际数据考量上，本章将探析健康资本投资与农村居民收入之间的关联性，在实证分析中具体分析两个问题：第一，健康资本投资是否会直接影响农村居民的健康水平？有哪些因素会影响健康水平？第二，健康资本投资如何影响农村居民的收入水平？本章从三个维度：劳动时间、劳动生产率以及收入类型进一步讨论健康资本投资对农村居民收入的影响。

本章的结构安排如下：第一节给出了本章的研究设计，包括数据的介绍、计量模型的设定与变量的选取；第二节分别使用混合效应模型、固定效应模型和随机效应模型对健康资本投资对收入的影响进行实证分析；第三节采用工具变量法和 PSM 对回归结果进行了稳定性检验；最后，对实证研究进行本章小结。

第一节 研究设计

一、数据介绍与方法选择

(一) 数据介绍

由于本章考察的是健康资本投资对农村居民收入的影响效应，而健康资本投资并非短时间得以凑效，对于上述问题的研究，需要从微观角度，对个体连续的追踪调查才能得以实现，因此本章采用北京大学中国家庭追踪调查——CFPS(Chinese Family Panel Studies)数据，该数据从 2008 年开始，每两年展开一次全国实地调查，从个体、家庭、社区三个层面反映中国社会、经济、人口、教育和健康的变迁，并且，目前已更新至 2016 年。根据研究目的，本章使用的数据主要来源于 CFPS2010、2012、2014 和 2016 年四年的成人和家庭数据，样本总覆盖 25 个省、市、自治区，目标样本规模为 16000 户，是国内目前覆盖范围最广、观测变量最全面、详细的具有极强代表性的大样本微观数据。样本的选择上，本章在原始样本基础上选择了户口类型为"农业"且年龄在 16 岁以上的成人样本且均有收入，在上述思路下，本章将 CFPS2010、2012、2014 和 2016 四年的成人和家庭数据，按照个人 ID(pid)和家庭样本代码(fid)进行匹配，经过对数据的处理，删除异常值和缺失值后，得到最终所用观测样本量 96777 个，其中有收入的 76952 个，有农业收入的 60547 个，有非农收入的 27848 个。

(二) 实证分析方法

1. 混合效应模型

混合效应模型是 20 世纪 80 年代初针对统计资料的非独立性而发展起来的，在该模型中既存在固定效应模型，又存在随机效应模型。在本章研究中，由于所选取的样本数据具有以下特点：一是由于数据存在新增和缺失,实际数据为混合截面数据;二是观测年份的间隔为两年,而非一年;三是数据存在紊乱性。所以在实际模型使用中,本书选取的混合效应模型进行分析。

2. 分位数回归

分位数回归(Quantile Regression,QR)是 Koenker 和 Bassett 在 1978 年提出的,是考察收入分布上差异效应的有效方法,该方法将分位数分成不同比例(如四分位、十分位、百分位等),用以帮助分析解释变量在扰动项的各个不同比例下对被解释变量的影响程度,在收入分配等方面得到了广泛的应用。本章将采用分位数回归的方法,考察健康资本投资对农村不同收入群体的收入效应。分位数回归估计式可以表示如下:

一般线性模型为

$$y_t = x_t\beta + \varepsilon_t \quad t=1,2,3,\cdots,t \quad (3.1)$$

其中,y_t 为被解释变量,x_t 是 n 个所有解释变量的第 t 个观察值,β 为各解释变量的回归系数,ε_t 为误差项。

在分位数回归中,将样本分为数个分数(q)进行讨论,$q=1/2$ 即为中位数回归(median regression),是 q 分位数回归的一个特例。其中,β_q 被称为"q 分位数回归系数",为使模型的误差最小,可以由最小化问题来定义,分位数回归估计式如式 3.2:

$$\min_\beta \sum_{y_t \geq x_t\beta} q|y_t - x_t\beta| + \sum_{y_t < x_t\beta}(1-q)|y_t - x_t\beta| \quad (3.2)$$

显然,它比均值回归(OLS)更稳健,极端值对其影响较小。

3. 倾向评分匹配(PSM 平衡检验)

另外,在具体模型分析中,由于遗漏变量的存在以及样本选择等,内生性问题是本书必须解决的一个重大问题。在以往类似问题研究中,工具变量法是处理健康内生性问题的主流处理方法,因此,理论上讲本章选取这一方法是合理的。然而,在现实研究过程中,想要找到有效的工具变量存在一定难度,因此,本书同时采用倾向评分匹配法(PSM)对回归结果进行平衡检验,以便减少样本选择偏差和混杂变量的影响,从而对实验组和对照组进行更合理的比较,保证估计结果更具有稳健性。

二、模型设定与变量选取

(一)模型设定

人力资本理论认为健康资本是每个人的一种资本储备,是人力资本的一种,也是人具体生产力的一种体现,如果要维持并保持高的健康资本存量,就必须投资相对应的健康资本生产要素,如体育锻炼、医疗服务、营养摄入等。从微观角度看,健康资本投资是农村居民个人及家庭发展促进的有效投资。

本章研究健康资本投资对农村居民收入的影响效应,根据以往实证研究,最开始学者们主要研究经验和教育两个因素对收入的影响,其一般形式为:

$$y = f(X, \varepsilon) \tag{3.3}$$

其中,被解释变量 y 为收入,X 代表健康、经验、教育以及其他一系列与收入有关的人力资本变量,ε 为随机误差项。

通常我们可以根据自己的研究目的,在模型中加入其他变量,如本章我们研究的是健康资本投资对农村居民收入的影响,可以将健康资本投资引入到该方程中,构建混合效应模型,如式 3.4 所示:

$$y_{it} = \beta_0 + X'_{it}\beta + Z'_{it}\alpha_i + \varepsilon_{it} \tag{3.4}$$

在该模型中,其中,y_{it} 为被解释变量收入,$i=1,\cdots,N$; $t=1,\cdots,T$; X'_{it} 表示与健康资本投资相关的解释变量,Z'_{it} 表示包含性别、婚姻状况、年龄等其他与收入有关的控制变量,ε_{it} 表示随时间和个体变化的随机干扰项。

(二)变量选择

1. 被解释变量

参考 CFPS2010—2016 年成人和家庭调查数据,被解释变量收入(Y)为个人收入,按照工作性质划分为农业收入和非农收入。其中,由于现实生活中农业劳动收入一般以家庭为单位统计,因此无法准确将个人农业收入从家庭农业总收入中成功剥离,在具体分析过程中,个人农业收入多以家庭人均农业收入替代,包括农业、林业、牧业、副业和渔业劳动的收入,个人非农收入个人收入变量的定义及处理方法见表3-1。

表3-1 个人收入含义及处理方法

变量类型	含义及处理方法
1. 个人总收入(千元)	过去一年,个人总收入
2. 个人农业收入(千元)	个人农业收入近似为家庭人均农业收入
3. 个人非农收入(千元)	个人非农收入=工资性收入+经营性收入

注:为方便比较,货币类指标按照国家统计局公布的CPI折算为2010年的可比指标。

2. 影响机制变量

(1)劳动时间变量

劳动参与时间也被称为工作时间,体现了劳动者花费在工作上的精力,在我国农村,农村居民大多从事中、重体力劳动,尤其需要良好的健康支持,当健康资本存量下降时,人们将慢慢退出劳动市场,直至成为一个非劳动参与者。健康资本投资并不会直接对农村居民的收入产生影响,而是通过提高劳动者健康资本状况,延长其工作时间,从而影响农村居民收入,即是否参与劳动是农村居民能否获得收入的前提之一。因此,本章将劳动参与时间作为健康资本投资对农村居民收入影响的被解释变量,按照农村居民收入变量的划分以及参考CFPS2010—2016四年调查数据,个人劳动时间变量可以分为个人务农时间和个人非农劳动时间。

(2)劳动生产率变量

劳动力是生产的一个基本要素,劳动生产率不仅被广泛应用于测量经济的效率,而且也是间接反映农村居民经济发展水平的重要指标之一。假设生产要素函数 $Y=f(L,K)$,则劳动生产率 $=Y/L$,Y 是生产总值,一般用货币来进行度量。在西方经济学中,劳动生产率被定义为劳动者在一定时期内创造的劳动成果与其相适应的劳动消耗量的比值,也可以用生产单位产品所耗费的劳动时间来表示,即劳动生产率可以被定义为个人的总收入除以个人的劳动时间

(单位：元/小时)，因此，在实际操作中，我们用货币量来做近似计算。

3. 核心解释变量

根据健康生产函数，健康资本投资与健康水平呈正相关关系，健康资本投资的最终结果是为了获得健康，长远来看，健康资本投资越高，个体疾病抵抗能力随之增强且疾病治疗费用相应越小，即医疗支出是健康投资变量的减函数。基于以往研究以及数据的可获得性，本章主要从三个方面考量健康资本投资，分别为是否参与体育锻炼、平均每周锻炼次数、是否有商业医疗保险。具体含义和处理方法见表3-2。

表3-2　　　　健康资本投资指标含义及处理方法

变量类型	含义及处理方法
平均每周锻炼次数	您平均每周参加体育锻炼的次数？且每次锻炼持续时间至少20分钟以上，方式不限
是否有商业医疗保险	CFPS数据库将补充医疗保险定义为：基本医疗保险的一种补充形式，是多层次医疗保障的重要组成部分之一，具有自愿性，并且商业医疗保险是其重要形式。如果有，赋值为1；没有，则赋值为0
是否参与体育锻炼	您是否参加体育锻炼？如果有，赋值为1；没有，则赋值为0

注：由于商业医疗保险是补充医疗保险的重要表现形式，本章中认为健康资本投资中是否参加补充医疗保险可以替代为是否参与商业医疗保险。

随着"健康中国"的提出以及人们健康意识的提高，参与体育锻炼有利于健康资本存量的增加，也是准确衡量一个人是否健康的重要标准，体育锻炼代表着个人对健康资本的一种投资，并且已有研究多次表明锻炼与劳动者个人健康之间存在显著正相关关系（顾大男，2007；单菁菁，2018）。另外，医疗保险具有经济补偿性，一方面有助于保障农民获得基本的医疗卫生服务的权利，另一方面有助于缓解低收入农民陷入因病致贫的"健康—贫困"风险。

4. 控制变量

在本章中，根据明瑟收入方程（Mincer）、CFPS 成人调查数据和具体研究需要，选择受教育年限、年龄、性别、婚姻状况、户主、党员、是否在读、少数民族、是否患慢性病、是否上网、居住地、家庭规模及老人和儿童在家庭人口中的占比等为控制变量。各控制变量具体处理方法见表 3-3。

表 3-3　　　　　　控制变量含义及处理方法

变量类型	含义及处理方法
受教育年限	小学以下 = 2、小学 = 6、初中 = 9、高中/中专/技校/职高 = 12、大专 = 15、大学本科 = 16、硕士 = 19、博士 = 22
年龄	样本为 16 周岁以上成年人口
性别	男性 = 1；女性 = 0
婚姻状况	在婚 = 1；其他 = 0
户主	户主 = 1；其他 = 0
党员	党员 = 1；其他 = 0
是否在读	是 = 1；否 = 0
是否为少数民族	是 = 1；否 = 0
是否患有慢性病	是 = 1；否 = 0
是否上网	是 = 1；否 = 0
居住地	城镇 = 1；农村 = 0
家庭规模	CFPS 数据库将家庭成员定义为：1. 现在在家常住，且过去一年在家居住 6 个月以上的；2. 现在未在家常住，但未来一年会回来常住的，且过去一年在家居住 6 个月以上的；3. 一般周末回家，且过去一年在家居住 6 个月以上的
老人和儿童在家庭人口中的占比	老人和儿童人口数在家庭总人口中的比例

第二节 健康资本投资对农村居民收入影响的实证分析

一、描述性统计分析

(一) 被解释变量的描述性统计结果分析

表3-4按照总体、农业、非农三类分开汇报了CFPS(2010—2016)四年个人收入、劳动时间以及劳动生产率的描述性统计结果，表3-5则分年度对上述变量进行描述性分析。从表3-4描述性结果分析中我们可以看出在我国农村居民还是以农业劳动为主，农业劳动人数比非农劳动人数高出两倍还多，但个人非农劳动收入远远高于个人务农收入。从表3-5中我们发现，随着时间的变化，在我国农村，非农收入对个人总收入的影响占主导地位，农村居民参与农业劳动的时间越来越少，慢慢将工作重心转移到非农劳动上。这是由于随着时间的增长，健康资本投资这一理念在农村慢慢深入人心，随着健康资本程度的加深，农村居民健康资本水平提高，而非农劳动具有健康自选择机制，作为理性经济人的农村居民，为了摆脱贫困，当然会选择收入水平更高的非农劳动生产。

表3-4　　　　被解释变量的描述性统计

变量	观测值	均值	中位数	标准差	最大值	最小值
个人总收入	76952	12.171	5.603	16.375	101.768	0.000
个人劳动时间	76952	1.333	0.702	1.206	14.280	0.001
个人劳动生产率	76952	14.953	5.946	24.388	147.098	0.027
个人农业收入	60547	7.677	3.304	11.040	65.643	0.000
个人务农时间	60547	0.819	0.389	0.754	6.720	0.001
个人务农劳动生产率	60547	17.556	5.188	29.303	159.658	0.026

续表

变量	观测值	均值	中位数	标准差	最大值	最小值
个人非农收入	27848	20.066	15.161	17.719	81.415	0.000
个人非农劳动时间	27848	1.901	2.025	1.226	8.640	0.001
个人非农劳动生产率	27848	17.002	9.719	22.379	138.889	0.207

注：(1)为了避免极值的影响，本书收入指标和劳动生产率指标均做了缩尾处理；(2)货币类变量都根据 CPI 折算为 2010 年可比指标。

表 3-5　　　　分年度被解释变量的描述性统计

变量	2010 年		2012 年		2014 年		2016 年	
	样本量	均值	样本量	均值	样本量	均值	样本量	均值
个人总收入	19000	9.074	17535	13.906	20963	10.890	19454	15.011
个人劳动时间	19000	1.455	17535	1.121	20963	1.636	19454	1.077
个人劳动生产率	19000	11.512	17535	23.728	20963	8.840	19454	16.990
个人农业收入	18401	8.093	16329	12.115	13544	3.010	12273	6.298
个人务农时间	18401	0.809	16329	0.720	13544	1.134	12273	0.620
个人务农劳动生产率	18401	18.966	16329	28.399	13544	5.201	12273	14.649
个人非农收入	5944	13.118	4384	16.123	8921	21.397	8599	25.500
个人非农劳动时间	5944	2.148	4384	1.803	8921	2.123	8599	1.551
个人非农劳动生产率	5944	8.183	4384	21.594	8921	14.716	8599	23.129

(二)解释变量的描述性统计结果分析

表 3-6 从平均每周锻炼次数、是否参与体育锻炼以及是否有商业医疗保险三个方面分别对 CFPS(2010—2016)中农村居民健康资本投资四年调查结果做了描述性统计结果分析，表 3-7 则是分年度进行比较。首先，从总样本看。健康资本投资的测量指标——参与

体育锻炼和参与商业医疗保险总样本均值分别为 0.434、0.007，从结果来看仍存在健康资本投资不足，从时间差异上看，2010—2016 年，参与体育锻炼的均值从 0.186 上升为 0.353，而参与商业医疗保险的均值基本无变化。我们可以看出：一是农民对健康的认知提高了；二是随着城镇化进程的加快，农民生活水平、医疗卫生条件、农村基础设施建设均有改善，私人健康资本投资的积极性更高，健康有了更好的医疗保障和物质基础。

表 3-6　　　　　　　　解释变量的描述性统计结果

变量	观测值	均值	中位数	标准差	最大值	最小值
平均每周锻炼次数	96777	1.885	0.000	2.625	50.000	0.000
是否参与体育锻炼	96777	0.434	0.000	0.496	1.000	0.000
是否有商业医疗保险	96777	0.007	0.000	0.084	1.000	0.000

表 3-7　　　　　　　　分年度解释变量的描述性统计

变量	2010 年		2012 年		2014 年		2016 年	
	样本量	均值	样本量	均值	样本量	均值	样本量	均值
平均每周锻炼次数	23626	0.914	25647	3.278	24000	1.403	23504	1.832
是否参与体育锻炼	23626	0.186	25647	0.888	24000	0.275	23504	0.353
是否有商业医疗保险	23626	0.008	25647	0.004	24000	0.008	23504	0.008

其次，从选择差异来看。受经济条件的约束，农村居民更倾向于零成本的体育锻炼类的健康资本投资。根据现实情况可以从以下几方面分析：一是在我国农村，农村居民受教育程度普遍较低，生活偏向节俭，往往遇到健康问题偏向选择"大病拖""小病扛"，更不会主动进行健康资本投资；二是在我国农村，基本医疗保险（新农合）基本达到全覆盖，从实施以来在一定程度上起到了改善农村居民健康水平、降低农村居民疾病风险、促进农民增收等作用，尽管保障水平不足但参与门槛低，农村居民作为理性经济人，受经济

约束较少人愿意参与商业医疗保险，认为参与风险较大；三是随着"健康中国"的提出以及乡村振兴战略的不断推进，体育生活化社区(乡镇)、"15分钟健身圈"、农村公共体育设施不断完善，实现了村村都有适宜的健身场所，基础设施的可获得性在一定程度上提高了农村居民积极参与全民健身活动的兴趣，体育锻炼成为农村居民健康资本投资的首选。

(三) 控制变量的描述性统计结果分析

表3-8从年龄、性别、婚姻状况、户主、党员、受教育年限、是否在读、是否少数民族、是否患慢性病、是否上网、居住地、家庭规模及老人和儿童在家庭人口中的占比等方面分别对农村居民CFPS(2010—2016)四年调查结果做了描述性统计结果分析。从年龄方面来看，总样本的平均年龄为44.894，这说明本书的调查样本集中在有收入的群体；从受教育年限方面来看，总样本的平均受教育年限不高(6.293)，仅达到小学文化程度，这点有碍于农村居民进行健康资本投资。

表3-8　　　　　控制变量的描述性统计结果

变量	观测值	均值	中位数	标准差	最大值	最小值
年龄	96777	44.894	45.000	16.792	110.000	16.000
性别	96777	0.487	0.000	0.500	1.000	0.000
婚姻状况	96777	0.785	1.000	0.411	1.000	0.000
户主	96777	0.375	0.000	0.484	1.000	0.000
少数民族	96777	0.094	0.000	0.291	1.000	0.000
党员	96777	0.044	0.000	0.204	1.000	0.000
受教育年限	96777	6.293	6.000	3.658	19.000	2.000
是否在读	96777	0.053	0.000	0.223	1.000	0.000
慢性病	96777	0.134	0.000	0.340	1.000	0.000
是否上网	96777	0.185	0.000	0.388	1.000	0.000
居住地	96777	0.312	0.000	0.463	1.000	0.000

续表

变量	观测值	均值	中位数	标准差	最大值	最小值
家庭规模	96777	4.642	4.000	1.911	26.000	1.000
老人和儿童在家庭人口中的占比	96777	0.408	0.400	0.274	1.000	0.000

(四) 各变量的相关性分析

表3-9简单反映了健康资本投资变量与农村居民收入、劳动时间、劳动生产率之间的相关性。从总体来看，农村居民个人总收入与健康资本投资(平均每周锻炼次数、是否参与体育锻炼、是否有商业医疗保险)正相关，并且健康资本投资有利于提高个人劳动生产率，而参与商业医疗保险对个人劳动时间存在正向促进作用，这点充分表明健康资本投资可以在某种程度上延长劳动者寿命及劳动参与时间，而体育锻炼与劳动时间显著负相关，我们可以从"工作—闲暇"的角度来分析，我们认为参与体育锻炼，是农村居民两种单位时间的闲暇时间，闲暇时间越多，农村居民用于休息和健康资本存量维持的时间就越多，从长期来看是有助于提高个人总收入及个人劳动生产率的。从参与农业劳动的角度来看，无论是个人农业劳动收入，还是个人农业劳动生产率均与健康资本投资呈现明显的正相关关系，而结果显示健康资本投资与个人农业劳动时间却呈负相关关系。这和实际相符，对以体力劳动为主的农村居民来说，当用于闲暇的时间(参与体育锻炼等)越多，劳动时间就越少。从参与非农劳动的角度来看，平均每周锻炼次数、是否参与体育锻炼与非农收入结果不显著，但是是否参与商业医疗保险，体育锻炼与农村居民非农劳动参与时间存在负相关关系，是否有商业医疗保险对非农劳动时间影响不显著。然而，从表3-9中可以看出，本书选取的健康资本投资变量与农村居民非农劳动生产率显著正相关，这也在一定程度上说明加大健康资本投资是提高其非农劳动生产率的必要途径之一，从长远来看，农村居民参与非农劳动的可能性越大，陷入贫困风险的几率也就越小。

第二节 健康资本投资对农村居民收入影响的实证分析

表3-9 相关系数

	个人总收入	个人工作时间	个人劳动生产率	个人务农收入	个人务农时间	个人务农劳动生产率	个人非农收入	个人非农劳动时间	个人非农劳动生产率
平均每周参加体育锻炼的次数	0.015	-0.128	0.100	0.076	-0.096	0.079	0.004	-0.119	0.106
	(0.000)	(0.000)	(0.000)	(0.000)	(0.000)	(0.000)	(0.558)	(0.000)	(0.000)
是否参加体育锻炼	0.049	-0.148	0.154	0.141	-0.108	0.140	0.011	-0.158	0.141
	(0.000)	(0.000)	(0.000)	(0.000)	(0.000)	(0.000)	(0.080)	(0.000)	(0.000)
是否购买了补充医疗保险	0.066	0.025	0.028	0.052	-0.020	0.049	0.048	0.003	0.017
	(0.000)	(0.000)	(0.000)	(0.000)	(0.000)	(0.000)	(0.000)	(0.602)	(0.004)

注：括号内表示相关系数对应的 P 值。

二、计量结果分析

(一)健康资本投资对农村居民收入的影响

通过混合效应、固定效应和随机效应三个模型对健康资本投资对农村居民收入的影响进行估计,估计结果见表3-10。为了比较不同的健康资本投资对农村居民收入的影响,采用分变量进行逐步回归。其中,设定模型1、模型2、模型3单独讨论平均每周锻炼次数对农村居民收入的影响,其中模型1是混合效应模型估计结果,模型2是固定效应模型估计结果,模型3是随机效应模型估计结果。模型4、模型5、模型6单独讨论是否有商业医疗保险对农村居民收入的影响,模型7、模型8、模型9讨论平均每周锻炼次数和是否有商业医疗保险对农村居民收入的综合影响,模型10、模型11、模型12讨论是否参与体育锻炼和是否有商业医疗保险对农村居民收入的综合影响。

从表3-10中,我们可以看出健康资本投资对农村居民收入的估计结果均存在正向显著影响,并且通过对模型1、模型2、模型3和模型7、模型8、模型9、模型4、模型5、模型6和模型10、模型11、模型12的估计结果的比较,我们可以看出平均每周锻炼次数在混合效应模型、固定效应模型、随机效应模型中的估计系数(0.052、0.109、0.074)与加入其他健康资本投资变量(是否有商业医疗保险)后的三种模型下的估计系数(0.052、0.109、0.074),是否有商业医疗保险在混合效应模型、固定效应模型、随机效应模型中的估计系数(7.565、1.383、4.921)与加入其他健康资本投资变量(是否有商业医疗保险)后的三种模型下的估计系数(7.563、1.429、4.931)并未发生明显改变或改变幅度较小,所以,我们认为本书选取的健康资本投资变量之间并不存在共线性,在后文的分析中我们也有理由不再单独讨论这些变量。另外,从这一结果中我们也可以认为尽管固定效应模型估计结果最优,但根据本书样本数据的特征,我们仍可以选择混合效应模型进行估计,而固定效应模型、随机效应模型的运用则更加证明该估计结果具有稳健性。为了便于分析,我们可以只从混合效应模型的角度对估计结果进行更详细的描述。

第二节 健康资本投资对农村居民收入影响的实证分析

表 3-10 健康资本投资对农村居民收入的估计结果

变量	模型(1) 混合效应	模型(2) 固定效应	模型(3) 随机效应	模型(4) 混合效应	模型(5) 固定效应	模型(6) 随机效应	模型(7) 混合效应	模型(8) 固定效应	模型(9) 随机效应	模型(10) 混合效应	模型(11) 固定效应	模型(12) 随机效应
平均每周锻炼次数	0.052** (2.56)	0.109*** (4.90)	0.074*** (3.88)				0.052** (2.55)	0.109*** (4.91)	0.074*** (3.89)			
是否参与体育锻炼										0.545*** (4.99)	0.919*** (7.88)	0.633*** (6.25)
是否有商业医疗保险				7.565*** (12.51)	1.383** (2.03)	4.921*** (8.59)	7.563*** (12.51)	1.399** (2.05)	4.925*** (8.60)	7.563*** (12.51)	1.429** (2.10)	4.931*** (8.61)
年龄	0.216*** (9.27)	2.260*** (27.80)	0.263*** (9.67)	0.216*** (9.25)	2.251*** (27.69)	0.263*** (9.67)	0.214*** (9.20)	2.260*** (27.79)	0.262*** (9.62)	0.213*** (9.13)	2.268*** (27.90)	0.261*** (9.57)
年龄平方	−0.005*** (−18.90)	−0.020*** (−23.99)	−0.005*** (−17.88)	−0.004*** (−18.82)	−0.020*** (−23.82)	−0.005*** (−17.83)	−0.004*** (−18.82)	−0.020*** (−23.98)	−0.005*** (−17.83)	−0.004*** (−18.76)	−0.020*** (−23.95)	−0.005*** (−17.77)
性别	4.966*** (45.09)	−2.327* (−1.80)	5.022*** (35.23)	4.955*** (45.03)	−2.429* (−1.88)	5.014*** (35.24)	4.957*** (45.05)	−2.323* (−1.79)	5.015*** (35.24)	4.954*** (45.03)	−2.085* (−1.61)	5.011*** (35.21)
婚姻状况	0.209 (1.24)	−0.212 (−0.58)	0.066 (0.34)	0.198 (1.18)	−0.221 (−0.61)	0.061 (0.32)	0.197 (1.17)	−0.211 (−0.58)	0.060 (0.32)	0.196 (1.17)	−0.200 (−0.55)	0.061 (0.32)

续表

变量	模型(1) 混合效应	模型(2) 固定效应	模型(3) 随机效应	模型(4) 混合效应	模型(5) 固定效应	模型(6) 随机效应	模型(7) 混合效应	模型(8) 固定效应	模型(9) 随机效应	模型(10) 混合效应	模型(11) 固定效应	模型(12) 随机效应
户主	-1.977*** (-17.08)		-2.090*** (-13.73)	-1.962*** (-16.96)		-2.076** (-13.67)	-1.966*** (-17.00)		-2.084*** (-13.71)	-1.967*** (-17.00)		-2.086*** (-13.73)
少数民族	-2.294*** (-12.61)	3.987 (1.42)	-2.448*** (-10.35)	-2.302*** (-12.67)	3.963 (1.41)	-2.459*** (-10.42)	-2.293*** (-12.62)	3.930 (1.40)	-2.446*** (-10.36)	-2.285*** (-12.58)	3.959 (1.41)	-2.437*** (-10.33)
党员	0.354 (1.39)	-0.138 (-0.24)	0.746** (2.45)	0.329 (1.29)	-0.089 (-0.16)	0.743** (2.45)	0.306 (1.20)	-0.155 (-0.27)	0.706** (2.32)	0.282 (1.11)	-0.216 (-0.38)	0.679** (2.23)
受教育年限	0.690*** (39.91)	0.333*** (4.88)	0.777*** (36.07)	0.686*** (39.77)	0.326*** (4.78)	0.775*** (36.04)	0.684*** (39.61)	0.333*** (4.89)	0.773*** (35.93)	0.682*** (39.48)	0.343*** (5.03)	0.772*** (35.89)
是否在读	-14.711*** (-32.96)	-15.020*** (-18.86)	-15.038*** (-32.72)	-14.700*** (-32.99)	-15.033*** (-18.88)	-15.007*** (-32.69)	-14.740*** (-33.06)	-15.026*** (-18.87)	-15.058*** (-32.79)	-14.886*** (-33.30)	-15.162*** (-19.05)	-15.204*** (-33.05)
慢性病	-0.876*** (-5.52)	-0.209 (-1.13)	-0.567*** (-3.66)	-0.873*** (-5.50)	-0.195 (-1.05)	-0.558*** (-3.60)	-0.884*** (-5.57)	-0.208 (-1.12)	-0.571*** (-3.69)	-0.880*** (-5.55)	-0.184 (-0.99)	-0.558*** (-3.61)
是否上网	6.106*** (35.84)	1.935*** (7.27)	4.834*** (26.74)	6.080*** (35.77)	2.039*** (7.69)	4.865*** (26.98)	6.056*** (35.57)	1.941*** (7.30)	4.820*** (26.69)	6.009*** (35.23)	1.815*** (6.81)	4.763*** (26.32)

第二节 健康资本投资对农村居民收入影响的实证分析

续表

变量	模型(1) 混合效应	模型(2) 固定效应	模型(3) 随机效应	模型(4) 混合效应	模型(5) 固定效应	模型(6) 随机效应	模型(7) 混合效应	模型(8) 固定效应	模型(9) 随机效应	模型(10) 混合效应	模型(11) 固定效应	模型(12) 随机效应
居住地	4.095*** (34.93)	2.410*** (7.80)	4.250*** (30.17)	4.068*** (34.74)	2.393*** (7.74)	4.237*** (30.12)	4.060*** (34.66)	2.407*** (7.79)	4.226*** (30.04)	4.050*** (34.58)	2.407*** (7.80)	4.220*** (29.99)
家庭规模	-0.371*** (-12.36)	-0.349*** (-5.17)	-0.322*** (-9.17)	-0.367*** (-12.24)	-0.343*** (-5.08)	-0.321*** (-9.14)	-0.366*** (-12.19)	-0.349*** (-5.17)	-0.319*** (-9.11)	-0.364*** (-12.15)	-0.357*** (-5.29)	-0.319*** (-9.09)
老人和儿童在家人口中的占比	3.657*** (16.84)	3.765*** (11.39)	3.326*** (14.43)	3.625*** (16.72)	3.662*** (11.10)	3.280*** (14.25)	3.645*** (16.80)	3.761*** (11.38)	3.318*** (14.40)	3.679*** (16.94)	3.897*** (11.77)	3.365*** (14.60)
常数项	4.679*** (8.47)	-46.498*** (-22.45)	3.603*** (5.60)	4.739*** (8.59)	-46.135*** (-22.28)	3.678*** (5.73)	4.706*** (8.52)	-46.493*** (-22.45)	3.624*** (5.64)	4.630*** (8.38)	-47.305*** (-22.80)	3.529*** (5.49)
观测值	76952	76952	76952	76952	76952	76952	76952	76952	76952	76952	76952	76952
R平方	0.204	0.017	0.203	0.205	0.017	0.204	0.205	0.016	0.204	0.205	0.017	0.204
Chi2统计量			12951.1			13054.5			13067.7			13090.8
F统计量	1311.9	123.6		1324.4	122.2		1242.1	115.7		1243.6	118.3	
P值	0.000	0.000	0.000	0.000	0.000	0.000	0.000	0.000	0.000	0.000	0.000	0.000

注：(1)括号内表示估计系数对应的t值；(2)*、**和***分别表示在10%、5%和1%的统计水平上显著；(3)固定效应和随机效应中的R平方为总体R平方。

模型1汇报了平均每周锻炼次数对农村居民收入的影响。其中，在控制其他一系列变量不变的情况下，平均每周锻炼次数每增加一次，农村居民收入将提高0.052%千元(52元)，并且这一结果在5%的水平下显著。年龄的平方项为显著的负值，可以得出呈倒U形趋势，年龄对农村居民收入的影响的拐点出现在21.6岁，说明对绝大多数人而言，年龄越大，农村居民收入越低。性别对农村居民的影响也存在正向显著影响，一般而言，在农村男性的身体素质较女性更强。是否为少数民族身份对农村居民收入的影响显著为负，这也较符合事实，少数民族这一人群的分布集中在中西部偏远落后地区，地理因素是造成这一人群收入低的客观原因。受教育年限越高，农村居民收入越大，但如果存在在读情况，则收入会显著下降，这一影响比较符合预期的结果。是否患慢性病对农村居民收入的影响也是显著负相关，估计结果显示患慢性病的人群比没有患慢性病的收入低87.6%，从某种程度上说明慢性病已经成为阻碍我国农村居民收入快速增长的重要因素之一。在本书中，我们将是否上网也作为影响农村居民收入的控制变量之一，且这种影响从估计结果来看是正向显著的，可能的原因是互联网与三农联系更加紧密，农民通过对互联网的使用，能够快速取得国家最新的"三农"政策，打破了信息不对称的局面，从而实现了农村"弯道超车""数字脱贫"，另一方面，农民可以通过"互联网+"，显著提高自己的生产效率，学习各种农业知识，不断发展创新，为脱贫致富开创一条新道路。家庭规模对农村居民收入的影响为负，家庭规模越大，农村居民收入越低，但从老人和儿童在家庭人口中的占比这一变量来看，占比约高，农村居民收入越高，出现这种情况的原因可能是家庭规模对农村居民收入存在规模效应，当家庭规模处于3—4人时，家庭规模的产出弹性最大[1]。从表3-8中我们可以看出，样本数据中家庭规模的均值为4.642，超出最大临界值，因此，家庭规模的增大对农村居民收入的贡献呈递减趋势。

---

[1] 周金倩萍. 农户收入的影响因素分析——基于2012年农村工作居民收入调查数据的实证分析[J]. 经济研究导刊, 2015(20).

第二节　健康资本投资对农村居民收入影响的实证分析

　　模型4汇报了是否有商业医疗保险这一二元变量对农村居民收入的影响。从混合效应模型的估计结果中，我们可以得出其他条件不变的情况下，有商业医疗保险的比没有商业医疗保险的农村居民的收入高了7565元。模型6和模型10分别加入其他健康资本投资变量(平均每周锻炼次数和是否参与体育锻炼)后，这一结果仍成立，并且数值并没有发生多大变化，我们进一步证明了变量间不存在共线性这一特征。

　　模型10汇报了加入是否参与体育锻炼后，与是否有商业医疗保险单独测量相比，健康资本投资对农村居民收入的估计结果并未发生实质性变化。从估计结果可以看出，是否参与体育锻炼这一二元变量对农村居民收入的影响显著为正，参与体育锻炼的农村居民整体收入会提高545元，积极参与体育锻炼会显著提高个人健康资本存量，而健康资本的积累对于农村居民收入具有提升作用。

　　表3-11汇报了基于混合效应、固定效应和随机效应三个模型，健康资本投资对农村贫困居民收入影响的估计结果。同样通过对模型1、模型2、模型3和模型7、模型8、模型9、模型4、模型5、模型6和模型10、模型11、模型12的估计结果的比较，我们发现在加入其他健康资本投资变量后，三种模型下的估计系数并没有发生大的改变，即选取的健康资本投资变量间也不存在共线性。从混合效应模型的估计结果来看，我们可以看出无论是健身类的健康资本投资还是医疗类的健康资本投资对贫困居民收入的影响均不显著，这也进一步说明在我国农村，健康资本投资呈现"亲富人"的特点，贫困居民面对疾病问题时，绝大多数是"大病拖、小病扛"，长此以往，容易陷入"疾病—贫困—疾病"的恶性循环，可持续生计难以得到保证。

　　从其他控制变量来看，性别、是否为户主、是否少数民族、受教育年限、是否在读、是否上网、家庭规模以及老人和儿童在家庭人口中的占比与农村贫困居民收入间均存在显著影响关系。其中，受教育年限与贫困居民收入之间存在正向影响，受教育年限越长，收入越高，说明教育作为人力资本的一种，在一定程度上可以提高劳动者生产能力，从而增加个人收入。有少数民族身份的农村贫困

表 3-11　健康资本投资对农村贫困居民收入的估计结果

变量	模型(1)混合效应	模型(2)固定效应	模型(3)随机效应	模型(4)混合效应	模型(5)固定效应	模型(6)随机效应	模型(7)混合效应	模型(8)固定效应	模型(9)随机效应	模型(10)混合效应	模型(11)固定效应	模型(12)随机效应
平均每周锻炼次数	-0.013 (-0.62)	0.073** (2.41)	0.008 (0.42)				-0.013 (-0.63)	0.073** (2.41)	0.008 (0.41)			
是否参与体育锻炼										0.070 (0.62)	0.633*** (3.76)	0.213** (2.03)
是否有商业医疗保险				0.948 (0.94)	0.400 (0.24)	0.849 (0.87)	0.955 (0.95)	0.359 (0.21)	0.844 (0.87)	0.949 (0.94)	0.378 (0.22)	0.851 (0.87)
年龄	-0.001 (-0.06)	0.224* (1.72)	0.014 (0.58)	-0.002 (-0.09)	0.208 (1.60)	0.014 (0.59)	-0.001 (-0.06)	0.225* (1.72)	0.014 (0.58)	-0.002 (-0.11)	0.252* (1.94)	0.013 (0.53)
年龄平方	-0.000** (-2.09)	-0.003*** (-2.57)	-0.001*** (-2.66)	-0.000** (-2.07)	-0.003** (-2.52)	-0.001*** (-2.67)	-0.000** (-2.09)	-0.003*** (-2.57)	-0.001*** (-2.66)	-0.000** (-2.04)	-0.003*** (-2.61)	-0.001*** (-2.60)
性别	0.576*** (5.01)	-2.712 (-0.96)	0.610*** (4.68)	0.576*** (5.01)	-2.950 (-1.05)	0.609*** (4.67)	0.576*** (5.01)	-2.714 (-0.96)	0.610*** (4.67)	0.576*** (5.01)	-2.401 (-0.85)	0.610*** (4.67)
婚姻状况	0.086 (0.53)	-0.452 (-0.79)	0.049 (0.28)	0.086 (0.54)	-0.477 (-0.83)	0.052 (0.30)	0.088 (0.55)	-0.448 (-0.78)	0.051 (0.29)	0.083 (0.52)	-0.484 (-0.84)	0.042 (0.24)

续表

变量	模型(1)混合效应	模型(2)固定效应	模型(3)随机效应	模型(4)混合效应	模型(5)固定效应	模型(6)随机效应	模型(7)混合效应	模型(8)固定效应	模型(9)随机效应	模型(10)混合效应	模型(11)固定效应	模型(12)随机效应
户主	-0.240** (-2.04)	0.000 (.)	-0.308** (-2.29)	-0.241** (-2.05)	0.000 (.)	-0.305** (-2.26)	-0.239** (-2.03)	0.000 (.)	-0.306** (-2.27)	-0.243** (-2.06)	0.000 (.)	-0.311** (-2.31)
少数民族	-0.798*** (-5.22)	2.327 (0.83)	-0.877*** (-5.02)	-0.791*** (-5.18)	2.387 (0.85)	-0.878*** (-5.03)	-0.796*** (-5.21)	2.326 (0.83)	-0.876*** (-5.01)	-0.787*** (-5.15)	2.237 (0.80)	-0.867*** (-4.96)
党员	0.396 (1.44)	1.476* (1.80)	0.493* (1.67)	0.389 (1.42)	1.583* (1.93)	0.491* (1.66)	0.393 (1.43)	1.466* (1.78)	0.488* (1.66)	0.385 (1.40)	1.400* (1.71)	0.474 (1.61)
受教育年限	0.141*** (7.62)	0.078 (0.67)	0.146*** (7.04)	0.141*** (7.60)	0.067 (0.57)	0.147*** (7.06)	0.141*** (7.62)	0.077 (0.66)	0.146*** (7.05)	0.141*** (7.57)	0.089 (0.76)	0.146*** (7.00)
是否在读	-2.853*** (-5.98)	-0.267 (-0.14)	-2.787*** (-5.60)	-2.863*** (-6.00)	-0.338 (-0.18)	-2.783*** (-5.59)	-2.854*** (-5.98)	-0.268 (-0.14)	-2.787*** (-5.60)	-2.887*** (-6.03)	-0.303 (-0.16)	-2.849*** (-5.71)
慢性病	-0.162 (-1.06)	-0.318 (-1.29)	-0.234 (-1.57)	-0.164 (-1.07)	-0.302 (-1.22)	-0.234 (-1.57)	-0.163 (-1.06)	-0.319 (-1.29)	-0.235 (-1.58)	-0.163 (-1.07)	-0.303 (-1.23)	-0.231 (-1.56)
是否上网	0.521** (2.27)	0.478 (0.65)	0.448* (1.85)	0.515** (2.24)	0.506 (0.68)	0.453* (1.88)	0.522** (2.27)	0.477 (0.65)	0.449* (1.86)	0.506** (2.20)	0.417 (0.56)	0.425* (1.76)

续表

变量	模型(1) 混合效应	模型(2) 固定效应	模型(3) 随机效应	模型(4) 混合效应	模型(5) 固定效应	模型(6) 随机效应	模型(7) 混合效应	模型(8) 固定效应	模型(9) 随机效应	模型(10) 混合效应	模型(11) 固定效应	模型(12) 随机效应
居住地	1.011*** (7.62)	-0.879* (-1.72)	0.947*** (6.54)	1.008*** (7.60)	-0.852* (-1.66)	0.944*** (6.52)	1.008*** (7.60)	-0.886* (-1.73)	0.944*** (6.52)	1.008*** (7.60)	-0.891* (-1.75)	0.941*** (6.50)
家庭规模	0.073*** (2.68)	0.178* (1.83)	0.089*** (2.98)	0.074*** (2.71)	0.170* (1.74)	0.089*** (2.97)	0.073*** (2.69)	0.178* (1.83)	0.090*** (2.98)	0.075*** (2.75)	0.186* (1.92)	0.093*** (3.09)
老人和儿童在家庭人口中的占比	1.252*** (6.09)	2.016*** (4.13)	1.270*** (5.87)	1.256*** (6.11)	1.972*** (4.03)	1.265*** (5.85)	1.251*** (6.08)	2.015*** (4.12)	1.268*** (5.86)	1.259*** (6.12)	2.024*** (4.15)	1.278*** (5.90)
常数项	2.154*** (3.76)	-0.837 (-0.22)	1.864*** (2.98)	2.141*** (3.74)	0.180 (0.05)	1.865*** (2.99)	2.149*** (3.75)	-0.833 (-0.22)	1.858*** (2.97)	2.124*** (3.71)	-2.426 (-0.63)	1.799*** (2.87)
观测值	8701	8701	8701	8701	8701	8701	8701	8701	8701	8701	8701	8701
R 平方	0.060	0.031	0.059	0.060	0.028	0.060	0.060	0.032	0.059	0.060	0.036	0.059
Chi2 统计量			489.152			490.017			489.934			493.689
F 统计量	36.796	4.050		36.832	3.628		34.552	3.781		34.552	4.356	
P 值	0.000	0.000	0.000	0.000	0.000	0.000	0.000	0.000	0.000	0.000	0.000	0.000

注：(1) 括号内表示估计系数对应的 t 值；(2) *、** 和 *** 分别表示在10%、5%和1%的统计水平上显著；(3) 固定效应和随机效应中的 R 平方为总体 R 平方。

居民的收入更低，这是由于少数民族一般集聚在西部偏远地区，历史和自然条件等客观原因造成少数民族地区总体经济较落后、公共基础设施不完善等阻碍了该地区居民经济的发展。而家庭规模与农村贫困居民收入间呈正向相关，家庭规模越大，贫困居民收入越高，可能的原因是，农村贫困居民的收入单一、来源较少，更多依赖于土地耕作，家庭规模越大，有限的土地的劳动生产率就越高，家庭收入就越高，即贫困居民收入就越高。

1. 健康资本投资对不同收入群体的影响

为探讨健康资本投资对不同收入农村群体的影响是否存在差异，采用分位数回归方法，选择10%分位、25%分位、50%分位、75%分位和90%分位五个分位点，对农村居民的总收入进行回归，估计结果见表3-12。

在解释变量方面，平均每周锻炼次数对收入50%以上分位上的农村居民有显著的正向影响，对于低分位数上的农村居民影响不显著，表明平均每周锻炼次数只对中等收入群体存在影响。从分位数回归结果来看，是否参与体育锻炼对收入90%分位上的农村居民影响不显著，对其他分位数上的农村居民存在显著正向影响，并且是否参与商业医疗保险对收入各个分位数上的农村居民均存在明显的正向影响。通过比较说明，是否参与体育锻炼比锻炼次数对农村居民收入的影响更大，换句话讲，健康资本投资"从无到有"的过程更重要。另一方面，从表3-12中，我们可以发现，是否参与体育锻炼和是否有商业医疗保险的回归系数从0.077增加到1.020，从0.865增加到12.774，均呈现增长趋势。本书认为从低分位数到高分位数，两类私人健康资本投资的边际影响效果均在不断增大，因此，我们必须不断提高农村居民参与体育锻炼和商业医疗保险的概率，从而发挥健康资本投资对农村居民收入的提升作用。

在控制变量方面，年龄、性别、是否为户主、是否为少数民族、受教育年限、是否在读、是否患慢性病、是否上网、居住地、家庭规模、老人和儿童在家庭人口中的占比等是影响农村居民收入的关键变量。尽管每个因素对不同分位数上农村居民的影响存在一

表3-12 健康资本投资对农村居民收入的分位数回归结果

变量	10分位	25分位	50分位	75分位	90分位	10分位	25分位	50分位	75分位	90分位
平均每周锻炼次数	0.002 (0.41)	0.005 (0.54)	0.045** (2.65)	0.118*** (3.85)	0.041 (0.73)					
是否参与体育锻炼						0.077*** (3.10)	0.175*** (3.27)	0.609*** (6.70)	1.020*** (6.26)	0.233 (0.78)
是否有商业医疗保险	0.865*** (6.37)	2.940*** (9.96)	7.786*** (15.57)	10.475*** (11.59)	12.774*** (7.76)	0.860*** (6.30)	2.933*** (9.89)	7.755*** (15.44)	10.683*** (11.85)	12.779*** (7.72)
年龄	0.009* (1.73)	-0.014 (-1.19)	-0.076*** (-3.93)	-0.228*** (-6.55)	-0.192*** (-3.03)	0.009* (1.70)	-0.015 (-1.30)	-0.084*** (-4.33)	-0.231*** (-6.64)	-0.192*** (-3.01)
年龄平方	-0.000*** (-6.33)	-0.000*** (-4.17)	-0.001*** (-3.30)	-0.000 (-1.07)	-0.002*** (-3.05)	-0.000*** (-6.32)	-0.000*** (-4.08)	-0.001*** (-2.93)	-0.000 (-1.00)	-0.002*** (-3.04)
性别	0.267*** (10.82)	0.949*** (17.66)	2.678*** (29.43)	5.387*** (32.76)	9.825*** (32.79)	0.267*** (10.76)	0.958*** (17.77)	2.670*** (29.21)	5.356*** (32.66)	9.834*** (32.66)
婚姻状况	-0.031 (-0.83)	-0.054 (-0.65)	-0.400*** (-2.88)	-0.363 (-1.44)	-0.177 (-0.39)	-0.038 (-0.99)	-0.058 (-0.70)	-0.380*** (-2.72)	-0.439* (-1.76)	-0.192 (-0.42)

续表

变量	10分位	25分位	50分位	75分位	90分位	10分位	25分位	50分位	75分位	90分位
户主	-0.097*** (-3.72)	-0.359*** (-6.35)	-1.184*** (-12.37)	-2.195*** (-12.70)	-3.141*** (-9.97)	-0.096*** (-3.67)	-0.366*** (-6.45)	-1.192*** (-12.41)	-2.164*** (-12.55)	-3.131*** (-9.89)
少数民族	-0.157*** (-3.85)	-0.530*** (-5.97)	-1.220*** (-8.11)	-1.995*** (-7.34)	-3.154*** (-6.37)	-0.155*** (-3.78)	-0.527*** (-5.91)	-1.183*** (-7.84)	-1.996*** (-7.37)	-3.160*** (-6.35)
党员	-0.016 (-0.28)	0.021 (0.17)	-0.057 (-0.27)	-0.034 (-0.09)	0.383 (0.55)	-0.020 (-0.35)	0.030 (0.24)	-0.074 (-0.35)	-0.054 (-0.14)	0.447 (0.64)
受教育年限	0.049*** (12.61)	0.148*** (17.61)	0.441*** (30.86)	0.879*** (34.07)	1.311*** (27.89)	0.048*** (12.31)	0.147*** (17.34)	0.433*** (30.15)	0.875*** (34.01)	1.308*** (27.68)
是否在读	-1.944*** (-19.43)	-6.084*** (-27.94)	-14.400*** (-39.05)	-22.437*** (-33.67)	-27.530*** (-22.67)	-1.984*** (-19.64)	-6.165*** (-28.13)	-14.582*** (-39.25)	-22.681*** (-34.04)	-27.658*** (-22.60)
慢性病	-0.087** (-2.45)	-0.248*** (-3.20)	-0.521*** (-3.97)	-0.926*** (-3.91)	-1.342*** (-3.11)	-0.084** (-2.33)	-0.251*** (-3.22)	-0.501*** (-3.81)	-0.902*** (-3.82)	-1.327*** (-3.06)
是否上网	1.134*** (29.68)	3.113*** (37.44)	6.065*** (43.08)	8.019*** (31.52)	10.384*** (22.40)	1.128*** (29.28)	3.079*** (36.83)	5.966*** (42.10)	7.953*** (31.29)	10.397*** (22.28)

续表

变量	10分位	25分位	50分位	75分位	90分位	10分位	25分位	50分位	75分位	90分位
居住地	0.192***	0.888***	2.560***	4.957***	7.402***	0.192***	0.883***	2.549***	4.925***	7.404***
	(7.29)	(15.52)	(26.42)	(28.31)	(23.20)	(7.24)	(15.37)	(26.19)	(28.21)	(23.09)
家庭规模	-0.040***	-0.102***	-0.194***	-0.243***	-0.311***	-0.039***	-0.104***	-0.200***	-0.236***	-0.309***
	(-5.97)	(-6.95)	(-7.83)	(-5.42)	(-3.81)	(-5.76)	(-7.08)	(-8.01)	(-5.28)	(-3.77)
老人和儿童在家庭人口中的占比	0.175***	0.536***	1.217***	2.551***	4.505***	0.182***	0.564***	1.298***	2.581***	4.491***
	(3.59)	(5.06)	(6.78)	(7.86)	(7.62)	(3.70)	(5.30)	(7.20)	(7.98)	(7.56)
常数项	0.821***	2.946***	8.193***	17.972***	26.061***	0.809***	2.950***	8.279***	17.862***	26.038***
	(6.63)	(10.92)	(17.94)	(21.78)	(17.33)	(6.48)	(10.89)	(18.04)	(21.69)	(17.22)
观测值	76952	76952	76952	76952	76952	76952	76952	76952	76952	76952
拟 R 平方	0.0245	0.0571	0.1234	0.1831	0.1911	0.0245	0.0572	0.1239	0.1835	0.1911

注：(1)括号内表示估计系数对应的 t 值；(2) *、** 和 *** 分别表示在10%、5%和1%的统计水平上显著。

第二节 健康资本投资对农村居民收入影响的实证分析

定程度的差异，如：年龄对低分位数上的农村居民影响不显著，婚姻状况只对50%分位数上的农村居民影响显著，但是从估计结果可以看出，分位数越高，各个变量的回归系数越大，在某种意义上证明了高收入群体越注重对健康资本的投资。受教育年限对收入的影响正向显著，教育不仅对农村居民收入起着越来越重要的作用，而且对农村居民收入差距的贡献也越来越大。慢性病与收入之间呈负向显著关系，且高分位数上系数的绝对值大于低分位数的，说明从低分位数到高分位数，慢性病对农村居民收入的抑制作用越来越明显。是否上网与农村居民收入之间呈正向显著关系，从低分位数到高分位数，上网对农村居民收入的贡献呈递增趋势。

2. 健康资本投资对农村居民农业收入和非农收入的影响

（1）健康资本投资对农村居民农业收入的影响

表3-13汇报了健康资本投资对农村居民农业收入的影响，本章选取的三类健康资本投资变量均对农村居民农业收入存在正向显著影响，并且是否有商业医疗保险的影响最大，是否参与体育锻炼次之，平均每周锻炼次数影响程度最小。根据以往的研究，可能的原因是：在我国农村，"面朝黄土背朝天"这种情况普遍存在，绝大多数农村居民以农业为主、以体力为生，有效的健康资本投资能在最大程度上维持农村居民自身健康资本存量，从而影响其农业收入。而医疗类的投资是最有效的健康资本投资方式之一，对于存在健康风险的农村居民可以起到"补救性"的福利服务和救济保障。

表3-13　健康资本投资对农业收入的估计结果

变量	农业收入			
	混合效应	固定效应	随机效应	混合效应
平均每周锻炼次数	0.255*** (16.06)	0.254*** (14.64)	0.264*** (17.99)	
是否参与体育锻炼				2.273*** (26.79)

续表

变量	农业收入			
	混合效应	固定效应	随机效应	混合效应
是否有商业医疗保险	4.832***	0.858	3.401***	4.875***
	(9.09)	(1.30)	(6.68)	(9.20)
年龄	0.093***	0.262***	0.106***	0.089***
	(5.06)	(3.68)	(4.88)	(4.88)
年龄平方	-0.002***	-0.005***	-0.003***	-0.002***
	(-13.49)	(-7.58)	(-12.60)	(-13.28)
性别	3.195***	-2.223**	3.549***	3.175***
	(36.64)	(-2.24)	(31.17)	(36.55)
婚姻状况	0.512***	0.489	0.614***	0.486***
	(3.84)	(1.47)	(3.95)	(3.66)
户主	-0.941***		-0.981***	-0.934***
	(-10.47)		(-8.18)	(-10.43)
少数民族	-1.167***	2.699	-1.468***	-1.126***
	(-8.55)	(1.24)	(-8.09)	(-8.28)
党员	0.221	-0.228	0.233	0.157
	(1.11)	(-0.48)	(0.96)	(0.79)
受教育年限	0.369***	0.022	0.399***	0.359***
	(27.11)	(0.42)	(23.20)	(26.44)
是否在读	-10.887***	-5.087***	-10.799***	-11.463***
	(-30.44)	(-4.73)	(-28.16)	(-32.10)
慢性病	-0.752***	-0.330**	-0.595***	-0.713***
	(-6.33)	(-2.35)	(-5.16)	(-6.03)
是否上网	4.125***	2.906***	3.622***	3.876***
	(26.87)	(10.72)	(22.17)	(25.28)

续表

变量	农业收入			
	混合效应	固定效应	随机效应	混合效应
居住地	2.052*** (21.49)	0.071 (0.25)	2.017*** (17.40)	1.991*** (20.93)
家庭规模	−0.239*** (−10.36)	−0.112** (−2.08)	−0.224*** (−8.15)	−0.236*** (−10.25)
老人和儿童在家庭人口中的占比	2.160*** (12.88)	1.716*** (6.71)	2.009*** (11.31)	2.327*** (13.91)
常数项	4.710*** (10.50)	7.614*** (4.06)	4.770*** (9.13)	4.336*** (9.70)
观测值	60547	60547	60547	60547
R平方	0.162	0.060	0.161	0.168
Chi2统计量			8515.9	
F统计量	728.8	44.5		763.0
P值	0.000	0.000	0.000	0.000

注：(1)括号内表示估计系数对应的t值；(2) *、**和***分别表示在10%、5%和1%的统计水平上显著；(3)固定效应和随机效应中的R平方为总体R平方。

(2)健康资本投资对农村居民非农收入的影响

表3-14汇报了健康资本投资对农村居民非农收入的影响，我们可以发现，平均每周锻炼次数和是否参与体育锻炼两种"健身类"的投资对农村居民非农收入无明显影响，但是否有商业医疗保险对农村居民的非农收入影响显著且为正向影响关系，"医疗类"的健康资本投资的产出效应大于"健身类"的健康资本投资。这种结果的可能原因有以下几点：一是，健康资本的积累本身是个漫长的过程，当出现健康问题时，"医疗类"的投资更起作用；二是，在我国农村，农村居民健康资本投资具有差异性，反之，这也是阻

碍其收入增长的原因之一;三是,在我国农村,农村居民的健康意识仍存在很大不足,加大农村居民健康资本投资对于农村居民增收尤为重要。

表 3-14　　健康资本投资对非农收入的估计结果

变量	农业收入			
	混合效应	固定效应	随机效应	混合效应
平均每周锻炼次数	0.027 (0.67)	-0.034 (-0.54)	0.045 (1.10)	
是否参与体育锻炼				0.045 (0.21)
是否有商业医疗保险	5.133*** (5.98)	2.238* (1.82)	4.306*** (5.08)	5.135*** (5.99)
年龄	0.559*** (10.16)	3.133*** (14.08)	0.591*** (10.14)	0.558*** (10.15)
年龄平方	-0.008*** (-12.03)	-0.017*** (-6.26)	-0.008*** (-11.87)	-0.008*** (-12.02)
性别	3.436*** (16.30)	-1.841 (-0.58)	3.468*** (15.13)	3.434*** (16.30)
婚姻状况	-0.273 (-0.85)	-0.055 (-0.07)	-0.316 (-0.95)	-0.275 (-0.86)
户主	-1.707*** (-7.45)		-1.768*** (-7.06)	-1.707*** (-7.45)
少数民族	-2.851*** (-7.08)	7.467 (1.17)	-2.776*** (-6.39)	-2.849*** (-7.07)
党员	-0.422 (-0.90)	0.428 (0.34)	-0.049 (-0.10)	-0.411 (-0.87)

续表

变量	农业收入			
	混合效应	固定效应	随机效应	混合效应
受教育年限	0.707***	0.412**	0.748***	0.708***
	(21.56)	(2.34)	(21.24)	(21.57)
是否在读	-11.966***	-11.739***	-12.230***	-11.953***
	(-14.84)	(-7.28)	(-15.11)	(-14.81)
慢性病	-0.407	0.712	-0.161	-0.401
	(-1.14)	(1.27)	(-0.45)	(-1.13)
是否上网	4.186***	1.353***	3.862***	4.192***
	(16.07)	(2.92)	(14.54)	(16.06)
居住地	3.761***	2.550***	4.070***	3.764***
	(18.02)	(3.92)	(18.27)	(18.04)
家庭规模	-0.539***	-0.678***	-0.504***	-0.539***
	(-8.77)	(-3.75)	(-7.77)	(-8.78)
老人和儿童在家庭人口中的占比	8.992***	11.960***	8.751***	8.990***
	(20.34)	(12.47)	(19.16)	(20.33)
常数项	1.025	-77.704***	-0.035	1.039
	(0.91)	(-15.75)	(-0.03)	(0.92)
观测值	27848	27848	27848	27848
R 平方	0.101	0.005	0.100	0.101
Chi2 统计量				2832.3
F 统计量	194.5	87.3		194.5
P 值	0.000	0.000	0.000	0.000

注：(1)括号内表示估计系数对应的 t 值；(2) *、** 和 *** 分别表示在 10%、5% 和 1% 的统计水平上显著；(3)固定效应和随机效应中的 R 平方为总体 R 平方。

(3) 对比分析

从解释变量来看，由于绝大多数农村居民以体力为生、以农业为主，"健身类"的投资对农村居民农业收入的影响大于非农收入的影响。在控制变量方面，婚姻状况对农村居民农业收入存在正向显著影响，但对非农收入不存在影响。我们认为已婚群体的家庭责任和经济压力更大，他们会积极劳动以增加家庭收入。受教育年限对农村居民的农业和非农收入均存在正向显著影响，并且非农收入影响明显大于农业收入影响，教育本身作为人力资本的重要组成部分，受教育年限较高的劳动力在非农就业方面具有相对竞争优势，农村居民可以通过接受教育，加强自身在分析、计算、逻辑思维、创造和适应等方面的能力，最终形成自身的综合能力，从而影响劳动者的收入水平。正如李宪印、陈万明（2009）研究表明：对于农村劳动力而言，劳动力受教育年限越高就越倾向于非农就业，获得非农收入[①]。慢性病对农村居民农业收入和非农收入间的影响也存在一定差异，其中，是否患慢性病对农村居民农业收入的影响较为显著，根据农村客观现实，我们知道由于健康意识在农村普遍缺乏，生活方式不科学导致的慢性病正在以"迅雷不及掩耳之势"的速度威胁着农村居民的健康，慢性病已经成为阻碍农民收入尤其是农业增长的因素之一，加之农村居民长期以往形成的"大病拖、小病扛"的消极医疗态度，他们更容易陷入贫困风险。

(二) 健康资本投资对收入影响机制的影响

1. 健康资本投资对农村居民劳动时间的影响

表 3-15 汇报了健康资本投资对农村居民劳动时间的影响，从估计结果中看出，无论是平均每周锻炼次数还是是否参与体育锻炼均对农村居民劳动时间表现为负向的显著影响关系。在前文分析中，我们将劳动者的单位时间主要分为两种，一种是"劳动时间"，一种是"闲暇时间"，当用于体育锻炼的"闲暇时间"增多时，农村居民的"劳动时间"必然会受到影响。而对农村居民来讲，商业医

---

① 李宪印，陈万明. 农户人力资本投资与非农收入关系的实证研究[J]. 农业经济问题（月刊），2009(5).

第二节 健康资本投资对农村居民收入影响的实证分析

疗保险对其劳动时间具有正向效应,估计结果显示有商业医疗保险的比没有商业医疗保险的在劳动时间上提高了21.4%,从某种意义上讲,购买商业医疗保险对农村居民来说既是一种消费,也是一种心理安慰,健康风险本身具有不确定性,这种风险对以体力为生的农村居民影响较大,而购买商业医疗保险降低了农村居民健康风险发生的概率以及农村居民因病无法劳动的时间损失。

从其他控制变量来看,年龄、性别、受教育年限、是否上网、居住地对农村居民劳动时间的影响显著为正。其中,年龄对农村居民劳动时间的影响呈倒U形增长,男性相比于女性更愿意参与到劳动力市场,这是由于男性相比于女性在劳动参与、收入获取能力方面优势更明显,所以在劳动力市场上他们会付出更多的时间和精力。受教育年限越长,农村居民劳动时间越长,主要存在以下两方面影响:一是,人类平均寿命的增长和教育普及化;二是,受教育程度越高的农村居民健康意识越强,健康资本存量越高,劳动时间会伴随着寿命的延长而延长。

还有一些控制变量对农村居民劳动时间存在负向显著影响,其中,影响较大的有是否在读、是否患慢性病以及家庭规模等。慢性病已经成为我国居民健康的头号威胁,慢性病死亡占到我国总死亡构成的85%以上[1]。在我国农村,农民不存在退休一说,只要身体允许,他们会一直参与劳动,但有研究表明,慢性病会显著降低农村居民的工作时间和工作概率。估计结果显示家庭规模对农村居民劳动时间的负向影响,可能的原因是:一是,从描述性统计上看,样本数据中家庭规模的平均值(4.642)超出合理的家庭规模范围(3~4之间);二是,老人和儿童在家庭人口中的占比较大,抚养比较高,导致农村居民不得不放弃劳动时间来承担照顾老人和小孩的责任;三是,在农村居民劳动时间的核算中,并没有细分农业劳动时间和非农劳动时间,可能在某种程度上这种影响被低估。

---

[1] 孔灵芝.关于当前我国慢性病防治工作的思考[J].中国卫生政策研究,2012(1).

表 3-15　健康资本投资对农村居民劳动时间的估计结果

变量	劳动时间			
	混合效应	固定效应	随机效应	混合效应
平均每周锻炼次数	-0.055*** (-34.14)	-0.052*** (-25.03)	-0.055*** (-34.15)	
是否参与体育锻炼				-0.384*** (-44.68)
是否有商业医疗保险	0.214*** (4.48)	0.181*** (2.82)	0.212*** (4.43)	0.214*** (4.50)
年龄	0.020*** (10.76)	0.055*** (7.20)	0.020*** (10.65)	0.021*** (11.21)
年龄平方	-0.000*** (-19.19)	-0.001*** (-15.87)	-0.000*** (-19.07)	-0.000*** (-19.81)
性别	0.269*** (30.96)	-0.423*** (-3.48)	0.269*** (29.85)	0.272*** (31.44)
婚姻状况	-0.025* (-1.85)	-0.031 (-0.92)	-0.025* (-1.83)	-0.025* (-1.88)
户主	-0.094*** (-10.31)		-0.095*** (-9.97)	-0.096*** (-10.51)
少数民族	0.009 (0.66)	0.287 (1.09)	0.008 (0.51)	0.008 (0.54)
党员	-0.029 (-1.46)	-0.162*** (-3.05)	-0.032 (-1.53)	-0.020 (-1.01)
受教育年限	0.013*** (9.74)	0.016** (2.55)	0.013*** (9.49)	0.014*** (10.44)
是否在读	-0.834*** (-23.68)	-1.009*** (-13.49)	-0.845*** (-23.84)	-0.746*** (-21.23)

续表

变量	劳动时间			
	混合效应	固定效应	随机效应	混合效应
慢性病	-0.036***	0.026	-0.034***	-0.043***
	(-2.88)	(1.48)	(-2.72)	(-3.44)
是否上网	0.040***	-0.019	0.037***	0.064***
	(2.95)	(-0.74)	(2.71)	(4.78)
居住地	0.082***	0.155***	0.083***	0.086***
	(8.91)	(5.33)	(8.70)	(9.39)
家庭规模	-0.008***	-0.015**	-0.008***	-0.008***
	(-3.20)	(-2.32)	(-3.18)	(-3.45)
老人和儿童在家庭人口中的占比	-0.010	0.096***	-0.003	-0.027
	(-0.59)	(3.08)	(-0.20)	(-1.57)
常数项	1.213***	1.879***	1.217***	1.255***
	(27.81)	(9.66)	(27.25)	(28.91)
观测值	76952	76952	76952	76952
R平方	0.086	0.047	0.086	0.095
Chi2 统计量			6991.8	
F 统计量	449.6	140.3		505.5
P 值	0.000	0.000	0.000	0.000

注：(1)括号内表示估计系数对应的 t 值；(2) *、** 和 *** 分别表示在 10%、5%和1%的统计水平上显著；(3)固定效应和随机效应中的 R 平方为总体 R 平方。

2. 健康资本投资对农村居民劳动生产率的影响

舒尔茨(1997)认为健康和生产率密切相关，劳动生产率的提高被认为是近几十年来农业发展和农民人均收入增加的一个主要原因（亚洲生产率组织，1970；埃文森和基斯莱，1975）。劳动生产率的增加可使一个农民能够养活更多的人，这样节省下来的农业劳动力可从事工业和服务业的劳动力并从中取得更大的经济收益①。

表 3-16 汇报了健康资本投资对农村居民劳动生产率的影响，从估计结果中看出，平均每周锻炼次数、是否参与体育锻炼和是否有商业医疗保险对农村居民劳动生产率均存在正向影响。其中，是否参与体育锻炼对农村居民劳动生产率的影响最大，且参与体育锻炼的农村居民比没有参与体育锻炼的农村居民的劳动生产率单位时间内高了 6.851 元，有商业医疗保险的农村居民比没有商业医疗保险的农村居民的劳动生产率单位时间内高了 3.247 元。我们认为健康资本投资对农村居民劳动生产率的影响，最终起到了提升农村居民收入的作用。并且对比表 3-15，尽管平均每周锻炼次数和是否参与体育锻炼对农村居民劳动时间的影响为负，但是对农村居民劳动生产率的正向边际影响明显大于该负向边际影响，因此，我们认为这两类健康资本投资对农村居民收入仍存在正向的影响关系，也就是说，加大这两类健康资本投资对农村居民的收入会起到一定的提升作用。

表 3-16　健康资本投资对农村居民劳动生产率的估计结果

变量	劳动生产率			
	混合效应	固定效应	随机效应	混合效应
平均每周锻炼次数	0.899*** (27.54)	0.934*** (22.34)	0.907*** (27.84)	
是否参与体育锻炼				6.851*** (39.41)
是否有商业医疗保险	3.247*** (3.36)	-4.158*** (-3.24)	2.569*** (2.66)	3.248*** (3.38)

---

① 李伟. 教育与健康水平对农户劳动生产率的影响：对中国农村贫困地区的一项研究[J]. 市场与人口分析, 2001(5).

第二节 健康资本投资对农村居民收入影响的实证分析

续表

变量	劳动生产率			
	混合效应	固定效应	随机效应	混合效应
年龄	0.264***	-0.101	0.253***	0.249***
	(7.09)	(-0.66)	(6.58)	(6.72)
年龄平方	-0.005***	0.002	-0.005***	-0.005***
	(-12.64)	(1.02)	(-11.94)	(-12.25)
性别	3.521***	2.030	3.518***	3.475***
	(20.03)	(0.83)	(19.00)	(19.87)
婚姻状况	1.279***	-0.935	1.220***	1.280***
	(4.77)	(-1.37)	(4.41)	(4.80)
户主	-1.168***		-1.138***	-1.152***
	(-6.32)		(-5.83)	(-6.27)
少数民族	-3.067***	-0.436	-3.105***	-3.020***
	(-10.57)	(-0.08)	(-10.15)	(-10.46)
党员	1.062***	2.888***	1.163***	0.861**
	(2.61)	(2.71)	(2.74)	(2.13)
受教育年限	0.609***	0.189	0.614***	0.590***
	(22.07)	(1.48)	(21.25)	(21.49)
是否在读	-15.032***	-9.889***	-14.875***	-16.673***
	(-21.10)	(-6.61)	(-20.73)	(-23.46)
慢性病	-1.254***	-0.486	-1.164***	-1.151***
	(-4.95)	(-1.39)	(-4.56)	(-4.57)
是否上网	6.413***	5.639***	6.185***	5.938***
	(23.58)	(11.28)	(22.30)	(21.90)
居住地	3.490***	-0.383	3.400***	3.406***
	(18.65)	(-0.66)	(17.43)	(18.29)

续表

变量	劳动生产率			
	混合效应	固定效应	随机效应	混合效应
家庭规模	-0.466***	-0.206	-0.456***	-0.454***
	(-9.73)	(-1.62)	(-9.16)	(-9.53)
老人和儿童在家庭人口中的占比	5.403***	4.379***	5.325***	5.732***
	(15.58)	(7.05)	(15.03)	(16.61)
常数项	4.545***	11.240***	4.808***	3.747***
	(5.15)	(2.89)	(5.28)	(4.27)
观测值	76952	76952	76952	76952
R 平方	0.086	0.033	0.086	0.095
Chi2 统计量			6587.4	
F 统计量	449.8	52.1		503.6
P 值	0.000	0.000	0.000	0.000

注：(1) 括号内表示估计系数对应的 t 值；(2) *、** 和 *** 分别表示在 10%、5% 和 1% 的统计水平上显著；(3) 固定效应和随机效应中的 R 平方为总体 R 平方。

从其他控制变量来看，年龄、性别、婚姻状况、是否为党员、受教育年限、是否上网、居住地、老人和儿童在家庭人口中的占比均与农村居民劳动生产率之间的影响正向显著。从估计结果中可以看出，男性单位时间的劳动生产率高于女性 3.521 元，已婚农村居民比未婚的单位时间的劳动生产率高了 1.279 元，并且具有党员身份的农村居民的劳动生产率高于其他群体 1.062 元/小时，上网对农村居民单位时间的劳动生产率的影响最大，平均每小时高出 6.413 元，随着互联网的普及以及现代农业的发展，农民通过互联网实现了知识、信息、技能等方面的共享，消除农村居民与客户之间的信息不对称及不信任，并且通过互联网发展"订单农业"，减小了经营风险，更有效地提升劳动生产率。

第三节 稳定性检验

在本章的实证部分，主要采用混合效应模型和分位数回归等方法对健康资本投资对农村居民收入的影响进行简单分析，通过估计结果验证了健康资本投资对农村居民收入的正向显著作用。为了验证这一结果的合理性，本书就模型可能存在的内生性和样本选择问题进行深层次分析，通过工具变量法和倾向评分匹配（PSM）对可能存在的问题加以克服，以便对混合效应模型估计结果进行更系统的稳健性检验。

一、基于工具变量法的内生性问题分析

工具变量法是解决内生性问题最主流的方法之一，本书选取平均每周锻炼次数和是否有商业医疗保险的社区平均强度作为健康资本投资的工具变量，并采用两阶段最小二乘法进行估计。在第一阶段，首先，本章选取的工具变量数等于内生解释变量数，属于恰好识别，并且从理论上分析了解释变量健康资本投资可能存在内生性的问题，并检验工具变量的有效性；其次，对农村居民来说，平均每周锻炼次数和是否有商业医疗保险的社区平均值并不直接影响农村居民的收入，因而对农村居民的收入来说他们是外生的。本书对工具变量进行弱识别检验，通过表 3-17 的估计结果可以看出，弱识别检验的 F 统计量数值很大，远大于 10，说明识别度很高，拒绝"存在弱识别工具变量"的原假设，认为在回归中不存在弱工具变量的问题，满足工具变量与内生解释变量相关的假设。并且从表 3-17 其他变量的回归结果来看，影响作用和前文混合效应模型中估计的结果系数符号保持一致，显著程度也并未发生大的改变，因此，认为前文中混合效应模型对健康资本投资对农村居民收入的估计结果是稳健的。

表 3-17　　基于 2SLS 的估计结果

变量	总收入	农业收入	非农收入	劳动时间	劳动生产率
exercise	0.885***	0.570***	1.361***	-0.092***	2.309***
	(15.46)	(13.78)	(11.06)	(-20.63)	(25.33)
ins1	25.211***	21.138***	18.193***	0.615***	12.333***
	(13.72)	(11.58)	(8.07)	(4.29)	(4.21)
年龄	0.191***	0.086***	0.562***	0.021***	0.230***
	(8.05)	(4.62)	(9.98)	(11.09)	(6.09)
年龄平方	-0.004***	-0.002***	-0.008***	-0.000***	-0.005***
	(-18.15)	(-13.17)	(-12.57)	(-19.12)	(-12.27)
性别	4.967***	3.174***	3.499***	0.267***	3.563***
	(44.41)	(36.00)	(16.23)	(30.62)	(20.01)
婚姻状况	0.144	0.447***	-0.136	-0.024*	1.221***
	(0.84)	(3.32)	(-0.41)	(-1.80)	(4.49)
户主	-2.007***	-0.935***	-1.669***	-0.091***	-1.266***
	(-17.06)	(-10.29)	(-7.12)	(-9.89)	(-6.76)
少数民族	-2.139***	-1.073***	-3.040***	0.003	-2.811***
	(-11.57)	(-7.76)	(-7.38)	(0.20)	(-9.55)
党员	-0.159	0.046	-1.307***	-0.016	0.405
	(-0.61)	(0.23)	(-2.70)	(-0.80)	(0.98)
受教育年限	0.639***	0.346***	0.653***	0.014***	0.549***
	(36.11)	(24.87)	(19.33)	(10.41)	(19.47)
是否在读	-15.459***	-11.152***	-13.226***	-0.807***	-16.168***
	(-33.98)	(-30.79)	(-15.92)	(-22.72)	(-22.32)

续表

变量	总收入	农业收入	非农收入	劳动时间	劳动生产率
慢性病	-1.080***	-0.831***	-0.791**	-0.029**	-1.564***
	(-6.69)	(-6.91)	(-2.16)	(-2.27)	(-6.08)
是否上网	5.545***	3.818***	3.551***	0.054***	5.689***
	(31.65)	(24.23)	(13.11)	(3.98)	(20.40)
居住地	3.849***	1.946***	3.503***	0.086***	3.228***
	(32.18)	(20.08)	(16.35)	(9.26)	(16.95)
家庭规模	-0.332***	-0.223***	-0.479***	-0.008***	-0.424***
	(-10.87)	(-9.51)	(-7.61)	(-3.46)	(-8.72)
老人和儿童在家庭人口中的占比	3.934***	2.288***	9.148***	-0.025	5.925***
	(17.76)	(13.41)	(20.22)	(-1.43)	(16.81)
常数项	4.234***	4.444***	-0.012	1.238***	3.673***
	(7.53)	(9.76)	(-0.01)	(28.23)	(4.10)
观测值	76952	60547	27848	76952	76952
R 平方	0.179	0.143	0.059	0.078	0.062
F 统计量	1219.5	712.0	195.2	400.4	432.9
P 值	0.000	0.000	0.000	0.000	0.000
弱识别检验-F	8598.6	5242.6	1851.4	4839.1	4839.1
内生性检验-Chi2	357.0	154.5	176.7	88.9	292.7
内生性检验-P 值	0.000	0.000	0.000	0.000	0.000

注：(1)括号内表示估计系数对应的 t 值；(2) *、**和***分别表示在10%、5%和1%的统计水平上显著；(3)内生性检验同时对 exercise 和 ins1 进行检验。

二、基于 PSM 的样本选择问题分析

对于私人健康资本投资问题，存在着"自选择"的问题，直接使用多元回归会有选择偏差问题。最理想的状况是，设定参与健康资本投资为"处理组"，未参与健康资本投资为"对照组"，并观察比较两组的差异。PSM(倾向得分匹配模型，Propensity Score Matching)通过构建因果关系的反事实框架，避免了选择偏差问题，进而准确评估出健康资本投资的产出效应。

表 3-18 和表 3-19 共同汇报了基于 PSM 方法是否参与体育锻炼对农村居民收入估计结果的平衡检验。为了使得结果更具可靠性，表 3-18 选取一对一匹配和一对四匹配两种匹配方式，处理组的平均处理效应在表 3-18 中可以通过差值进行分析，通过前文混合效应模型的估计结果对比分析，其中，参与体育锻炼对农村居民总收入的影响在 1% 的统计水平上仍高度显著，并且回归系数 0.416 与表 3-10 中模型 10 的回归系数 0.545 有小幅度减小。

表 3-18　基于 PSM 方法识别的平均处理效应：体育锻炼

匹配方法	因变量	共同支撑样本	参加体育锻炼	未参加体育锻炼	差值	标准误	t 值
一对一匹配	总收入	76942	13.158	12.742	0.416	0.161	2.59
	农业收入	60535	9.508	7.283	2.225	0.120	18.51
	非农收入	27842	20.320	19.696	0.623	0.304	2.05
	劳动时间	76942	1.112	1.519	-0.407	0.012	-33.90
	劳动生产率	76942	19.588	12.529	7.059	0.231	30.52
一对四匹配	总收入	76942	13.158	12.546	0.612	0.141	4.34
	农业收入	60535	9.508	7.114	2.394	0.106	22.63
	非农收入	27842	20.320	20.041	0.279	0.259	1.08
	劳动时间	76942	1.112	1.518	-0.406	0.010	-40.07
	劳动生产率	76942	19.588	12.404	7.183	0.210	34.16

第三节 稳定性检验

表 3-19 基于一对四匹配展示了 PSM 后平衡检验的结果,可以看出,匹配前各变量间均存在差异,匹配后,从 P 值来看,年龄、性别、户主、受教育年限、是否在读、慢性病、是否上网、居住地等控制变量之间的影响均有所消除,表明处理组和对照组基本无差异。另外,尽管婚姻状况、少数民族、家庭规模、老人和儿童在家庭人口中的占比的差异并未完全消除,但从 t 值的绝对值来看,匹配后存在大幅降低,综合来看,我们仍认为匹配后很大程度上改善了样本选择差异问题。

表 3-19 **PSM 后的平衡检验:体育锻炼**

变量	是否匹配	参加锻炼-均值	未参加锻炼-均值	差值占比	差值降低比例	t 值	P 值
年龄	U	44.622	45.430	-5.2		-7.12	0.000
	M	44.622	44.645	-0.2	97.1	-0.19	0.853
性别	U	0.539	0.514	5.1		6.89	0.000
	M	0.539	0.535	0.9	83.0	1.07	0.286
婚姻状况	U	0.814	0.836	-5.9		-8.02	0.000
	M	0.814	0.828	-3.6	39.3	-4.36	0.000
户主	U	0.399	0.394	1.0		1.30	0.195
	M	0.399	0.393	1.2	-21.9	1.44	0.150
少数民族	U	0.081	0.105	-8.3		-11.14	0.000
	M	0.081	0.068	4.3	47.8	5.91	0.000
党员	U	0.061	0.038	10.2		14.16	0.000
	M	0.061	0.056	2.0	80.6	2.26	0.024
受教育年限	U	6.819	6.112	19.4		26.37	0.000
	M	6.819	6.744	2.0	89.4	2.48	0.013
是否在读	U	0.031	0.006	18.5		26.97	0.000
	M	0.031	0.029	1.2	93.5	1.16	0.245

续表

变量	是否匹配	参加锻炼-均值	未参加锻炼-均值	差值占比	差值降低比例	t 值	P 值
慢性病	U	0.135	0.133	0.5		0.74	0.457
	M	0.135	0.123	3.5	−540.7	4.41	0.000
是否上网	U	0.230	0.140	23.2		32.05	0.000
	M	0.230	0.228	0.4	98.1	0.51	0.613
居住地	U	0.332	0.282	10.8		14.72	0.000
	M	0.332	0.324	1.7	84.7	2.00	0.045
家庭规模	U	4.527	4.697	−9.0		−12.17	0.000
	M	4.527	4.428	5.2	41.8	6.76	0.000
老人和儿童在家庭人口中的占比	U	0.375	0.411	−13.5		−18.32	0.000
	M	0.375	0.365	3.6	73.5	4.40	0.000

类似地,表 3-20 和表 3-21 共同汇报了是否参与商业医疗保险对农村居民收入估计结果的平衡检验。与体育锻炼有所差别的是,PSM 匹配后各个变量间的差异基本完全被消除,也就是说,PSM 后的平衡检验结果佐证了前文估计结果,具有稳健性。

表 3-20　基于 PSM 方法识别的平均处理效应:医疗保险

匹配方法	因变量	共同支撑样本	参加商业医疗保险	未参加商业医疗保险	差值	标准误	t 值
一对一匹配	总收入	75431	24.368	17.386	6.982	1.138	6.13
	农业收入	60091	15.090	10.896	4.194	1.033	4.06
	非农收入	27546	27.138	22.596	4.541	1.353	3.36
	劳动时间	75431	1.671	1.517	0.154	0.067	2.30
	劳动生产率	75431	22.598	19.285	3.313	1.530	2.17

续表

匹配方法	因变量	共同支撑样本	参加商业医疗保险	未参加商业医疗保险	差值	标准误	t值
一对四匹配	总收入	76952	24.368	17.630	6.738	1.030	6.54
	农业收入	60547	15.090	10.392	4.697	0.924	5.09
	非农收入	27848	27.138	22.411	4.727	1.153	4.10
	劳动时间	76952	1.671	1.512	0.159	0.056	2.85
	劳动生产率	76952	22.598	19.480	3.117	1.349	2.31

表3-21　　PSM后的平衡检验：医疗保险

变量	是否匹配	参加保险-均值	未参加保险-均值	差值占比	差值降低比例	t值	P值
年龄	U	39.875	45.150	-36.1		-8.29	0.000
	M	39.875	39.405	3.2	91.1	0.59	0.558
性别	U	0.603	0.523	16.3		3.90	0.000
	M	0.603	0.599	0.9	94.2	0.16	0.869
婚姻状况	U	0.815	0.828	-3.2		-0.79	0.428
	M	0.815	0.828	-3.4	-6.2	-0.59	0.556
户主	U	0.361	0.396	-7.3		-1.74	0.082
	M	0.361	0.334	5.6	22.3	0.99	0.324
少数民族	U	0.068	0.096	-10.2		-2.29	0.022
	M	0.068	0.069	-0.4	95.6	-0.08	0.934
党员	U	0.095	0.047	18.8		5.49	0.000
	M	0.095	0.087	3.1	83.7	0.47	0.641
受教育年限	U	8.486	6.376	56.4		13.99	0.000
	M	8.486	8.520	-0.9	98.4	-0.15	0.878

续表

变量	是否匹配	参加保险-均值	未参加保险-均值	差值占比	差值降低比例	t 值	P 值
是否在读	U	0.034	0.016	11.6		3.50	0.000
	M	0.034	0.028	3.8	67.7	0.58	0.562
慢性病	U	0.120	0.134	-4.2		-0.99	0.323
	M	0.120	0.105	4.6	-10.5	0.84	0.403
是否上网	U	0.371	0.174	45.3		12.53	0.000
	M	0.371	0.364	1.7	96.2	0.27	0.791
居住地	U	0.478	0.300	37.1		9.37	0.000
	M	0.478	0.455	4.9	86.8	0.81	0.420
家庭规模	U	4.359	4.631	-15.3		-3.47	0.001
	M	4.359	4.297	3.5	77.2	0.67	0.506
老人和儿童在家庭人口中的占比	U	0.363	0.397	-13.0		-3.08	0.002
	M	0.363	0.361	0.7	94.5	0.13	0.900

同时，为了判断上述检验结果是否受到不可观测变量导致的隐藏偏误的影响，本书采用 Rosenbaum(2002) 提出的 bounding approach 进行隐藏偏误分析，检验结果发现，当隐藏偏误造成的风险比率（γ 值）为 3 时，Q_{MH} 检验结果显示上述估计结果仍显著，这说明识别出来的效果对隐藏偏误不敏感，即该估计结果仍具有稳健性。

第四节 结 论

本章基于 CFPS(2010—2016) 数据，选择平均每周锻炼次数、是否参与体育锻炼和是否有商业医疗保险这三项健康资本投资指标，采用混合效用模型、固定效应模型、随机效应模型和分位数回归估计健康资本投资对农村居民收入的影响，最后运用工具变量法

第四节 结 论

和倾向得分匹配(PSM)对估计结果进行稳健性检验，主要结论可以从以下几点进行概括：

1. 健康资本投资对农村居民收入的影响

健康资本投资对农村居民收入的促进作用得到基本证实，但各项健康资本投资指标对农村居民收入的影响存在差异性，并且不同收入类别以及不同收入群体间也存在明显的差异。总体来看，对农村居民来说，是否参与健康资本投资对其收入的影响大于参与程度的影响，也就是说"从无到有"的过程对他们影响更大。从收入类型来看，"健身类"的健康资本投资对农村居民的农业收入的影响更为显著，而"医疗类"的健康资本投资对农村居民非农收入的影响大于对农业收入的影响。从不同收入分位来看，健康资本投资的强度对中等收入群体(50%分位数和75%分位数)的影响更明显，而对低收入群体来说，积极参与健康资本投资必然会对其收入存在正向显著影响，并且这种影响不断增大。

2. 健康资本投资对农村居民劳动参与时间的影响

农村居民劳动参与时间的长短决定了其在劳动力市场上的收入获得能力，也是他们实现收入增长的重要基础。由于绝大多数农村居民主要的劳动方式仍是以体力为主，从本章的估计结果来看，"健身类"的健康资本投资在某种程度上会挤占其劳动参与时间，存在显著的负向影响，农村居民会在"闲暇—劳动"间进行权衡，但"医疗类"的健康资本投资与农村居民劳动参与时间存在显著的正向影响，有商业医疗保险的农村居民劳动参与时间比没有商业医疗保险高了21.4%，商业医疗保险投资在一定程度上提高了农村居民参与劳动的可能性，延长了其劳动参与时间，进而影响其收入。

3. 健康资本投资对农村居民劳动生产率的影响

如果说农村居民劳动参与时间的提高增加了他们收入增长的可能性，那么提高劳动生产率则让这种可能性变得更有意义。从估计结果来看，本章选取的平均每周锻炼次数、是否参与体育锻炼和是否有商业医疗保险三类健康资本投资变量对农村居民劳动生产率均存在显著的正向影响，其中是否参与体育锻炼对农村居民劳动生产率的影响最大，并且综合健康资本投资对农村居民劳动参与时间的影响，尽管"体育类"的投资对农村居民劳动参与时间的影响为负，但健康资本投资对农村居民劳动生产率的正向边际影响明显大于该负向边际影响，因此，我们认为健康资本投资对农村居民收入仍存在正向的影响关系。

4. 其他相关指标的评价

(1) 年龄对农村居民收入的影响呈开口向下的"倒 U 形"发展趋势，因为个体的健康资本存量与其年龄之间呈现一种明显的"n"字形关系，从个体生命周期来看，成年前个体健康资本存量随着投资的增加而不断提高，但成年后，健康资本存量并不像教育储备那样随着时间的延长而产生增值，而是随着时间的流逝不但不保值，反而贬值，进而影响其收入获取能力。

(2) 受教育年限对总收入影响比较显著，在其他变量不变的情况下，受教育年限每增加一年，农村居民总收入将增加大约 700 元。从收入类别上看，受教育年限对农村居民非农收入的影响 (0.707) 大于对农业收入的影响 (0.369)，并且受教育年限对收入高分位数上的群体的影响程度更大，同时该变量对农村居民劳动参与时间和劳动生产率的影响均为正向显著关系，我们认为受教育年限是影响农村居民增收较为稳定且可靠性较强的指标。

(3) 是否患慢性病对农村居民收入、劳动参与时间和劳动生产率的影响均为负向关系，慢性病作为评价健康水平的重要指标，在农村越来越普遍，是制约农村居民收入增长的一个重要因素。

本 章 小 结

"身体是革命的本钱"这句话一针见血地道出了健康资本存量的厚重以及对人的重要性。劳动力是贫困家庭最重要也最丰富的经济资源。现实中，农村"因病致贫"的情况很普遍，这说明在我国农村，农村居民的私人健康资本投资具有差异性，贫困人群的私人健康资本投资仍不足，加大私人层面的健康资本投资对于农村居民增收尤为重要。本章基于 CFPS 成人数据，在明瑟收入方程基础上，通过混合效应模型、随机效应模型、固定效应模型和分位数回归等方法分析健康资本投资对农村居民收入的影响。在具体分析中选择平均每周锻炼次数、是否参与体育锻炼和是否有商业医疗保险这三项健康资本投资指标来测度农村居民健康资本投资状况，从微观角度，讨论健康资本投资是否通过影响农村居民健康资本水平、劳动参与时间、劳动生产率等提升农村居民收入水平。实证结果证实了健康资本投资对农村居民劳动参与时间、劳动生产率以及收入都存在正向的显著影响关系，健康资本投资也为农村居民参与非农劳动提供了可能，在一定程度上为提高农村居民收入、保证个体层面的可持续生计提供了有力的理论支撑。

第四章 健康资本投资对家庭层面可持续生计的影响分析

家庭贫困脆弱性主要指家庭成员存在在将来遭遇各种可能导致贫困风险的可能性,是可持续生计分析框架的背景及原因之一,它不单单反映当下农村居民生计难以持续的现实,更重要的是预测家庭面对未来各种不确定性时陷入贫困的概率,深入地、动态地、前瞻性地刻画了贫困①。健康资本投资除了前面提到的对农村居民收入的影响之外,还另外通过家庭贫困脆弱性影响着农村居民或家庭的可持续生计问题。本章基于已有的中国家庭跟踪调查(CFPS)2010—2016 年的家庭层面数据,分两部分研究健康资本投资对家庭贫困脆弱性的影响。首先,本书参照 Chaudhuri et al. (2002)提出的方法,利用截面调查数据进行 VEP 估计,根据家庭消费水平及其波动来量化贫困脆弱性;其次,从健康资本投资的角度,从家庭是否有成员购买补充医疗保险、家庭购买补充医疗保险的人数以及家庭是否有成员进行体育锻炼、家庭平均每周参加体育锻炼的人次四个方面探讨健康资本投资对家庭贫困脆弱性的影响。

本章拟通过健康资本投资来有效解决农村家庭的贫困脆弱性问题,包括农民在评估当前家庭脆弱性的情况决定是否进行健康资本投资,以及在进行健康资本投资后,是否影响了家庭收入或风险的稳定性,即脆弱性是否受到较大的波动,一个方向是增强脆弱性,另一个方向是降低脆弱性,相互抵消之后的水平直接决定了健康资本投资的期望效用与家庭层面生计的可持续。因此,从脆弱性降低

---

① 叶初升,赵锐,孙永平. 动态贫困研究的前沿动态[J]. 经济学动态,2013(4).

的生计结果角度出发,将健康资本投资纳入可持续生计分析框架,动态审视家庭层面可持续生计问题,将健康资本的生计要素风险与家庭的福利水平联系起来,一方面有助于降低未来贫困的风险,增强家庭生计的稳定性,另一方面是对健康资本投资减贫效应的再评估,也是对其社会保障政策效果的补充说明,同时为日后的政策改进与发展开辟了新思路,提供了新的视角和研究方法。

本章的结构安排如下:第一节给出了本章的研究设计,包括数据的介绍、计量模型的设定与变量的选取;第二节为基准回归结果;第三节采用工具变量法对回归结果进行了稳定性检验;第四节为本书的主要结论;最后,对实证研究进行本章小结。

第一节 研究设计

一、数据介绍与方法选择

(一)数据介绍

本章考查的是健康资本投资对家庭贫困脆弱性的影响效应,数据主要来自 2010—2016 年中国家庭追踪调查数据(CFPS)家庭板块数据,此调查由北京大学中国社会科学调查中心(ISSS)负责,每两年调查一次。中国家庭追踪调查包含监测地区农村居民家庭的人口特征、基础设施和公共服务、土地状况、种植业、养殖业、私营活动、务工活动、转移收入、日常消费支出、家庭资产等详细的生计状况。这些数据为评估我国农村贫困地区农户脆弱性以及分析农户脆弱性的影响因素奠定了基础。由于家庭人均收入涉及个人板块中的个人收入,因此具体操作上按照个人 ID(pid)和家庭样本代码(fid)进行匹配,经过对数据的处理,删除异常值和缺失值后,最终得到所用观测样本量 38604 个。

(二)实证分析方法

1. 预期的贫困脆弱性测度法(VEP)

脆弱性研究是生态变化及可持续性科学领域关注的热点问题和重要的分析工具,最早被应用到地理学、生态学、公共健康、气候变化、土地利用、金融、计算机、通信工程等诸多学科和研究领域。Chambers(1989)是最早将脆弱性思想引入贫困和发展研究领域的学者,从内外两个维度,他提出了"内部—外部"分析框架。目前,脆弱性已成为贫困研究领域的关键概念之一,贫困脆弱性亦成为研究热点①。关于贫困脆弱性的研究国际上较成熟,其中最具有代表性的测量方法有三种:预期的贫困脆弱性(Vulnerability as Expected Poverty,VEP)、低期望效用脆弱性(Vulnerability as Low Expected Utility,VEU)和风险暴露脆弱性(Vulnerability as Uninsured Exposure to Risk,VER)。脆弱性测量一般需要包含收入或消费的微观面板数据,但面板数据由于收集难度较大,往往难以获得。因此本书采取了 Chaudhuri 等对脆弱性的定义和测量方法,即预期的贫困脆弱性(VEP)——个人或家庭未来陷入贫困的可能性,并借鉴其利用 CFPS 截面数据对家庭贫困脆弱性进行估计的方法。

2. OLS 回归

普通最小二乘估计法是常用的回归估计方法之一,它通过最小化误差的平方和寻找数据的最佳函数匹配,利用最小二乘法可以简便地求得未知的数据,并使得这些求得的数据与实际数据之间误差的平方和为最小。本章中在以消费为福利指标的家庭贫困脆弱性测量中,采用 OLS 回归方法进行估计。

二、模型设定与变量选取

(一)模型设定

1. 农村贫困家庭脆弱性的测度

由于本章所使用的 CFPS 数据为短期面板数据,因此,本书参照 Chaudhuri et al.(2002)提出的方法,采用预期的贫困脆弱性(VEP)的测度方法,根据家庭消费水平及其波动来量化家庭贫困脆弱性,并在此基础上评估政策效果。根据定义家庭贫困脆弱性为

---

① 霍增辉,吴海涛. 贫困脆弱性研究综述:评估方法与决定因素[J]. 农村经济与科技,2015(11).

第一节 研究设计

家庭未来陷入贫困的可能性,即家庭在 t 时的贫困脆弱性是其在 $t+1$ 时陷入贫困的概率,可以用公式 4.1 表达:

$$V_{it} = P(Y_{i,t+1} \leq Z) \quad (4.1)$$

其中,V_{it} 代表农村第 i 个家庭在 t 时期内的脆弱性,$Y_{i,t+1}$ 代表农村第 i 个家庭在 $t+1$ 时期内的福利水平,按照 VEP 的测度方法,具体为家庭人均消费水平,Z 为国家贫困线,P 代表概率。

为了准确测度农村家庭贫困脆弱性,本书利用三阶段可行广义最小二乘法(FGLS)分步量化农村家庭贫困脆弱性,具体分为:

第一步:对家庭人均消费函数估计 OLS 模型,由于在以消费为福利指标的脆弱性测量中,消费服从对数正态分布。因此,可以用式(4.2)表达,同时并对残差平方项数值进行逐步 OLS 回归,具体见式(4.3):

$$\ln Y_i = \beta_0 + \beta_1 X_i + \beta_2 M_i + \beta_3 S_i + \varepsilon_i \quad (4.2)$$

$$\text{Var}(\ln Y_i) = \alpha_0 + \alpha_1 X_i + \alpha_2 M_i + \alpha_3 S_i \quad (4.3)$$

其中,在式(4.2)中,Y_i 为家庭人均消费水平,X_i 为家庭特征变量,M_i 为家庭所在村庄的特征变量,S_i 为家庭所面对的风险冲击变量,ε_i 为残差项。式(4.3)中,$\text{Var}(\ln Y_i)$ 为式(4.2)估计后的残差的平方项数值,X_i、M_i、S_i 与式(4.2)中的含义相同。

第二步:由于异方差的存在,导致参数的有效性,因此检验异方差;

$$\hat{E}[\ln Y_{i,t+1}] = \hat{\beta_1} X_i + \hat{\beta_2} M_i + \hat{\beta_3} S_i \quad (4.4)$$

$$\hat{\text{Var}}[\ln Y_{i,t+1}] = \hat{\alpha_1} X_i + \hat{\alpha_2} M_i + \hat{\alpha_3} S_i \quad (4.5)$$

第三步:由于是家庭人均消费函数服从正态分布,在贫困线基础上对农村家庭贫困脆弱性进行加权 OLS 回归。

$$\begin{aligned} V_{it} &= P(Y_{I,t+1} \leq Z) \\ &= \emptyset \left[\frac{\ln Z - \hat{E}[\ln Y_{i,t+1}]}{\sqrt{\hat{\text{Var}}[\ln Y_{i,t+1}]}} \right] \\ &= \emptyset \left[\frac{\ln Z - (\hat{\beta_1} X_i + \hat{\beta_2} M_i + \hat{\beta_3} S_i)}{\sqrt{\hat{\alpha_1} X_i + \hat{\alpha_2} M_i + \hat{\alpha_3} S_i}} \right] \end{aligned} \quad (4.6)$$

在式(4.6)中,$\ln Z$ 为贫困线的对数值,本书使用 2011 年 2300

元的人均收入标准作为贫困线标准,对农村家庭贫困脆弱性程度进行度量。参考已有研究标准,认为如果一个家庭在未来陷入或保持贫困的概率大于或等于50%,则这个家庭就被认为是脆弱的[①]。

2. 健康资本投资对农村贫困家庭脆弱性影响的回归模型

为了进一步验证健康资本投资对农村家庭贫困脆弱性的影响,将家庭贫困脆弱性作为被解释变量,健康资本投资作为解释变量,得到以下回归模型:

$$V_i = \gamma_0 + \gamma_1 H + \gamma_2 X_i + \gamma_3 M_i + \gamma_4 S_i + e_i \quad (4.7)$$

其中,V_i 是农村家庭贫困脆弱性水平,为被解释变量;H 是健康资本投资,为解释变量,X_i、M_i、S_i 分别代表农村家庭特征变量、家庭所在村庄特征变量以及家庭所面对的风险冲击变量;e_i 为随机扰动项。

(二) 变量选择

1. 被解释变量

家庭贫困脆弱性测量的核心是消费的产生过程。因此,本章根据家庭消费水平及其波动来量化贫困脆弱性,即被解释变量为家庭人均消费支出。参考 CFPS2010—2016 年家庭调查数据,消费支出是食品支出、衣着支出、居住支出、家庭设备及日用品支出、医疗保健支出、交通通信支出、文教娱乐支出及其他消费性支出八类的加总,家庭人均消费支出即是由家庭消费支出与家庭规模处理后获得。

2. 核心解释变量

贫困脆弱性是对贫困的事前测度,能将未来家庭收入风险纳入其中。基于贫困脆弱性的健康资本投资效应评价,是对可持续生计的事前评估。从长期来看,健康资本投资在降低农村家庭贫困脆弱性和保证家庭层面的可持续生计上发挥了重要作用。因此本章的核心解释变量为健康资本投资,参考上文也从体育锻炼和医疗保险两个方面考虑,具体含义和处理方法见表4-1。

---

① 沈冰清,郭忠兴. 新农保改善了农村低收入家庭的脆弱性吗?——基于分阶段的分析[J]. 中国农村经济,2018(1).

表 4-1　　　　　健康资本投资指标含义及处理方法

变量类型	含义及处理方法
家庭是否有成员参与体育锻炼	家庭是否有成员参加体育锻炼？如果有，赋值为 1；没有，则赋值为 0
家庭平均每周参与体育锻炼的人次	家庭平均每周参与体育锻炼的人次？且每次锻炼持续时间至少 20 分钟以上，方式不限
家庭是否有成员购买补充医疗保险	CFPS 数据库将补充医疗保险定义为：基本医疗保险的一种补充形式，是多层次医疗保障的重要组成部分之一，具有自愿性，并且商业医疗保险是其重要形式。如果有，赋值为 1；没有，则赋值为 0
家庭购买补充医疗保险的人数	家庭购买补充医疗保险的总人数

注：由于商业医疗保险是补充医疗保险的重要表现形式，本章中认为健康资本投资中是否参加补充医疗保险可以替代为是否参与商业医疗保险。

3. 控制变量

参考 CFPS2010—2016 年家庭调查数据，可以将选取的控制变量大致分为三类：家庭变量、风险变量以及村庄变量。家庭变量中选取了家庭规模、家庭中男性成员的占比、家庭成员的平均受教育年限、家庭成员的平均年龄、家庭成员的年龄标准差、老人和儿童在家庭人数中的占比、家庭是否有党员、家庭是否有少数民族成员、家庭成员是否上网、家庭人均收入水平、家庭土地资产价值、家庭房屋资产价值、生家庭产性固定资产价值、家庭净资产等。其中，家庭规模、家庭中男性成员的占比、家庭成员的平均受教育年限、家庭成员的平均年龄、家庭成员的年龄标准差等反映家庭人力资本状况，老人和儿童在家庭人数中的占比反映了家庭的经济负担状况，家庭土地资产价值、家庭房屋资产价值、家庭生产性固定资产价值、家庭净资产等则反映家庭的经济能力和再生产创造能力。

风险变量选取了家庭是否发生婚丧嫁娶、家庭是否购房或建房、家庭成员中患有慢性病的人数、家庭是否有在读学生等。村庄变量选取了村庄是否为少数民族聚居地、村庄距离县城的距离(公里)、村庄是否有集体经济收入、村庄外出务工劳动力占比等。具体控制变量的含义及处理方法如表 4-2 所示。

表 4-2　　　　　　　控制变量含义及处理方法

分类	变量类型	含义及处理方法
家庭变量	家庭规模	CFPS 数据库将家庭成员定义为：1. 现在在家常住，且过去一年在家居住 6 个月以上的；2. 现在未在家常住，但未来一年会回来常住的，且过去一年在家居住 6 个月以上的；3. 一般周末回家，且过去一年在家居住 6 个月以上的
	家庭中男性成员的占比	男性成员在家庭总人口中的占比
	家庭成员的平均受教育年限	CFPS 中定义受教育年限小学以下 = 2、小学 = 6、初中 = 9、高中/中专/技校/职高 = 12、大专 = 15、大学本科 = 16、硕士 = 19、博士 = 22，在此基础上取平均
	家庭成员的平均年龄	家庭成员年龄的平均值
	家庭成员的年龄标准差	家庭成员年龄平均值减去每一个成员的年龄的差求平方，再把它们全部加总后除以(家庭规模-1)，然后开平方
	老人和儿童在家庭人数中的占比	老人和儿童人口数在家庭总人口中的比例
	家庭是否有党员	是 = 1；否 = 0
	家庭是否有少数民族成员	是 = 1；否 = 0
	家庭成员是否上网	是 = 1；否 = 0

续表

分类	变量类型	含义及处理方法
家庭变量	家庭人均收入水平	CFPS 定义家庭纯收入为工资性收入、经营性纯收入、财产性收入、转移性收入和其他收入五部分的加总，家庭人均收入水平是家庭纯收入与家庭规模处理后取得
	家庭土地资产价值(元)	CFPS 中家庭土地资产价值指集体分配的包含耕地、林地、牧场、水塘在内的所有土地类型的价值
	家庭房屋资产价值(元)	CFPS 中家庭房屋资产价值指房屋及其所在的宅基地(仅针对农村)转让所能够获得的收益
	家庭生产性固定资产价值(元)	CFPS 中家庭生产性固定资产价值指的是家庭拥有的农用机械(如拖拉机、脱粒机、机引农具、抽水机、加工机械等)的价值
	家庭净资产(元)	CFPS 中家庭净资产指在总资产减去总负债，总资产包括房产、存款、金融产品的投资净值、家电家具、保险单的现金价值，和其他估计价值等总负债指家庭的债权债务，包括银行借贷、民间借贷等
风险变量	家庭是否发生婚丧嫁娶	是=1；否=0
	家庭是否购房或建房	是=1；否=0
	家庭是否有在读学生	是=1；否=0
	家庭成员中患有慢性病的人数	家庭成员中半年内患慢性病的人数

续表

分类	变量类型	含义及处理方法
村庄变量	村庄是否为少数民族聚居地	是=1；否=0
	村庄距离县城的距离(公里)	受访家庭所在村庄距离县城的距离
	村庄是否有集体经济收入	是=1；否=0
	村庄外出务工劳动力占比	外出务工劳动力在村庄总劳动力中的比例

第二节 健康资本投资对农村家庭贫困脆弱性影响的实证分析

一、描述性统计分析

(一)被解释变量的描述性统计结果分析

脆弱性测量的核心是消费的产生过程，其大小取决于以消费为主的家庭未来福利水平的分布特征，结合预期的贫困脆弱性(VEP)和Chaudhuri(2002)的方法对农村家庭贫困脆弱性进行量化，表4-3汇报了CFPS数据中家庭人均消费支出的描述性统计结果。

表4-3　　　　　　　被解释变量的描述性统计

变量	观测值	均值	中位数	标准差	最大值	最小值
家庭人均消费支出	38604	11.605	7.385	15.584	371.524	0.177

(二)解释变量的描述性统计结果分析

参与体育锻炼和购买医疗保险是农村居民健康资本投资最直接的表现形式，表4-4从家庭购买补充医疗保险的人数、家庭是否有成员购买补充医疗保险、家庭平均每周参与体育锻炼的人次以及家庭是否有成员参与体育锻炼四个方面汇报了解释变量——健康资本投资的描述性统计结果。从总样本来看，我们可以按照体育锻炼和补充医疗保险将解释变量分为两类，一是参与决策，二是参与程度。从参与决策来看，家庭是否有成员购买补充医疗保险和家庭是否有成员参与体育锻炼的总样本均值分别为 0.055 和 0.956，尽管锻炼类的健康资本投资明显优于医疗类的健康资本投资，但对农村家庭来说健康资本投资仍不足，这一结果一方面归结于农村家庭的贫困，另一方面受限于农村家庭成员的健康认知水平。从参与程度来看，家庭购买补充医疗保险的人数和家庭平均每周参与体育锻炼的人次的总样本均值分别为 0.063 和 17.573，这一结果和参与决策保持一致，再次验证参与体育锻炼慢慢成为农村家庭的最主要的健康资本投资方式，而购买基本医疗保险之外的补充医疗保险与家庭的贫富程度紧密相关，因此实现可持续生计，必须要从医疗制度安排上为贫困家庭提供必要的经济支持，以缓解其贫困脆弱性。

表 4-4 解释变量的描述性统计结果

变量	观测值	均值	中位数	标准差	最大值	最小值
家庭购买补充医疗保险的人数	38604	0.063	0.000	0.277	3.000	0.000
家庭是否有成员购买补充医疗保险	38604	0.055	0.000	0.227	1.000	0.000
家庭平均每周参与体育锻炼的人次	38604	17.573	15.000	12.540	110.000	0.000
家庭是否有成员参与体育锻炼	38604	0.956	1.000	0.206	1.000	0.0

(三) 控制变量的描述性统计结果分析

表 4-5 从家庭变量、风险变量和村庄变量三个方面汇报了诸如

家庭规模、家庭是否发生婚丧嫁娶、村庄是否为少数民族聚居地等控制变量的描述性统计结果。

从家庭变量整体来看，诸如家庭规模、家庭中男性成员的占比、家庭成员的平均受教育年限、家庭成员的平均年龄、家庭成员是否上网等均反映了家庭人力资本状况，单独来看，家庭规模样本均值为4.140，大于我国家庭平均规模（3.35人），并且最大值为26，表明在我国农村家庭分化程度不高，多为3代或3代以上人共同居住，家庭陷入贫困的可能性较大，即家庭贫困脆弱性较大。家庭中男性成员的占比均值为0.483，男性作为家庭的主要劳动力，这一变量主要衡量家庭贫困脆弱性的抗风险能力。家庭成员的平均受教育年限为6.247，仅仅达到小学水平，说明陷入贫困脆弱的可能性较大。老人和儿童在家庭人数中的占比反映家庭经济负担情况，统计中显示这一数据的均值为0.476，说明在我国农村赡养老人和抚养小孩的负担过重，并且区别于城市，他们最需要的是资金的支持，在抵御物价上涨方面，他们明显较脆弱。

从风险变量来看，家庭是否有在读学生、家庭是否发生婚丧嫁娶、家庭是否购房或建房、家庭成员中患有慢性病的人数等作为家庭冲击性事件，是影响家庭脆弱性的共性因素。表4-5统计结果显示这几个变量的均值分别为0.117、0.184、0.133、0.335，说明这些事件在一定程度上会导致农村居民消费产生波动，从而使农村居民脆弱程度增加。

从村庄变量来看，村庄是否为少数民族聚居地、村庄距离县城的距离、村庄是否有集体经济收入以及村庄外出务工劳动力占比等反映了农村家庭的外部环境状况。表4-5显示村庄距离县城的距离均值为26.970，意味着大部分农村远离城市，经济欠发达，一方面距离县城的远近与农村家庭收入水平的高低密切相关，另一方面在一定程度上也抑制了农村居民的消费水平。村庄外出务工劳动力占比均值为30.328，这个结果表明在我国农村人口流动现象比较明显，而外出务工收入具有平滑消费的功能，能够提高贫困家庭的风险防范能力。

第二节 健康资本投资对农村家庭贫困脆弱性影响的实证分析

表 4-5　　　　　　控制变量的描述性统计结果

变量	观测值	均值	中位数	标准差	最大值	最小值
家庭规模	38604	4.140	4.000	1.819	26.000	1.000
家庭中男性成员的占比	38604	0.483	0.500	0.216	1.000	0.000
家庭成员的平均受教育年限	38604	6.247	6.046	2.657	19.000	2.000
家庭成员的平均年龄	38604	46.183	44.067	11.768	104.000	16.000
家庭成员的年龄标准差	38604	11.162	12.315	6.366	43.841	0.000
老人和儿童在家庭人数中的占比	38604	0.476	0.500	0.298	1.000	0.000
家庭是否有在读学生	38604	0.117	0.000	0.322	1.000	0.000
家庭是否有党员	38604	0.162	0.000	0.369	1.000	0.000
家庭是否有少数民族成员	38604	0.120	0.000	0.325	1.000	0.000
家庭成员是否上网	38604	0.528	1.000	0.499	1.000	0.000
家庭人均收入水平	38604	11.665	7.500	35.609	4168.000	0.000
家庭土地资产价值(元)	38604	30534	11620	90665	5015625	0.000
家庭房屋资产价值(元)	38604	211881	90000	628793	50200000	0.000
家庭生产性固定资产价值(元)	38604	21453	0	230727	17500000	0.000
家庭净资产(元)	38604	285276	137873	812946	79900000	0.000
家庭是否发生婚丧嫁娶	38604	0.184	0.000	0.388	1.000	0.000

第四章 健康资本投资对家庭层面可持续生计的影响分析

续表

变量	观测值	均值	中位数	标准差	最大值	最小值
家庭是否购房或建房	38604	0.133	0.000	0.340	1.000	0.000
家庭成员中患有慢性病的人数	38604	0.335	0.000	0.588	5.000	0.000
村庄是否为少数民族聚居地	38604	0.109	0.000	0.304	1.000	0.000
村庄距离县城的距离(公里)	38604	26.970	20.000	20.759	130.000	3.650
村庄是否有集体经济收入	38604	0.245	0.000	0.430	1.000	0.000
村庄外出务工劳动力占比	38604	30.328	30.000	22.154	100.000	0.000

(三)分样本的描述性统计结果分析

表4-6和表4-7从体育锻炼和补充医疗保险两个方面汇报了健康资本投资对农村家庭的影响差异,其中表4-6按照家庭平均每周参与体育锻炼人次的中位数(15)进行取值。对比两个表中的统计结果,我们发现购买补充医疗保险比平均每周参与体育锻炼人次对农村家庭的影响更明显,受经济条件约束,家庭成员是否购买补充医疗保险在总体样本量上表现明显的差异,两者间相差17倍之多,而平均每周参与体育锻炼的人次高低在总样本中差异较小。我们知道疾病与贫困紧密关联,因病致贫在我国农村较为普遍,而现行的新型农村合作医疗制度无论是在制度设计还是具体实施过程中均存在些许缺陷,仅在特定范围内能缓解农户就医负担,农户医疗范围受限制且补偿水平总体较低,一旦有家庭成员生病,他们陷入贫困的风险就会加大,和城镇相比,农村低收入家庭的贫困脆弱性更高,而补充医疗保险能够适当缩小城乡低收入家庭贫困脆弱性之间的差异。并且从表4-7中的 t 值和 p 值的统计结果来看,家庭是否有

第二节 健康资本投资对农村家庭贫困脆弱性影响的实证分析

表4-6 家庭成员参与体育锻炼人次高低的样本均值检验

变量	锻炼人次不高于15				锻炼人次高于15				均值检验		
	样本量	均值	标准差		样本量	均值	标准差		差值	t值	P值
消费函数一	19716	2.178	7.922		18888	1.634	5.675		0.544	7.734	0.000
消费函数二	12968	2.256	8.030		12334	1.590	5.196		0.666	7.788	0.000
家庭人均消费支出：千元	19716	11.581	15.932		18888	11.630	15.212		-0.049	-0.309	0.758
家庭购买补充医疗保险的人数	19716	0.061	0.275		18888	0.065	0.280		-0.004	-1.473	0.141
家庭是否有成员购买补充医疗保险	19716	0.052	0.223		18888	0.057	0.232		-0.004	-1.932	0.053
家庭平均每周参与体育锻炼的人次	19716	8.100	4.561		18888	27.461	10.403		-19.361	-238.487	0.000
家庭是否有成员参与体育锻炼	19716	0.913	0.282		18888	1.000	0.000		-0.087	-42.379	0.000
家庭规模	19716	4.158	1.850		18888	4.122	1.786		0.036	1.919	0.055
家庭中男性成员的占比	19716	0.484	0.215		18888	0.483	0.216		0.001	0.557	0.577
家庭成员的平均受教育年限	19716	6.201	2.631		18888	6.294	2.683		-0.093	-3.446	0.001
家庭成员的平均年龄	19716	46.220	11.805		18888	46.144	11.730		0.076	0.630	0.529
家庭成员年龄标准差	19716	11.180	6.357		18888	11.144	6.375		0.036	0.551	0.581
老人和儿童在家庭人数中的占比	19716	0.478	0.298		18888	0.474	0.299		0.003	1.136	0.256
家庭是否有在读学生	19716	0.115	0.319		18888	0.120	0.325		-0.005	-1.631	0.103
家庭是否有党员	19716	0.161	0.368		18888	0.163	0.370		-0.002	-0.529	0.597

续表

变量	锻炼人次不高于15 样本量	锻炼人次不高于15 均值	锻炼人次不高于15 标准差	锻炼人次高于15 样本量	锻炼人次高于15 均值	锻炼人次高于15 标准差	均值检验 差值	均值检验 t值	均值检验 P值
家庭是否有少数民族成员	19716	0.120	0.325	18888	0.120	0.325	0.000	0.053	0.958
家庭成员是否上网	19716	0.525	0.499	18888	0.530	0.499	-0.006	-1.130	0.258
家庭人均收入水平	19716	12	42	18888	12	28	0	-0.263	0.792
家庭土地资产价值(元)	19716	30263	89962	18888	30817	91395	-553	-0.599	0.549
家庭房屋资产价值(元)	19716	204382	598093	18888	219709	659241	-15328	-2.394	0.017
家庭生产性固定资产价值(元)	19716	20088	211867	18888	22877	248891	-2789	-1.187	0.235
家庭净资产(元)	19716	277875	870733	18888	293002	747823	-15127	-1.828	0.068
家庭是否发生婚丧嫁娶	19716	0.182	0.386	18888	0.186	0.389	-0.004	-0.939	0.348
家庭是否购房或建房	19716	0.133	0.340	18888	0.133	0.340	0.000	0.084	0.933
家庭成员中患有慢性病的人数	19716	0.337	0.591	18888	0.334	0.585	0.003	0.557	0.577
村庄是否为少数民族聚居地	19716	0.109	0.305	18888	0.108	0.303	0.001	0.380	0.704
村庄距离县城的距离(公里)	19716	27.053	20.825	18888	26.883	20.689	0.170	0.805	0.421
村庄是否有集体经济收入	19716	0.246	0.431	18888	0.244	0.430	0.002	0.404	0.686
村庄外出务工劳动力占比	19716	30.454	22.138	18888	30.196	22.170	0.258	1.143	0.253

注：表中汇报的P值为双尾P值

第二节 健康资本投资对农村家庭贫困脆弱性影响的实证分析

表4-7 家庭是否有成员购买补充医疗保险的样本均值检验

变量	样本量	购买 均值	购买 标准差	样本量	不购买 均值	不购买 标准差	差值	均值检验 t值	均值检验 P值
消费函数一	2111	1.073	3.307	36493	1.961	7.070	0.888	5.734	0.000
消费函数二	1334	1.126	3.385	23968	1.976	6.944	0.850	4.444	0.000
家庭人均消费支出：千元	2111	12.063	15.332	36493	11.579	15.598	-0.484	-1.388	0.165
家庭购买补充医疗保险的人数	2111	1.152	0.387	36493	0.000	0.000	-1.152	-568.643	0.000
家庭平均每周参与体育锻炼的人次	2111	18.353	13.141	36493	17.528	12.503	-0.825	-2.940	0.003
家庭是否有成员参与体育锻炼	2111	0.952	0.213	36493	0.956	0.205	0.004	0.803	0.422
家庭规模	2111	4.066	1.754	36493	4.145	1.823	0.078	1.923	0.054
家庭中男性成员的占比	2111	0.484	0.222	36493	0.483	0.215	-0.001	-0.151	0.880
家庭成员的平均受教育年限	2111	6.471	2.773	36493	6.234	2.649	-0.238	-3.996	0.000
家庭成员的平均年龄	2111	45.593	12.069	36493	46.217	11.750	0.624	2.367	0.018
家庭成员的年龄标准差	2111	10.934	6.431	36493	11.175	6.362	0.241	1.694	0.090
老人和儿童在家庭人数中的占比	2111	0.478	0.298	36493	0.476	0.298	-0.002	-0.334	0.738
家庭是否有在读学生	2111	0.127	0.333	36493	0.117	0.321	-0.010	-1.427	0.154
家庭是否有党员	2111	0.166	0.372	36493	0.162	0.368	-0.004	-0.527	0.598
家庭是否有少数民族成员	2111	0.114	0.318	36493	0.121	0.326	0.007	0.964	0.335

续表

变量	购买			不购买			差值	均值检验	
	样本量	均值	标准差	样本量	均值	标准差		t值	P值
家庭成员是否上网	2111	0.549	0.498	36493	0.526	0.499	-0.022	-1.987	0.047
家庭人均收入水平	2111	15.187	67.080	36493	11.461	32.870	-3.727	-4.676	0.000
家庭土地资产价值(元)	2111	30439	95791	36493	30540	90361	101	0.050	0.960
家庭房屋资产价值(元)	2111	274788	1134888	36493	208242	586122	-66546	-4.729	0.000
家庭生产性固定资产价值(元)	2111	25610	216742	36493	21212	231510	-4398	-0.851	0.394
家庭净资产(元)	2111	366723	1232855	36493	280565	781551	-86158	-4.736	0.000
家庭是否发生婚丧嫁娶	2111	0.192	0.394	36493	0.184	0.387	-0.009	-0.997	0.319
家庭是否购房或建房	2111	0.129	0.336	36493	0.134	0.340	0.004	0.560	0.575
家庭成员中患有慢性病的人数	2111	0.337	0.591	36493	0.335	0.588	-0.002	-0.159	0.874
村庄是否为少数民族聚居地	2111	0.104	0.300	36493	0.109	0.305	0.005	0.698	0.485
村庄距离县城的距离(公里)	2111	26.084	20.785	36493	27.021	20.756	0.938	2.018	0.044
村庄是否有集体经济收入	2111	0.251	0.434	36493	0.245	0.430	-0.006	-0.669	0.503
村庄外出务工劳动力占比	2111	29.677	22.398	36493	30.365	22.139	0.688	1.388	0.165

注：表中汇报的 P 值为双尾 P 值

成员购买补充医疗保险对消费、人均收入的影响均显著，这一结果也明显优于表 4-6 中体育锻炼的结果，这说明在某种程度上医疗类的健康资本投资比健身类的健康资本投资在短期内对农户的影响更直接有效。

表 4-8 汇报了基于贫困线标准的贫困和脆弱性之间的关系，我们可以看出贫困和贫困脆弱性交叉存在，在总样本中有 95.65% 的家庭属于既不贫困也不脆弱的，1879 个家庭属于既贫困又脆弱的，而贫困非脆弱的家庭比例为 64.55%，暂时不贫困但存在脆弱性风险的家庭占比 4.35%。这些数据表明贫困家庭中既有脆弱性家庭也有非脆弱性家庭，贫困脆弱性是动态变化的，贫困的家庭不一定是脆弱的，不贫困的家庭不代表不脆弱①。从另一方面来看，数据显示贫困家庭中的脆弱性家庭比例（35.45%）明显高于非贫困家庭中脆弱性家庭的比例（4.35%），我们可以从家庭本身的局限性来解释这一结果，贫困家庭往往比非贫困家庭更容易成为脆弱性家庭，且在未来仍然具有较高的可能性无法脱离贫困困境而持续陷入现在的贫困状态。因此，综合来看，在促进家庭层面的可持续生计过程中必须提高社会保障水平，提升农村家庭抵御风险的能力，从而达到降低农村家庭贫困脆弱性的目的。

表 4-8 贫困和脆弱性的联立统计

贫困线标准	是否贫困	非脆弱	脆弱
2300 元	非贫困	31855 (95.65)	1448 (4.35)
	贫困	3422 (64.55)	1879 (35.45)

注：括号内表示行百分比；检验两者相互独立的 Chi2 统计量为 5615.64，对应的 P 值为 0.000。

---

① 李齐云，席华. 新农保对家庭贫困脆弱性的影响——基于中国家庭追踪调查数据的研究[J]. 上海经济研究，2015(7).

(五) 各变量的相关性分析

表4-9简单汇报了家庭健康资本投资相关变量与以消费为福利指标的贫困脆弱性之间的相关性。从总体来看，无论基于哪种消费函数，家庭是否有成员购买补充医疗保险、家庭购买补充医疗保险的人数、家庭是否有成员参与体育锻炼以及家庭平均每周参与体育锻炼的人次与家庭贫困脆弱性之间均呈显著的反比例关系，也就是说我们可以认为家庭健康资本投资在一定程度上可以降低贫困脆弱性，并且家庭健康资本投资的参与程度越高，家庭陷入贫困的可能性越小。从体育锻炼方面来看，家庭平均每周参与体育锻炼的人次与贫困脆弱性的相关程度最高，而家庭是否有成员参与体育锻炼与贫困脆弱性的相关性最差，可能的原因是尽管参与体育锻炼能起到降低疾病风险的作用，但短期内并不能对贫困脆弱性产生直接作用，锻炼是个循序渐进的过程，只有通过长期的坚持才能达到强身健体的目的，最终降低农村家庭陷入因病致贫的风险。从医疗保险方面来看，家庭是否购买补充医疗保险和购买补充医疗保险的人数与贫困脆弱性的相关程度基本一致，这是因为疾病会给原本不富裕的农村家庭带来沉重的医疗负担，他们极易陷入贫困，而医疗类的健康资本投资对于"疾病—贫困"问题凸显的农村家庭来说最直接有效，通过补充医疗保险补偿制度安排为其提供必要的经济支持，能够最大程度缓解其贫困脆弱性，从而避免陷入生计脆弱性的恶性循环中。

二、计量结果分析

(一) 农村家庭贫困脆弱性的影响因素分析

本书中我们采用VEP度量农村家庭贫困脆弱性，农村家庭贫困脆弱性影响因素的计量模型包括两部分，一是家庭人均消费对自变量的OLS回归，二是消费方差（残差平方项）对自变量的OLS回归，我们假定农户的消费服从对数正态分布，因此因变量均取其对数。根据贫困脆弱性的公式，我们可以采用两种方法进行度量，为了比较两种方法的差异性，表4-10汇报了两种消费函数下的农村家庭贫困脆弱性的影响因素逐步回归的估计结果，其中第一种消费

第二节 健康资本投资对农村家庭贫困脆弱性影响的实证分析

表 4-9　贫困脆弱性与健康资本投资之间的 Pearson 相关系数

	消费函数1	消费函数2	家庭购买补充医疗保险的人数	家庭平均每周参与体育锻炼的人次	家庭是否有成员购买补充医疗保险
消费函数2	0.480 (0.000)				
家庭购买补充医疗保险的人数	-0.028 (0.000)	-0.028 (0.000)			
家庭平均每周参与体育锻炼的人次	-0.047 (0.000)	-0.050 (0.000)	0.016 (0.002)		
家庭是否有成员购买补充医疗保险	-0.029 (0.000)	-0.030 (0.000)	0.944 (0.000)	0.015 (0.003)	
家庭是否有成员参与体育锻炼	-0.014 (0.007)	-0.010 (0.114)	-0.006 (0.216)	0.302 (0.000)	-0.004 (0.422)

注：括号内表示相关系数对应的 P 值。

表 4-10　贫困脆弱性影响因素的估计结果

变量	消费函数一		消费函数二	
	家庭人均消费对数	残差平方项对数	家庭人均消费对数	残差平方项对数
家庭人均消费支出对数			0.2942*** (49.09)	
lysq1		-18.3731*** (-8.87)		
lysq2				-1.0169*** (-6.09)
家庭规模	-0.1152*** (-47.33)	-0.5274*** (-9.31)		
家庭中男性成员的占比	-0.0911*** (-5.56)	-0.4309*** (-5.81)		

续表

变量	消费函数一		消费函数二	
	家庭人均消费对数	残差平方项对数	家庭人均消费对数	残差平方项对数
家庭成员的平均受教育年限	0.0248*** (15.26)	0.1224*** (8.73)		
家庭成员的平均年龄	-0.0025*** (-6.12)	-0.0033* (-1.81)		0.0128*** (7.70)
家庭成员的年龄标准差	-0.0104*** (-15.22)	-0.0422*** (-7.50)		0.0129*** (4.70)
老人和儿童在家庭人数中的占比	-0.0525*** (-3.85)	-0.2449*** (-4.46)		-0.1492*** (-2.76)
家庭是否有在读学生	0.1219*** (12.16)	0.2270*** (3.42)		-0.2766*** (-6.09)
家庭是否有党员	0.0564*** (6.15)	0.1733*** (4.15)		-0.0540 (-1.38)
家庭是否有少数民族成员	0.0376*** (2.61)	0.2705*** (5.46)		
家庭成员是否上网	0.1003*** (11.58)	0.4877*** (8.06)		0.0504 (1.38)
家庭人均收入水平	0.1591*** (43.90)	0.3601*** (6.57)	0.1593*** (38.75)	
家庭人均收入水平对数			0.0464*** (11.57)	
家庭土地资产价值对数	-0.0182*** (-21.12)	-0.0919*** (-10.15)		-0.0262*** (-7.42)
家庭房屋资产价值对数	-0.0233*** (-17.69)	-0.0741*** (-7.18)		
家庭生产性固定资产价值对数	0.0088*** (10.72)	0.0460*** (8.39)		

第二节 健康资本投资对农村家庭贫困脆弱性影响的实证分析

续表

变量	消费函数一		消费函数二	
	家庭人均消费对数	残差平方项对数	家庭人均消费对数	残差平方项对数
家庭净资产对数	0.1514***	0.4826***		
	(39.69)	(7.53)		
家庭是否发生婚丧嫁娶	0.3653***	1.7000***		0.1472***
	(39.34)	(9.51)		(4.03)
家庭是否购房或建房	0.2063***	1.1333***		0.3369***
	(18.74)	(10.51)		(7.87)
家庭成员中患有慢性病的人数	0.0544***	0.1898***		-0.0797***
	(9.23)	(5.67)		(-3.23)
村庄是否为少数民族聚居地	-0.0064			0.1703***
	(-0.41)			(3.41)
村庄距离县城的距离	-0.0011***	-0.0056***		
	(-5.73)	(-6.52)		
村庄是否有集体经济收入	0.0253***	0.1877***		
	(2.98)	(5.94)		
村庄外出务工劳动力占比	-0.0015***	-0.0059***		0.0010
	(-9.28)	(-6.56)		(1.56)
常数项	6.6774***	72.8626***	5.0165***	1.8605**
	(77.58)	(8.80)	(45.65)	(2.46)
样本量	38604	38603	25302	25300
R平方	0.412	0.020	0.289	0.016
F统计量	499.681	15.656	301.662	16.801
P值	0.000	0.000	0.000	0.000

注：括号内表示估计系数对应的 t 值；*、** 和 *** 分别表示在10%、5%和1%的统计水平上显著；所有模型中都控制了时间固定效应和省份固定效应；lysq1 和 lysq2 分别表示两种模型设定下第一步估计中对因变量拟合值的平方项对数。

函数是基于一般的消费函数建立的，包含所有控制变量，而第二种消费函数是典型的动态消费，在该模型中采用滞后一期的消费和收入以及当期的收入。

同时对家庭人均消费对数和残差平方项对数产生显著影响的即是家庭贫困脆弱性的影响因素，根据表 4-10 中第一种消费函数的估计结果，除村庄是否为少数民族聚居地之外的其他变量均对家庭贫困脆弱性有显著影响。其中家庭特征变量中，家庭规模、家庭中男性成员的占比以及老人和儿童在家庭人数中的占比等反映出家庭劳动力状况，并且这些变量均在 1% 的统计水平上负向相关，即家庭劳动力占比越大，家庭脆弱性越小。家庭成员的平均年龄越大，家庭人均消费越低，平均年龄越大代表着家庭偏老龄化，正常来讲当家庭步入中老年阶段，家庭成员中的老年人因健康资本存量低而面临的健康风险较大，医疗养老支出较多，可能导致的消费波动更大，但中国农村的老年家庭往往有很强的遗赠动机，同时更易受到节俭、浓厚的代际伦理责任等传统文化的影响，面对疾病往往选择不就医，甚至通过自杀这样一种消极的方式来减轻家庭及子代的负担，因而平均消费倾向与之前比有所降低。家庭是否有在读学生、家庭是否发生婚丧嫁娶、家庭是否购房或建房、家庭成员中患有慢性病的人数对农村家庭来说都是造成消费巨大波动的大事，在表 4-10 中这些变量与家庭人均消费、残差平方项均呈正相关关系，即大事的发生使家庭的人均消费、残差平方项增加，增大了家庭消费波动幅度。在定性研究中这种现象可以得到验证，购房或建房会调用农村整个家庭一生积蓄，而贫困农户在积蓄不足的情况下需通过借贷满足购房或建房需求，购房或建房对农村家庭的这种影响时间上可能超过一个家庭的生命周期。而发生婚丧嫁娶、有在读学生、慢性病人数的多寡对农村家庭的影响和购房建房类似，这些事件使农户通过多年调整才能恢复到冲击事件前的状态。家庭是否有党员、家庭是否有少数民族成员和家庭成员是否上网也在一定程度上增加了家庭人均消费水平，消费直接反映家庭福利水平，家庭人均消费越高，家庭福利水平越好，贫困脆弱性也就越低。收入决定消费，家庭人均收入水平越高，人均消费也越高。从资产价值来

第二节　健康资本投资对农村家庭贫困脆弱性影响的实证分析

看，家庭土地资产价值和房屋资产价值和家庭人均消费呈反比例关系，有学者已有研究证明拥有的土地并不能很好地对家庭消费支出起到保护作用，原因主要有两方面：一是因为假如用自然灾害来代替冲击，很可能拥有的土地越多，受到自然灾害对其的冲击就越大，从而导致家庭大量削减消费支出；二是因为土地在2002年还不能完全自由流转，因此，它不能像其他资产一样能够在冲击发生时进行抵押和出售，致使对家庭的消费起保护作用能力较小[①]。而家庭生产性固定资产价值和家庭净资产对人均消费的影响相反，即价值越高消费越大，有学者将这种资产看作流动性较高的资产，认为当家庭持有更多流动性较高的资产时，会导致家庭储蓄资产的整体收益水平和整体变现成本的降低，进而会使得家庭增加消费支出[②]。从村庄变量来看，村庄距离县城的距离、村庄是否有集体经济收入、村庄外出务工劳动力的占比对家庭人均消费均产生不同程度的显著影响。其中村庄距离县城的距离越大，家庭人均消费水平越低，距离越大代表村庄地理位置越偏远、城镇化水平越低，消费自然很难被拉动。

表4-10中模型二是对残差平方项数值进行逐步回归得到，因此可以看出基于第二种消费函数，只有家庭成员的平均年龄、老人和儿童在家庭人数中的占比、家庭是否有在读学生、家庭土地资产价值、家庭是否发生婚丧嫁娶、家庭是否购房或建房、家庭成员中患有慢性病的人数以及村庄是否为少数民族聚居区等对家庭人均消费有显著影响。在这些变量中，只有老人和儿童在家庭人数中的占比、家庭土地资产价值、家庭是否发生婚丧嫁娶以及家庭是否购买或建房的影响和第一种消费函数的回归结果保持一致，说明在我国农村老人和儿童这一群体表现明显的脆弱性，老人的医疗支出和儿童的抚养成本对家庭的消费支出波动幅度较大；其次，土地资产作

---

① 方迎风. 冲击、"能力"投资与贫困脆弱性[J]. 中国地质大学学报（社会科学版），2014(2).

② 贺洋，臧旭恒. 家庭资产结构与消费倾向：基于CFPS数据的研究[J]. 南方经济，2016(10).

为大多数农村家庭的唯一资产,在以传统农业为谋生手段的农村,家庭福利水平的大小与土地资产价值的多少息息相关;最后,冲击性事件是消费波动的共性因素,很可能加深贫困家庭的贫困现状,从而使其脆弱性程度增加。

(二)健康资本投资对农村家庭贫困脆弱性的影响分析

健康资本投资对农村家庭贫困脆弱性有缓解作用,表 4-11 和表 4-12 分别从参与程度和参与决策两个方面估计健康资本投资对农村家庭贫困脆弱性的影响。在两个消费函数基础上,本章采用逐步回归的方法,从只包含健康资本投资的基础模型开始,逐步加入家庭变量和村庄变量。

总体来看,表 4-11 和表 4-12 中健康资本投资变量与农村家庭贫困脆弱性之间均呈负向显著关系,也就是说进行健康资本投资和健康资本投资越多,农村家庭贫困脆弱性越小。并且在两表的统计结果中显示,无论是基于第一种消费函数还是第二种消费函数,从模型一到模型三中,尽管健康资本投资对农村家庭贫困脆弱性的影响程度在降低,但影响程度依然显著。单独来看,表 4-11 中显示家庭购买补充医疗保险的人数越多,家庭平均每周参加体育锻炼的人次越多,贫困脆弱性程度越低;同样,表 4-12 结果显示在全样本模型里,购买补充医疗保险和参加体育锻炼比不购买补充医疗保险和不参加体育锻炼的家庭的贫困脆弱性在两个消费函数中分别低 44.47%、79.07% 和 37.80%、54.06%,这一结果很大程度上证明了健康资本投资对农村家庭贫困脆弱性有缓解作用,成为农村家庭在未来抵御收入风险的有效途径。可能的原因是,目前在我国农村家庭的主要经济来源还是依赖于个人健康资本存量的农业收入,收入来源少、结构单一,这就在很大程度上决定了他们比城镇居民面临更大的脆弱性风险冲击。另一方面,"看病贵"一直被看作农村居民生活中的一个大问题,且我国农村"因病致贫"现象十分突出,疾病的冲击、超额的医疗费用会给原本不宽裕的家庭带来更沉重的医疗负担,因此其陷入贫困的可能性更大,而购买补充医疗保险是基本医疗保险的补充,能够报销因患大病产生的高额医疗费用,在减少农村家庭医疗开支负担方面起到一定作用。而体育锻炼类的健康

第二节 健康资本投资对农村家庭贫困脆弱性影响的实证分析

表 4-11 健康资本投资对贫困脆弱性的估计结果

变量	消费函数一			消费函数二		
	模型一	模型二	模型三	模型一	模型二	模型三
家庭购买补充医疗保险的人数	-0.6370*** (-5.14)	-0.3368*** (-3.16)	-0.3334*** (-3.13)	-0.7035*** (-4.54)	-0.6218*** (-4.15)	-0.6208*** (-4.15)
家庭平均每周参加体育锻炼的人次	-0.0234*** (-8.52)	-0.0180*** (-7.63)	-0.0180*** (-7.64)	-0.0261*** (-7.74)	-0.0240*** (-7.39)	-0.0241*** (-7.42)
家庭规模		1.3449*** (63.27)	1.3393*** (63.05)		0.1160*** (4.01)	0.1108*** (3.83)
家庭中男性成员的占比		0.7048*** (5.05)	0.6250*** (4.48)		-0.0727 (-0.34)	-0.1525 (-0.71)
家庭成员的平均受教育年限		-0.1102*** (-7.88)	-0.0967*** (-6.90)		-0.1781*** (-8.91)	-0.1682*** (-8.39)
家庭成员的平均年龄		0.0444*** (12.62)	0.0466*** (13.23)		0.0359*** (6.93)	0.0384*** (7.39)
家庭成员的年龄标准差		0.0456*** (7.81)	0.0433*** (7.42)		0.0825*** (9.87)	0.0816*** (9.75)

续表

变量	消费函数一			消费函数二		
	模型一	模型二	模型三	模型一	模型二	模型三
老人和儿童在家庭人数中的占比		0.5585*** (4.80)	0.5617*** (4.83)		1.5462*** (9.53)	1.5532*** (9.58)
家庭是否有在读学生		-0.7780*** (-8.01)	-0.7697*** (-7.94)		-0.5429*** (-4.25)	-0.5396*** (-4.22)
家庭是否有党员		-0.6197*** (-7.52)	-0.6438*** (-7.82)		-0.3114*** (-2.80)	-0.3330*** (-3.00)
家庭是否有少数民族成员		0.3294*** (2.96)	0.0140 (0.11)		0.4216*** (2.73)	-0.0059 (-0.03)
家庭成员是否上网		-1.0831*** (-14.27)	-1.0286*** (-13.54)		-0.4474*** (-4.26)	-0.4034*** (-3.84)
家庭土地资产价值对数		-0.0576*** (-7.82)	-0.0682*** (-9.14)		-0.0967*** (-9.33)	-0.1010*** (-9.63)
家庭房屋资产价值对数		0.2373*** (20.76)	0.2329*** (20.39)		0.0779*** (4.84)	0.0749*** (4.66)

第二节 健康资本投资对农村家庭贫困脆弱性影响的实证分析

续表

变 量	消费函数一			消费函数二		
	模型一	模型二	模型三	模型一	模型二	模型三
家庭生产性固定资产价值对数		-0.0423*** (-5.78)	-0.0442*** (-6.05)		-0.0169* (-1.65)	-0.0185* (-1.81)
家庭净资产对数		-1.9932*** (-68.99)	-1.9540*** (-67.15)		-0.7935*** (-19.01)	-0.7675*** (-18.22)
家庭是否发生婚丧嫁娶		1.9528*** (24.56)	1.9498*** (24.56)		0.4577*** (4.32)	0.4494*** (4.25)
家庭是否购房或建房		0.8312*** (9.15)	0.8484*** (9.36)		0.2085* (1.69)	0.1942 (1.57)
家庭成员中患有慢性病的人数		0.6813*** (13.03)	0.6809*** (13.05)		0.3153*** (4.50)	0.3177*** (4.54)
村庄是否为少数民族聚居地			0.4855*** (3.56)			0.6981*** (3.73)
村庄距离县城的距离			0.0150*** (9.37)			0.0123*** (5.63)

续表

变量	消费函数一 模型一	消费函数一 模型二	消费函数一 模型三	消费函数二 模型一	消费函数二 模型二	消费函数二 模型三
村庄是否有集体经济收入	-0.0005 (-0.00)		-0.1277* (-1.72)			0.1610 (1.55)
村庄外出务工劳动力占比			0.0046*** (3.18)			-0.0012 (-0.63)
常数项		16.7695*** (25.23)	15.9150*** (23.81)	1.3577 (1.57)	9.2949*** (9.39)	8.6839*** (8.72)
样本量	38604	38604	38604	25302	25302	25302
R平方	0.046	0.295	0.297	0.024	0.092	0.093
调整R平方	0.045	0.294	0.296	0.023	0.090	0.091
F统计量	54.790	316.162	296.337	18.801	50.894	48.152
P值	0.000	0.000	0.000	0.000	0.000	0.000

注：括号内表示估计系数对应的 t 值；*、** 和 *** 分别表示在 10%、5% 和 1% 的统计水平上显著；所有模型中都控制了年份固定效应和省份固定效应。

第二节 健康资本投资对农村家庭贫困脆弱性影响的实证分析

表4-12 健康资本投资对贫困脆弱性的估计结果

变量	消费函数一			消费函数二		
	模型一	模型二	模型三	模型一	模型二	模型三
家庭是否有成员购买补充医疗保险	-0.8040*** (-5.31)	-0.4481*** (-3.44)	-0.4447*** (-3.42)	-0.8960*** (-4.78)	-0.7938*** (-4.39)	-0.7907*** (-4.37)
家庭是否有成员参加体育锻炼	-0.5280*** (-7.66)	-0.3779*** (-6.38)	-0.3780*** (-6.39)	-0.6147*** (-7.30)	-0.5359*** (-6.59)	-0.5406*** (-6.65)
家庭规模		1.3453*** (63.28)	1.3396*** (63.05)		0.1165*** (4.03)	0.1113*** (3.85)
家庭中男性成员的占比		0.7035*** (5.04)	0.6236*** (4.47)		-0.0764 (-0.36)	-0.1565 (-0.73)
家庭成员平均受教育年限		-0.1099*** (-7.85)	-0.0964*** (-6.87)		-0.1780*** (-8.90)	-0.1680*** (-8.38)
家庭成员的平均年龄		0.0445*** (12.65)	0.0467*** (13.26)		0.0359*** (6.92)	0.0384*** (7.39)
家庭成员的年龄标准差		0.0455*** (7.80)	0.0433*** (7.41)		0.0820*** (9.81)	0.0811*** (9.68)

续表

变量	消费函数一			消费函数二		
	模型一	模型二	模型三	模型一	模型二	模型三
老人和儿童在家庭人数中的占比		0.5568*** (4.79)	0.5599*** (4.82)		1.5473*** (9.53)	1.5543*** (9.58)
家庭是否有在读学生		-0.7781*** (-8.01)	-0.7697*** (-7.94)		-0.5402*** (-4.23)	-0.5368*** (-4.20)
家庭是否有党员		-0.6192*** (-7.51)	-0.6434*** (-7.81)		-0.3160*** (-2.84)	-0.3376*** (-3.04)
家庭是否有少数民族成员		0.3278*** (2.94)	0.0117 (0.09)		0.4134*** (2.68)	-0.0166 (-0.09)
家庭成员是否上网		-1.0815*** (-14.24)	-1.0270*** (-13.51)		-0.4432*** (-4.22)	-0.3989*** (-3.79)
家庭土地资产价值对数		-0.0574*** (-7.79)	-0.0680*** (-9.11)		-0.0962*** (-9.28)	-0.1005*** (-9.57)
家庭房屋资产价值对数		0.2375*** (20.77)	0.2331*** (20.40)		0.0777*** (4.84)	0.0748*** (4.65)

续表

变量	消费函数一			消费函数二		
	模型一	模型二	模型三	模型一	模型二	模型三
家庭生产性固定资产价值对数		-0.0425*** (-5.80)	-0.0444*** (-6.07)		-0.0173* (-1.69)	-0.0190* (-1.85)
家庭净资产对数		-1.9939*** (-69.00)	-1.9547*** (-67.16)		-0.7934*** (-19.01)	-0.7673*** (-18.22)
家庭是否发生婚丧嫁娶		1.9504*** (24.52)	1.9474*** (24.52)		0.4537*** (4.29)	0.4454*** (4.21)
家庭是否购房或建房		0.8347*** (9.19)	0.8520*** (9.39)		0.2054* (1.66)	0.1911 (1.55)
家庭成员中患有慢性病的人数		0.6811*** (13.03)	0.6808*** (13.04)		0.3156*** (4.50)	0.3180*** (4.54)
村庄是否为少数民族聚居地			0.4865*** (3.56)			0.7032*** (3.76)
村庄距离县城的距离			0.0150 (9.38)			0.0123 (5.63)

续表

变量	消费函数一			消费函数二		
	模型一	模型二	模型三	模型一	模型二	模型三
村庄是否有集体经济收入			-0.1274* (-1.72)			0.1599 (1.54)
村庄外出务工劳动力占比			0.0045*** (3.16)			-0.0012 (-0.63)
常数项	-0.1163 (-0.18)	16.6637*** (25.08)	15.8095*** (23.66)	1.2619 (1.46)	9.1900*** (9.29)	8.5786*** (8.61)
样本量	38604	38604	38604	25302	25302	25302
R 平方	0.046	0.295	0.297	0.024	0.091	0.093
调整 R 平方	0.045	0.294	0.296	0.023	0.089	0.091
F 统计量	54.401	315.717	295.926	18.661	50.688	47.965
P 值	0.000	0.000	0.000	0.000	0.000	0.000

注：括号内表示估计系数对应的 t 值；*、** 和 *** 分别表示在 10%、5% 和 1% 的统计水平上显著；所有模型中都控制了年份固定效应和省份固定效应。

第二节 健康资本投资对农村家庭贫困脆弱性影响的实证分析

资本投资从长期来看提高了家庭成员健康资本存量，不仅有效增加了农村家庭的收入来源，为成员非农劳动提供了可能，而且降低了家庭未来因患重大疾病而陷入困境的可能性，对其贫困脆弱性缓解作用也更加显著。

对比表 4-11 和表 4-12，一系列的家庭特征变量和村庄特征变量在不同消费函数下表现出了符号上的一致性，影响均十分显著，只是在影响程度上表现细微差异。从家庭特征控制变量来看，家庭规模越大、老人和儿童在家庭人数中的占比越高，家庭成员平均受教育年限越低，贫困脆弱性也越高，说明在人力资本对家庭贫困脆弱性的影响中，家庭劳动力的受教育程度比家庭规模的增大以及劳动力数量的增加更为重要。家庭规模的增大以及劳动力数量的增加并没有降低农村家庭贫困脆弱性，而家庭劳动力受教育年限的增加却可以降低农户脆弱性。年龄与家庭贫困脆弱性之间的正向影响关系不难理解，我们认为农村家庭中成员的平均年龄越大，意味着家庭更趋向老龄化，一般来说，成员平均年龄更高的老年家庭更容易因受风险冲击的影响成为贫困脆弱性家庭，主要也与年龄特性有关，老年家庭往往收入来源更为单一，健康资本存量更低，健康风险也较大。家庭是否有在读学生、家庭是否有党员、家庭是否上网与贫困脆弱性的影响关系负向且显著，党员可能意味着家庭会获得更多的社会或政治资本抵御家庭风险，而有在读学生、上网行为也显著降低了农村家庭的贫困脆弱性，有在读学生、上网行为一方面反映出农村家庭的人力资本，另一方面也增加了家庭成员的认知渠道，使他们能够快速地识别风险并提升家庭自身抗风险的能力。家庭是否发生婚丧嫁娶、家庭是否购房或建房以及家庭成员中患有慢性病的人数与家庭贫困脆弱性呈正比例关系，发生婚丧嫁娶、购房或建房、患慢性病都可以被看作农村家庭的冲击性事件，也是导致可能陷入贫困的主要因素，冲击性事件往往会使农户消费产生巨大波动，从而增加了其陷入贫困的可能性，即贫困脆弱性程度增加。家庭是否有少数民族成员在模型二中显著，而在模型三全样本中不显著，说明家庭是否有少数民族成员对贫困脆弱性的影响不具有稳定性。从资产的角度来看，家庭土地资产价值、家庭生产性固定资产价值(如耕牛等)以及家庭净资产与贫困脆弱性呈反比例关系，而家庭房屋资产价值影响相反，可能的原因在于农村家庭大多数以农业生产为生，拥有土地资源和生产性固定资产是降低农村家庭贫困脆弱性的重要组成部分，在一定程度上会增加家庭收入来源，而房屋尽管是农户的重要资产，但在农村范围来看，尤其是偏远的山区，房屋只有使用价值，并不能为农户增收，现实中风险因素所产生的负向冲击会使家庭资产受损，致使对农户的消费起保护作用能力较小，加大其落入贫困的可能。而从家庭各种资产变量的影响程度来看，家庭净资产对贫困脆弱性影响最大。

从村庄特征控制变量来看，一般来说少数民族地区发生贫困的概率更高，脆弱性更高，但在表 4-11 和表 4-12 的估计结果中显示村庄是否为少数民族聚居地对贫困脆弱性的影响在全样本中显著正相关，可能的原因一方面在于村庄是少数民族聚居地能够反映出家庭宗族网络情况，家庭更有可能获得宗族内其他家庭的支持，从而更好地抵御各种风险，另一方面政府对少数民族聚居地的村庄的农户的补助较多，在很大程度上分担了农户的收入风险。村庄距离县城的距离越大，贫困脆弱性越高，这可以从区位经济因素来解释，距离越大代表村庄经济条件越落后，家庭发展的有利条件、机会就越少，家庭的脆弱率可能就越高。

第三节 稳定性检验

本章选择工具变量法进行稳定性检验，同样由于工具变量个数正好等于内生变量个数，属于恰好识别，采用 2SLS 估计。在表 4-13 工具变量法的估计结果中，我们可以看出无论是基于第一种消费函数还是第二种消费函数，核心解释变量家庭购买补充医疗保险的人数和家庭平均每周参与体育锻炼的人次的估计结果相较于表 4-11 中的估计结果显著性虽有所降低，但仍为负向相关关系，这表明在克服模型内生性问题之后，健康资本投资依旧可以显著缓解家庭贫困脆弱性，因此认为模型所选取的工具变量是有效的，参数估计结果较为可靠。另外，在表 4-13 中弱识别检验的 F 统计量为

第三节 稳定性检验

表4-13　健康资本投资对贫困脆弱性的2SLS估计结果

变量	消费函数一			消费函数二		
	模型一	模型二	模型三	模型一	模型二	模型三
家庭购买补充医疗保险的人数	-1.1859** (-2.34)	-0.8984** (-2.06)	-0.9262** (-2.13)	-0.5983 (-0.89)	-0.1976 (-0.31)	-0.2331 (-0.36)
家庭平均每周参加体育锻炼的人次	-0.0297* (-1.93)	-0.0236* (-1.79)	-0.0241* (-1.83)	-0.0297 (-1.63)	-0.0296* (-1.69)	-0.0305* (-1.73)
家庭规模		1.3439*** (63.15)	1.3381*** (62.92)		0.1157*** (4.00)	0.1105*** (3.83)
家庭中男性成员的占比		0.7018*** (5.03)	0.6221*** (4.46)		-0.0618 (-0.29)	-0.1418 (-0.66)
家庭成员的平均受教育年限		-0.1104*** (-7.89)	-0.0969*** (-6.91)		-0.1782*** (-8.91)	-0.1684*** (-8.40)
家庭成员的平均年龄		0.0441*** (12.52)	0.0463*** (13.13)		0.0359*** (6.93)	0.0384*** (7.39)

续表

变量	消费函数一			消费函数二		
	模型一	模型二	模型三	模型一	模型二	模型三
家庭成员的年龄标准差		0.0452*** (7.72)	0.0429*** (7.32)		0.0824*** (9.86)	0.0815*** (9.74)
老人和儿童在家庭人数中的占比		0.5588*** (4.80)	0.5622*** (4.84)		1.5457*** (9.53)	1.5524*** (9.58)
家庭是否有在读学生		-0.7722*** (-7.94)	-0.7635*** (-7.87)		-0.5415*** (-4.24)	-0.5381*** (-4.22)
家庭是否有党员		-0.6171*** (-7.48)	-0.6411*** (-7.78)		-0.3115*** (-2.81)	-0.3329*** (-3.00)
家庭是否有少数民族成员		0.3291*** (2.96)	0.0149 (0.12)		0.4240*** (2.75)	-0.0039 (-0.02)
家庭成员是否上网		-1.0824*** (-14.25)	-1.0279*** (-13.52)		-0.4459*** (-4.25)	-0.4019*** (-3.82)

续表

变量	消费函数一			消费函数二		
	模型一	模型二	模型三	模型一	模型二	模型三
家庭土地资产价值对数		-0.0575*** (-7.81)	-0.0681*** (-9.12)		-0.0970*** (-9.34)	-0.1012*** (-9.64)
家庭房屋资产价值对数		0.2367*** (20.69)	0.2322*** (20.32)		0.0784*** (4.88)	0.0755*** (4.69)
家庭生产性固定资产价值对数		-0.0421*** (-5.76)	-0.0440*** (-6.02)		-0.0171* (-1.67)	-0.0188* (-1.83)
家庭净资产对数		-1.9900*** (-68.63)	-1.9506*** (-66.80)		-0.7942*** (-19.02)	-0.7680*** (-18.23)
家庭是否发生婚丧嫁娶		-1.9492*** (-24.51)	-1.9461*** (-24.50)		-0.4601*** (-4.34)	-0.4514*** (-4.27)
家庭是否购房或建房		-0.8303*** (-9.15)	-0.8475*** (-9.35)		0.2100* (1.70)	0.1957 (1.59)

续表

变量	消费函数一			消费函数二		
	模型一	模型二	模型三	模型一	模型二	模型三
家庭成员中患有慢性病的人数		-0.6796*** (-13.00)	-0.6791*** (-13.01)		-0.3167*** (-4.52)	-0.3191*** (-4.56)
村庄是否为少数民族聚居地			0.4836*** (3.54)			0.6986*** (3.73)
村庄距离县城的距离			0.0150*** (9.35)			0.0123*** (5.64)
村庄是否有集体经济收入			-0.1322* (-1.78)			0.1638 (1.58)
村庄外出务工劳动力占比			0.0046*** (3.18)			-0.0012 (-0.63)
常数项	0.1450 (0.21)	16.8878*** (24.12)	16.0446*** (22.80)	1.4113 (1.55)	9.3712*** (9.15)	8.7721*** (8.52)

第三节 稳定性检验

续表

变 量	消费函数一			消费函数二		
	模型一	模型二	模型三	模型一	模型二	模型三
样本量	38604	38604	38604	25302	25302	25302
R 平方	0.045	0.294	0.296	0.024	0.091	0.093
调整 R 平方	0.045	0.293	0.295	0.023	0.089	0.091
F 统计量	52.066	314.677	294.933	16.458	49.490	46.847
P 值	0.000	0.000	0.000	0.000	0.000	0.000
弱识别检验-F	635.426	634.584	634.548	443.949	443.271	443.113
内生性检验-Chi2	1.384	1.901	2.138	0.072	0.590	0.545
内生性检验-P 值	0.501	0.387	0.343	0.965	0.745	0.761

注：括号内表示估计系数对应的 t 值；*、**、*** 分别表示在 10%、5% 和 1% 的统计水平上显著；所有模型中都控制了年份固定效应和省份固定效应。

634.548 和 443.113，均远远大于 10，因此拒绝"存在弱工具变量"的原假设，说明工具变量为强工具变量。

第四节 结 论

本章使用 CFPS（中国家庭追踪调查）全国性面板数据，在量化了农村家庭贫困脆弱性的基础上，在两种消费函数模型基础上采用逐步 OLS 回归实证检验了健康资本投资对农村家庭贫困脆弱性的影响。研究结果表明，健康资本投资作为一种非常重要的家庭收入分配行为，能够显著地降低农村家庭贫困脆弱性。除此之外，老人和儿童在家庭人数中的占比、家庭土地资产价值、冲击性事件等家庭特征也显著影响家庭贫困脆弱性。进一步研究显示，家庭购买补充医疗保险的人数和家庭平均每周参与体育锻炼的人次越多，贫困脆弱性下降得越明显，面板数据 OLS 回归显示健康资本投资显著降低了农村家庭成为脆弱性家庭的可能性，且以上结论得到稳健性检验的支持。主要结论从以下几点概括：

1. 家庭特征变量、家庭风险变量以及村庄特征变量对贫困脆弱性的影响

家庭特征变量、家庭风险变量以及村庄特征变量对家庭贫困脆弱性都有显著影响，但不同的消费函数下影响因素存在一定的差异。家庭特征变量主要从家庭个性特征、家庭人力资本状况以及家庭资产三个方面进行阐述，家庭风险变量主要包含家庭是否有购房或建房、家庭是否有婚丧嫁娶、家庭成员中患有慢性病的人数等，而村庄变量主要从家庭外部环境的角度分析其对家庭脆弱性的潜在影响。综合估计结果来看，家庭资产变量以及家庭风险变量是对家庭人均消费产生显著影响的重要因素。家庭是否有购房或建房、有婚丧嫁娶大事等冲击性事件是两种消费函数下家庭贫困脆弱性的共性影响因素，家庭规模、人力资本状况、家庭抚养比和土地价值也是影响家庭脆弱程度的重要因素。

2. 健康资本投资对农村家庭贫困脆弱性的影响

健康资本投资对农村家庭贫困脆弱性有缓解作用，成为实现家

庭层面可持续生计的有效途径，包含家庭是否购买补充医疗保险、家庭购买补充医疗保险的人数、家庭是否有成员参加体育锻炼以及家庭平均每周参加体育锻炼的健康资本投资对贫困脆弱性的影响均在 1% 的统计水平下显著负相关，并且在加入家庭特征和村庄特征等其他控制变量后显著性未发生改变。目前在我国农村家庭的主要经济来源还是依赖于个人健康资本存量的农业收入，收入来源少、结构单一，这就在很大程度上决定了他们比城镇居民面临更大的脆弱性风险冲击，另一方面，"看病贵"一直被看作农村居民生活中的一个大问题，且我国农村"因病致贫"现象十分突出，疾病的冲击、超额的医疗费用会给原本不宽裕的家庭带来更沉重的医疗负担，因此其陷入贫困的可能性更大，而购买补充医疗保险是基本医疗保险的补充，能够报销因患大病产生的高额医疗费用，在减少农村家庭医疗开支负担方面起到一定作用，而体育锻炼类的健康资本投资从长期来看提高了家庭成员健康资本存量，不仅有效提升了家庭成员获取收入的能力，为成员非农劳动提供了可能，而且降低了家庭未来因患重大疾病而陷入困境的可能性，对其贫困脆弱性缓解作用也更加显著。

3. 其他方面

贫困和贫困脆弱性交叉存在，表 4-8 显示在总样本中有 95.65% 的家庭属于既不贫困也不脆弱的，1879 个家庭属于既贫困又脆弱的，而贫困非脆弱的家庭比例为 64.55%，暂时不贫困但存在脆弱性风险的家庭占比 4.35%。这些数据表明贫困家庭中既有脆弱性家庭也有非脆弱性家庭，贫困脆弱性是动态变化的，贫困的家庭不一定是脆弱的，不贫困的家庭不代表不脆弱。从另一方面来看，数据显示贫困家庭中的脆弱性家庭比例(35.45%)明显高于非贫困家庭中脆弱性家庭的比例(4.35%)，在贫困线下往往脆弱家庭的数量都多于消费贫困家庭的数量。我们可以从家庭本身的局限性来解释这一结果，贫困家庭往往比非贫困家庭更容易成为脆弱性家庭，且在未来仍然具有较高的可能性无法脱离贫困困境而持续陷入现在的贫困状态。

本 章 小 结

与私人健康资本投资行为决策对农村居民收入的直接影响相比，脆弱性是认识和分析贫困和生计动态性的重要视角。家庭脆弱性指标实质上体现家庭面临贫困风险时的抗风险能力，即测度健康资本投资之后是否影响家庭的收入稳定性和增大家庭的收入风险，最终可以实现识别家庭贫困脆弱性的灾难的来源及成因，以及未来潜在灾难如何影响农村居民可持续生计[1]。从可持续生计分析框架来看，家庭收入是各类资本"投入-产出"结果，任何资本的缺失势必增强家庭贫困脆弱性，也就是说家庭未来陷入贫困的概率增大。一旦有家庭成员陷入健康风险，家庭劳动生产率下降，医疗支出增加，家庭长期收入能力下降，对于本不富裕的农村家庭来说，甚至会通过变卖家庭资产等方式来维持家庭生计，往往"预防比治疗更有效"，本章通过理论和实证分析来证实健康资本投资这一生计策略在一定程度上有助于前瞻性地预防贫困的发生，对家庭贫困脆弱性存在缓解作用，从而推动家庭生计的可持续发展。

---

[1] 史俊宏. 牧户贫困脆弱性分析框架及测度指标构建[J]. 农村经济与科技，2019(11).

第五章 健康资本投资对村域层面可持续生计的影响分析

由于可持续生计目标是多元的,包括收入的增加、更多的福利、脆弱性减少等,任何单一主体都无法完成反贫困的任务①。对于我国广大农村地区来说,健康意识与健康资本投资的理念在近年得到较大范围的推广,从国家层面的"健康中国"政策到各地农村的"新农村"建设等很大程度上提升了农村居民的健康资本储备量,也带来了一定程度的健康资本的增量,这对农村居民生计的可持续有较大的帮助。

从可持续生计分析框架来看,福利水平的提升是可持续生计的一个重要体现,根据1994—2013年农村社会福利指数和中国农村各项公共产品支出的趋势,我国各级政府对公共医疗的重视与公共支出的增加显著提升了村庄福利水平,并且在各类公共产品供给中农村公共卫生与社会保障投入对福利增长的效率最大。健康资本投资不仅是个人和家庭的经济选择,也是一种公共政策选择,本章主要从公共健康资本投资的角度,基于已有的中国家庭跟踪调查(CFPS)2010年和2014年的村庄层面数据,探讨健康资本投资对村域层面可持续生计的影响,即研究公共层面的健康资本投资对村庄福利水平的影响。根据阿玛蒂亚·森的可行能力理论,尽管福利可以从经济、文化、居住、安全和发展五个方面考虑,但福利水平测度难以测度,我们根据各类福利的具体含义,在具体实证分析中以村庄人均收入水平、贫困发生率等为被解释变量,分析公共层面

---

① 王三秀. 国外可持续生计观念的演进、理论逻辑及其启示[J]. 毛泽东邓小平理论研究, 2010(9).

的健康资本投资对村庄福利水平的影响,即公共层面的健康资本投资作为生计策略如何实现可持续生计生计结果的最优化。

本章的结构安排如下:第一节给出了本章的研究设计,包括数据的介绍、计量模型的设定与变量的选取;第二节为基准回归结果;第三节采用工具变量法和 PSM 对回归结果进行了稳定性检验;第四节为本书的主要结论;最后,对实证研究进行本章小结。

第一节 研究设计

一、数据介绍与方法选择

(一)数据介绍

由于本章考察的是健康资本投资对村庄福利水平的影响效应,且本书选取的中国家庭追踪调查数据(CFPS)只有 2010 年和 2014 年对村庄层面数据进行汇总,基于此,经过对数据的处理,删除异常值和缺失值后,得到最终所用观测样本量 1145 个,其中 2010 年 622 个,2014 年 523 个。

(二)实证分析方法

1. FGT 贫困指数法

FGT 指数最早是由 Foster 等(1984)提出来的用于测量贫困的方法,该方法简单易懂,便于操作。为了计算结果具有可靠性,本章采用样本计算和模拟计算两种方法进行比较分析,其中,样本算法是指基于村庄的调查样本数据进行计算,该方法优点在于数据为可观测的统计数据,缺点在于部分村庄的调查样本量有限,导致计算结果可能存在较大的偏差。模拟算法是指基于样本中统计的村庄人均纯收入、区县内的收入标准差以及村庄人口信息模拟村庄所有样本的收入水平,模拟假设收入都服从正态分布,同时,将收入负值调整为 0 值。其优点是可以克服部分村庄样本量较少的缺陷,但缺点是需要假设村庄的收入服从特定参数的分布。

2. 工具变量法和 PSM 法

在内生性问题处理上,本章延续第三章的分析方法,主要采用工具变量法和倾向得分匹配(PSM)两种方法,具体操作和第三章类似,在此不再赘述。

二、模型设定与变量选取

(一)模型设定

FGT 指数是目前测度农村贫困发生率最常用的方法之一,定义为

$$F_\alpha(Z) = \int_0^z \left(\frac{z-x}{z}\right)^\alpha f(x)\,\mathrm{d}x \tag{5.1}$$

其中,$F_\alpha(Z)$ 为农村贫困指数,其中参数 $\alpha>0$,用来反映农村贫困规避程度,数值越大,代表农村贫困规避程度越高,FGT 指数对最贫困者的收入就越敏感。Z 为贫困线,由于本章选取的是 CFPS2010 年和 2014 年村庄层面数据,因此将农村人均纯收入 2010 年 1274 元和 2011 年 2300 元不变价定为基准。等式 5.1 右边,x 为人均收入水平,$f(x)$ 表示收入密度函数。另外,在 FGT 中,当 $\alpha=0$ 时,FGT_0 则为贫困发生率,代表贫困的广度;当 $\alpha=1$ 时,FGT_1 则为贫困深度;当 $\alpha=2$ 时,FGT_2 则为贫困强度,用来衡量贫困分布的均衡程度。

本章侧重研究健康资本投资对村庄福利水平的影响,即健康资本投资对农村贫困发生率和村庄人均收入水平的影响,因此构建下列回归模型:

$$\ln F_i = \alpha_0 + \beta_1 M_i + \beta_2 E_i + \beta_3 X_i + \varepsilon_i \tag{5.2}$$

其中,F_i 为被解释变量农村贫困指数,M_i 为公共医疗投资,E_i 为公共健身投资,X_i 为城乡分类、村庄总人口、村庄距离本县县城的距离等其他控制变量,ε_i 为误差项。

(二)变量选择

1. 被解释变量

(1)贫困变量

贫困发生率既是衡量贫困水平的常见指标,也可以在一个特定的时点静态地度量家庭或个人的福利水平,据 FGT 贫困指数法,本章将贫困发生率、贫困深度和贫困强度作为被解释变量,具体的

含义及处理方法见表5-1：

表5-1　　　　　　被解释变量含义及处理方法

变量类型	含义及处理方法
1. 贫困发生率(%)	指一个地区贫困人口占总人口的比重，在FGT中，当$\alpha=0$时，FGT_0则为贫困发生率，代表贫困的广度
2. 贫困深度(%)	指一个地区贫困人口实际收入与公布的贫困线之间的差距，在FGT中，当$\alpha=1$时，FGT_1则为贫困深度
3. 贫困强度(%)	指一个地区贫困人口实际收入与公布的贫困线之间差距的平方和，在FGT中，当$\alpha=2$时，FGT_2则为贫困强度，用来衡量贫困分布的均衡程度

（2）村庄人均纯收入

村庄人均收入水平是经济性福利的一个重要方面，本章中将村庄人均纯收入作为其中一个被解释变量，单位为：万元/人。

2. 解释变量

本书的解释变量为公共健康资本投资，大体上分为两类：健身类投资和医疗类投资，具体变量的含义及处理方法见表5-2：

表5-2　　　　　　解释变量含义及处理方法

变量类型	含义及处理方法
1. 健身类投资：	
是否拥有公共锻炼场地或设施	如果有，赋值为1；没有，赋值为0
公共锻炼场地或设施的数量	在CFPS中，将体育运动场所、老年活动场所、儿童游乐场所的总量作为村庄内公共锻炼场地或设施的数量
2. 医疗类投资：	
是否拥有医院、医疗点或药店	如果有，赋值为1；没有，赋值为0
医院、医疗点或药店的数量	在CFPS中，指村庄地界内的医院、医疗点和药店的数量

3. 控制变量

本章根据研究目的，在 CFPS2010、2014 年村庄数据库中，主要控制变量的含义及处理方法见表 5-3：

表 5-3　　　　　　　　控制变量含义及处理方法

变量类型	含义及处理方法
城乡分类	城镇＝1；农村＝0
村庄总人口（万人）	指在本村庄内居住的所有人口
少数民族	指村庄是否属于少数民族聚居地区，如果是，则为 1；否为 0
人均可经营土地面积（千亩/人）	在 CFPS 中，将耕地、林果地、山地、水面、牧场均作为可经营土地，在此基础上，求得人均可经营土地面积
村庄人口密度（千人/平方公里）	指村庄单位面积土地上居住的人口数
村庄平均家庭规模	指村庄家庭规模的平均数
村庄是否有占总户数 10%的大姓	是＝1；否＝0
村庄劳动力（16—65 岁）的占比	指村庄的劳动人口在总人口中的比例
村庄 15 岁以下儿童占比	指 15 岁以下儿童在总人口中的比例
村庄农业劳动力占比	指从事农业劳动的人口在劳动人口中的比例
村庄外出务工劳动力占比	指外出务工人口在劳动人口中的比例
村庄外来人口占比	指户籍不在本村，却居住在本村，但在本居住的时间又不满 6 个月的人口在总人口中的比例
农业产值在村庄总产值中的占比	指以货币表现的农、林、牧、渔业全部产品的总量在总产值中的比例

续表

变量类型	含义及处理方法
村庄集体经济收入在总产值中的占比	指以货币形式表现的集体企业当年生产的全部产品的价值在村财政总收入中的比例
村庄距离本县县城的距离（公里）	指村委会所在地距离县城的距离
区域虚拟变量，东部省份=1，其他=0	包括辽宁、北京、天津、河北、山东、江苏、上海、浙江、福建、广东、广西、海南12个省、直辖市、自治区
区域虚拟变量，中部省份=1，其他=0	包括山西、内蒙古、吉林、黑龙江、安徽、江西、河南、湖北、湖南等9个省、自治区
区域虚拟变量，西部省份=1，其他=0	包括陕西、甘肃、青海、宁夏、新疆、四川、重庆、云南、贵州、西藏10个省、直辖市、自治区

第二节 健康资本投资对村庄福利水平影响的实证分析

一、描述性统计分析

（一）被解释变量的描述性统计结果分析

表5-4基于样本算法和模拟算法对被解释变量贫困发生率、贫困深度和贫困强度分别进行了描述性统计汇报，同时对CFPS2010、CFPS2014中村庄人均纯收入也进行了简单统计。从表5-4结果中看出，基于两种不同算法，贫困发生率分别为19.988%和23.155%，这点相比于过去的研究有所降低，说明近年来的脱贫攻坚战取得了决定性的进展，农村居民在村庄经济快速发展中福利水平得以提升。

另外，由于地区发展不平衡，贫困发生率在我国农村存在较大的区域性差异，表5-5给出了被解释变量的分省描述性统计，尽管有些省份的实际统计结果有偏（如北京、云南等），但综合来看，无论是基于样本算法还是模拟算法，东部地区的贫困发生率（17.906、19.035）、贫困深度（12.474、13.464）与贫困强度（10.156、11.774）三项指标的统计结果均最低，其次为中部地区，而西部地区最高，这一结果与现实情况也较吻合，各项研究均表明东部地区福利水平最高。

表5-4　　　　　　　　被解释变量的描述性统计

变量	观测值	均值	中位数	标准差	最大值	最小值
样本算法：贫困发生率(%)	1145	19.988	16.000	17.488	55.556	0.000
样本算法：贫困深度(%)	1145	13.342	8.810	13.349	42.657	0.000
样本算法：贫困强度(%)	1145	10.707	6.561	11.341	35.782	0.000
模拟算法：贫困发生率(%)	1145	23.155	18.537	13.340	49.717	0.000
模拟算法：贫困深度(%)	1145	15.222	14.418	6.354	27.916	0.000
模拟算法：贫困强度(%)	1145	12.842	12.898	4.619	21.626	0.000
村庄人均纯收入(万元)	1145	0.849	0.574	0.646	2.647	0.130

注：为了计算的精确性，上述表中被解释变量基于两种不同的算法取得。

表 5-5　　　　被解释变量的分省描述性统计

省份	样本算法			模拟算法		
	贫困发生率	贫困深度	贫困强度	贫困发生率	贫困深度	贫困强度
东部省份						
北京市	21.396	19.288	17.161	12.128	10.883	10.476
天津市	17.928	13.799	11.687	11.340	10.207	9.824
河北省	20.364	14.021	11.332	27.204	16.894	13.835
辽宁省	21.068	15.279	12.764	17.295	12.376	10.869
上海市	15.089	10.666	8.447	13.154	10.952	10.261
江苏省	11.797	9.852	8.634	16.367	12.489	11.297
浙江省	8.671	6.075	4.568	13.874	11.459	10.706
福建省	15.349	9.274	7.553	21.017	13.545	11.277
山东省	21.879	14.483	11.794	19.935	13.819	12.007
广东省	17.023	11.271	8.994	20.816	14.519	12.597
广西壮族自治区	16.835	11.005	8.748	29.158	18.366	15.098
中部省份						
山西省	22.706	15.446	12.515	28.656	17.413	14.086
吉林省	21.681	13.756	11.105	21.333	14.985	13.066
黑龙江省	18.308	12.393	10.109	15.686	11.833	10.639
安徽省	15.961	11.363	9.871	18.768	13.357	11.704
江西省	16.602	11.740	9.850	27.955	17.358	14.120
河南省	18.968	12.973	10.674	26.710	16.883	13.935
湖北省	15.024	12.173	11.085	17.152	12.435	10.995
湖南省	22.098	15.605	12.929	21.671	15.012	13.012

续表

省份	样本算法			模拟算法		
	贫困发生率	贫困深度	贫困强度	贫困发生率	贫困深度	贫困强度
西部省份						
重庆市	24.090	17.455	14.809	15.302	11.405	10.193
四川省	24.587	14.784	11.162	24.514	15.927	13.310
贵州省	22.115	12.511	9.105	35.533	20.469	16.017
云南省	17.019	8.624	5.979	25.784	16.235	13.356
陕西省	23.951	16.356	12.873	26.118	16.309	13.381
甘肃省	26.636	16.232	12.260	33.908	19.632	15.437
分区域统计						
东部省份	17.906	12.474	10.156	19.035	13.464	11.774
中部省份	19.448	13.434	11.124	23.838	15.604	13.128
西部省份	24.345	14.780	11.191	29.694	17.907	14.406
总样本	19.988	13.342	10.707	23.155	15.222	12.842

(二)解释变量的描述性统计结果分析

表 5-6 从健身投资、医疗投资两个方面分别对健康资本投资这一解释变量进行了描述性统计，在选取的研究数据中，我们可以发现 70.1%的村庄拥有公共锻炼场地或设施，89.2%的村庄拥有医院、医药店或药店等，平均每个村庄的健身投资数量和医疗投资数量分别为 1.529 和 2.330 个，这一数据说明我国对农村的公共健康投资力度较大，其中更倾向于医疗类的投资，这在一定程度上意味着我国农村福利总量增大，福利规模和原来相比也有提高。

表 5-6 解释变量的描述性统计

变量	观测值	均值	中位数	标准差	最大值	最小值
村庄健身投资：是否拥有公共锻炼场地或设施	1145	0.701	1.000	0.458	1.000	0.000
村庄健身投资：公共锻炼场地或设施的数量	1145	1.529	1.000	2.338	21.000	0.000
村庄医疗投资：是否拥有医院、医疗点或药店	1145	0.892	1.000	0.311	1.000	0.000
村庄医疗投资：医院、医疗点和医院的数量	1145	2.330	1.000	3.115	24.000	0.000
区县内村庄健身投资的平均比率	1145	0.701	0.750	0.292	1.000	0.000
区县内村庄医疗投资的平均比率	1145	0.892	1.000	0.182	1.000	0.000

注：其中健身投资包括老年活动场所、体育运动场所和儿童娱乐场所等。

（三）控制变量的描述性统计结果分析

根据 CFPS2010 和 CFPS2014 两年村庄统计数据，表 5-7 从城乡分类、村庄总人口、村庄是否属于少数民族聚居地区、人均可经营土地面积、平均家庭规模、劳动力占比、农业产值在村庄总产值的占比、距离县城距离、区域等方面分别对控制变量做了描述性统计结果分析。从村庄平均家庭规模来看，总样本的均值为 4.264 人，相对于中国当前只有 3.02 人的平均家庭规模来说，农村家庭规模明显要大一些①；从村庄劳动力的占比、村庄 15 岁以下儿童占比以及外出务工劳动力占比来看，反映了在我国农村存在大量劳动力外流现象，并且外出务工对象多为青壮年；另外，在我国农村

---

① 谢申祥，刘生龙，李强. 基础设施的可获得性与农村减贫——来自中国微观数据的经验分析[J]. 中国农村经济，2018(5).

多数以农业为主，相比于城市，农村经济比较落后，这点也有碍于健康资本的投资。

表 5-7　　　　　　控制变量的描述性统计

变量	观测值	均值	中位数	标准差	最大值	最小值
城乡分类虚拟变量，城镇=1，乡村=0	1145	0.472	0.000	0.499	1.000	0.000
村庄总人口（单位：万人）	1145	0.454	0.292	0.570	8.600	0.013
村庄是否属于少数民族聚居地区	1145	0.086	0.000	0.281	1.000	0.000
人均可经营土地面积（单位：千亩/人）	1145	1.555	0.008	2.227	6.340	0.001
村庄人口密度（单位：千人/平方公里）	1145	3.789	0.809	5.921	18.433	0.047
村庄平均家庭规模	1145	4.264	4.267	0.910	5.994	2.606
村庄是否有占总户数10%以上的大姓	1145	0.574	1.000	0.495	1.000	0.000
村庄劳动力（16—65岁）占比	1145	0.673	0.139	0.103	0.805	0.006
村庄15岁及以下儿童占比	1145	0.161	0.142	0.125	0.364	0.000
村庄农业劳动力占比	1145	31.087	30.000	30.078	100.000	0.000
村庄外出务工劳动力占比	1145	23.728	20.000	25.024	100.000	0.000

续表

变量	观测值	均值	中位数	标准差	最大值	最小值
村庄外来人口占比	1145	0.136	0.060	0.179	0.933	0.000
农业产值在村庄总产值中的占比	1145	0.501	0.500	0.295	1.000	0.007
村庄集体经济收入在总产值中的占比	1145	0.001	0.000	0.002	0.006	0.000
村庄距离本县县城的距离（单位：公里）	1145	31.865	21.000	30.803	265.400	3.650
区域虚拟变量，东部省份=1，其他=0	1145	0.449	0.000	0.498	1.000	0.000
区域虚拟变量，中部省份=1，其他=0	1145	0.300	0.000	0.458	1.000	0.000
区域虚拟变量，西部省份=1，其他=0	1145	0.252	0.000	0.434	1.000	0.000

注：(1) 东中西省份的划分可以参考 https://zhidao.baidu.com/question/114542389.html，但调查样本中仅有 25 个省份；(2) 绝大多数变量都进行了缩尾以及较为复杂的数据调整。

(四) 分样本的描述性统计结果分析

表 5-8 和表 5-9 分别从健身投资和医疗投资两方面比较健康资本投资对村庄的影响差异。从总体样本量统计来看，村庄有健身投资、医疗投资的人数明显较高，并且，医疗投资人数(1021)约是不进行医疗投资的人数(124)的 9 倍，这说明在农村医疗投资相比于健身投资来说更基础、更有效，也间接反映了公共医疗是我国政府投资民生健康的一项战略性人力资本工程。从投资与否的差异比较上看，无论是健身投资还是医疗投资，投资后的贫困发生率、贫困深度、贫困强度均有不同幅度的降低，并且这一结果在两种方法上均得到验证，这也进一步说明健康投资对于村庄福利水平的提升

表 5-8 村庄是否进行健身投资的样本均值检验

变量	进行健身投资			不进行健身投资			均值检验		
	样本量	均值	标准差	样本量	均值	标准差	差值	t 值	p 值
样本算法：贫困发生率（%）	803	19.093	17.520	342	22.087	17.257	2.993	2.658	0.008
样本算法：贫困深度（%）	803	12.844	13.362	342	14.510	13.266	1.666	1.936	0.053
样本算法：贫困强度（%）	803	10.289	11.301	342	11.687	11.391	1.398	1.911	0.056
模拟算法：贫困发生率（%）	803	20.469	12.388	342	29.462	13.387	8.993	10.971	0.000
模拟算法：贫困深度（%）	803	13.746	5.932	342	18.689	5.958	4.942	12.886	0.000
模拟算法：贫困强度（%）	803	11.717	4.379	342	15.483	4.060	3.766	13.607	0.000
村庄人均纯收入	803	0.969	0.692	342	0.567	0.398	-0.401	-10.043	0.000

注：表中汇报的 P 值为双尾 P 值

表 5-9 村庄是否进行医疗投资的样本均值检验

变量	进行健身投资			不进行健身投资			均值检验		
	样本量	均值	标准差	样本量	均值	标准差	差值	t 值	p 值
样本算法：贫困发生率(%)	1021	19.632	17.295	124	22.915	18.821	3.283	1.977	0.048
样本算法：贫困深度(%)	1021	13.122	13.243	124	15.150	14.119	2.028	1.599	0.110
样本算法：贫困强度(%)	1021	10.548	11.238	124	12.015	12.127	1.467	1.361	0.174
模拟算法：贫困发生率(%)	1021	22.676	13.049	124	27.102	15.017	4.426	3.506	0.000
模拟算法：贫困深度(%)	1021	14.931	6.192	124	17.624	7.144	2.693	4.494	0.000
模拟算法：贫困强度(%)	1021	12.600	4.495	124	14.829	5.133	2.228	5.129	0.000
村庄人均纯收入	1021	0.865	0.635	124	0.714	0.713	−0.151	−2.469	0.014

注：表中汇报的 P 值为双尾 P 值

发挥了举足轻重的作用。从村庄人均纯收入的比较来看，两项投资后的收入明显较高，并且进行健身投资后的村庄人均收入（0.969万元）高于医疗投资后的收入（0.865万元），这一方面表明健康资本投资在一定程度上提高了农村居民的健康资本，进一步提高了农村居民收入，另一方面说明不同的投资具有差异性，医疗投资作为公共健康投资的一种，起步较早，是农村一项基础民生健康工程，福利普惠度高，具有较大的包容性，同时也兼备宣传力度大、覆盖面较广、群众参与率较高的特点。然而，健身投资伴随着"健康中国"的提出而兴起，过去，由于农民疾病预防意识普遍较差，较少的人会主动参与健身活动，村庄健身投资场所往往成为摆设，目前，随着政府的大力宣传，人们慢慢开始重视这一"预防型"投资，认为"预防比治疗更有效"。

（五）各变量的相关性分析

表 5-10 简单反映了贫困测度指标与健康资本投资之间的相关性。从总体来看，无论是基于样本算法还是模拟算法，贫困测度指标与健康资本投资呈负相关，健康资本投资程度越高，贫困发生率、贫困深度、贫困强度越低，充分表明健康资本投资对村庄贫困起到缓解作用，反过来，提升了村庄福利水平。但从统计学的角度来看，我们认为模拟算法的结果更为显著。这点在前文已有介绍，我们认为样本算法由于样本的遗漏及有限性，导致结果可能存在较大偏差。另一方面，从村庄人均纯收入的角度来看，健康资本投资在一定程度上提升了村庄人均纯收入，即经济性福利得以提升，并且健身投资的作用更明显。从健康资本投资的两个方面来看，公共医疗投资作为政府投资民生健康的一项人力资本工程，切实解决了农民"看病难、看病贵"的问题，这项投资的实施效果最终会在农民收入上得以体现，也是安全性福利的重要内容；另一方面，公共健身投资不仅增加了农民健身运动场所和机会，最重要的是通过提高农民健康意识，让"全民健身"成为一种风气，达到"全民健康"的目的，最终实现收入的健康增长，这在一定程度上体现了健康资本投资对村庄文化性福利的影响作用。

表 5-10 相 关 系 数

	fgt20	fgt21	fgt22	fgtm0	fgtm1	fgtm2	pincome
exinv	−0.078 (0.008)	−0.057 (0.053)	−0.056 (0.056)	−0.309 (0.000)	−0.356 (0.000)	−0.373 (0.000)	0.285 (0.000)
exnum	−0.130 (0.000)	−0.078 (0.009)	−0.058 (0.050)	−0.277 (0.000)	−0.271 (0.000)	−0.249 (0.000)	0.217 (0.000)
meinv	−0.058 (0.048)	−0.047 (0.110)	−0.040 (0.174)	−0.103 (0.001)	−0.132 (0.000)	−0.150 (0.000)	0.073 (0.014)
menum	−0.187 (0.000)	−0.140 (0.000)	−0.113 (0.000)	−0.191 (0.000)	−0.183 (0.000)	−0.165 (0.000)	0.042 (0.155)
cexinv	−0.083 (0.005)	−0.046 (0.117)	−0.040 (0.179)	−0.320 (0.000)	−0.338 (0.000)	−0.332 (0.000)	0.363 (0.000)
cmeinv	−0.079 (0.008)	−0.068 (0.022)	−0.058 (0.050)	−0.056 (0.056)	−0.079 (0.007)	−0.095 (0.001)	−0.031 (0.294)

注：括号内表示相关系数对应的 P 值

二、计量结果分析

（一）健康资本投资决策对村庄贫困发生率的影响

表 5-11 汇报了样本算法和模拟算法下的健康资本投资决策对村庄贫困发生率影响的不同估计结果，即研究村庄是否拥有公共锻炼场地、设施以及医院、医疗点或药店等对贫困发生率等的影响。从整体来看，两种算法下的估计结果既存在共性又呈现出明显的差异，差异性主要体现在健康资本投资对贫困发生率、贫困深度和贫困强度的影响深度及正负效应上，而这种差异主要由于 FGT 指数算法的不同而必然存在。单独分析每个变量的影响，我们可以发现主要解释变量村庄健身投资和村庄医疗投资对贫困发生率、贫困深度和贫困强度的影响均为负向影响，也就是说健康资本投资越多，

第二节 健康资本投资对村庄福利水平影响的实证分析

贫困发生率、贫困深度和贫困强度越低,这也说明健康资本投资的样本选择问题较小。但对比两类重要的解释变量的影响效应,我们发现村庄健身投资对贫困发生率、贫困深度和贫困强度的影响更为稳健,在两种算法下均为高度负向显著关系,而村庄医疗投资对贫困的影响在样本算法下只有贫困发生率在10%的统计水平下负向显著,而模拟算法下的结果更优,均为强的负向显著。这一结果说明公共医疗投资作为农村健康资本投资的重要组成部分,是政府投资民生健康的一项基础工程,随着社会经济的发展,无论是政府还是个人对健康的关注度较高,公共医疗投资在农村范围内的普及率也较高,各地区基本实现全覆盖,以新型农村合作医疗为例,第五次国家卫生调查报告(2013)中显示农村参合率就已经达到97%,而公共健身投资随着"健康中国"的提出而兴起,以公共健身场所为例,过去较少惠及农村贫困群体,因此无论是在普及率还是在群众的认可度上都有待提高,从这个角度上看,我们认为是否有公共健身投资对农村减贫的影响效果更为显著。

从其他控制变量的估计结果来看,城乡分类、村庄总人口这两个变量对贫困也为负向影响,并且估计结果在模拟算法下才显著,这是由于模拟算法中假设收入服从正态分布,所以这一估计结果对收入的依赖程度也越高。因此我们认为越靠近城市以及村庄总人口越多的地区的贫困发生率、贫困深度和贫困强度越低,反之,凋敝的"空心村"代表着"老弱病残",村中大多是老龄人口、留守儿童以及残障人群,由于劳动力的大量流失,"空心村"的贫困问题被认为是我国实现全面脱贫目标计划的最难啃的"硬骨头"。村庄是否属于少数民族聚居区对贫困的影响为正且在模拟算法下表现显著,这一结论与现实也较吻合,西部民族地区(包括内蒙古、新疆、西藏、宁夏、广西五个少数民族自治区和云南、贵州、青海、四川、甘肃五个多民族省份)成为"全面"脱贫中的"短板面",其发展相对滞后,相对于不贫困的东中部地区而言,贫困问题显得尤为突出[1],因此

---

① 向琳. 西部民族地区农村贫困分解与影响因素分析[J]. 绥化学院学报,2015(6).

少数民族聚居区的贫困发生率、贫困深度与贫困强度自然较高,福利水平较差,而造成这一结果的根本原因主要表现为基础设施落后、人口自我发展能力不足、自然环境恶劣、产业结构单一等方面。人均可经营土地面积对贫困发生率的估计结果较为稳健,均表现为正向显著影响,从 CFPS 数据说明来看,人均可经营土地面积包括耕地、林果地、山地、水面、牧场等,一般来说,越靠近偏远的农村人均可经营土地面积越大,但是地区越偏远,交通越不便利,经济发展也较落后,因此从这个角度来看,我们认为人均可经营土地面积越大,贫困发生率越高,贫困深度和贫困强度也越大。村庄平均家庭规模这一变量在两种方法下的结论并不一致,从表 5-11 中可以看出,尽管影响均显著,但是影响方向却相反,我们认为出现这一结果是合理的,基于样本算法的村庄平均家庭规模对贫困的影响为负,从描述性统计中我们可以发现研究数据的年龄范围集中在 16—65 周岁,因此村庄平均家庭规模越大代表着劳动力人口越多,劳动力越丰富意味着该地区陷入贫困的可能性也越低。而在模拟算法中村庄平均家庭规模越大,贫困发生率、贫困深度和贫困强度也越高,可能的原因是家庭规模作为人均年纯收入的重要计算因子,家庭规模越大代表家庭代际数越大,因此家庭劳动力比例相对较低,同时照顾老人、抚养孩子的成本和负担较重,则家庭教育支出和医疗支出较高。而老人和小孩属于易患病人群,这种人口负担直接会导致人均收入降低,增加了家庭陷入贫困的可能性[①]。村庄有占总户数 10%以上的大姓在社会学中被认为是宗族关系的存在,表 5-11 中显示模拟算法下村庄是否有占总户数 10%以上的大姓对贫困的影响正向显著,其中贫困发生率显著性最高。目前较少学者关注宗族对农村贫困的影响,根据汪三贵等人(2014)的研究,我们认为宗族势力越强越可能阻碍村民自治和干预公共产品的提供,从而给对

---

① 刘娟. 探析家庭规模与农村家庭贫困的关系[J]. 安徽农业科学,2006(11).

第二节 健康资本投资对村庄福利水平影响的实证分析

升级的可持续带来不利影响①。从收入增长的视角,农村劳动力的有效供给是实现农民收入增长、生计可持续的重要途径,而估计结果显示尽管村庄劳动力(16—65岁)占比越大,贫困发生率越低,但估计结果并不显著。但村庄农业劳动力的占比对贫困的影响负向显著,并且两种算法下这一结论相反,而模拟算法的估计结果并不显著。我们认为出现这一结论的主要原因在于相比较农业劳动来说,理论上非农劳动对实现可持续生计的效果更佳,但在实际数据调查中,农村居民大多数以农业为主,因此村庄农业劳动力占比越大代表劳动力越充足,因此村庄的贫困发生率也就越低,贫困深度和强度也越低。根据这一结论,我们也可以发现村庄外出劳动力占比对福利水平的影响并不显著,这更加验证了农村居民大多数以农业为主。距离县城中心越近,经济与公共服务辐射程度越高;距离县城中心越远,经济与公共服务程度越低。县城中心作为全县行政、经济和文化中心,拥有最发达经济社会的服务基础设施,到县城中心距离形成了以县城为中心向四周辐射的同心圆状,而农村贫困发生率也大致从县城中心向四周由低到高逐渐扩展②。本书的估计结果进一步证实了这一结论,显示村庄距离本县县城的距离也是影响村庄贫困化的主导因素之一。在本书给出的影响贫困的其他因素中,区域划分也是一个重要的影响因素,表5-11中显示西部地区的贫困发生率、贫困深度和贫困强度明显高于中部地区,本书中表5-12、表5-13和表5-14对这一差异也做出了更为详细的对比分析。

1. 分区域的健康资本投资决策对贫困发生率的影响

表5-12、表5-13、表5-14分别汇报了东中西三个区域的健康资本投资决策对贫困发生率的影响。

(1)东部地区

表5-12汇报了东部地区514个村庄健康投资决策对贫困发生

---

① 汪三贵,杨浩,薛彦龙. 宗族与减贫——基于贫困地区的研究[J]. 贵州社会科学,2014(3).

② 蒋潞遥,等. 山区农村贫困化分异机制探讨[J]. 湖北农业科学,2018(19).

率的估计结果,正如数据所展现的那样,东部地区公共健身投资决策对贫困发生率的影响更显著,两种算法下村庄公共健身投资对贫困发生率的影响均为负向显著影响(2.8584 和 3.8812),并且贫困深度和贫困强度均在 1%的显著性水平下高度显著,这说明东部地区相对经济条件较优越,福利水平更高。而在表 5-12 中,尽管公共医疗投资对贫困发生率的影响为负向相关,但该影响效应并不明显。另外,城乡分类、村庄总人口、村庄是否属于少数民族聚居区、人均可经营土地面积、村庄人口密度、平均家庭规模等其他影响变量的估计结果大体上与总体保持一致。

(2)中部地区

表 5-13 汇报了中部地区 343 个村健康投资决策对贫困发生率的估计结果,整体来看,尽管中部地区的健康资本投资决策对贫困发生率的影响与总体的估计结果方向一致,但单独来看这种影响并不明显,只有模拟算法下的公共健身投资对贫困深度和贫困强度的影响在 1%的显著性水平下显著负相关。

(3)西部地区

表 5-13 汇报了西部地区 288 个村庄健康投资决策对贫困发生率的估计结果,同样,西部地区村庄健康资本投资决策对贫困的负向影响方向上与总体趋同,但也存在明显的差异性。和东、中部地区相比,西部地区的公共医疗投资的影响效应强于公共健身投资的影响,这点与表 5-11 中西部地区的估计结果相似。

2. 比较分析

通过对东中西三个地区村庄健康资本投资决策的核心变量对村庄贫困发生率影响的估计结果的分析,我们发现这种影响既有相同性,又因为地区经济、文化、地理等不同而存在差异。综合来说,主要表现在以下几个方面:

(1)总体来说,三个地区村庄健康资本投资决策对贫困发生率的影响方向与总体一致,均为负向相关关系,也就是说,加大健身和医疗两方面的健康资本投资,村庄的贫困发生率、贫困深度和贫困强度都在不同程度上有降低趋势,福利水平在一定程度上得以提升。

第二节 健康资本投资对村庄福利水平影响的实证分析

表 5-11 村庄健康投资决策对贫困发生率的估计结果

变量	样本算法			模拟算法		
	贫困发生率	贫困深度	贫困强度	贫困发生率	贫困深度	贫困强度
村庄健身投资	-2.8584**	-2.7175***	-2.6752***	-3.8812***	-2.8070***	-2.4945***
	(-2.44)	(-2.97)	(-3.42)	(-5.04)	(-7.51)	(-8.86)
村庄医疗投资	-2.6963*	-1.8770	-1.4204	-2.6605**	-1.7746***	-1.5480***
	(-1.67)	(-1.49)	(-1.32)	(-2.51)	(-3.45)	(-3.99)
城乡分类	-0.4865	0.4323	0.7148	-4.9660***	-2.1723***	-1.3769***
	(-0.35)	(0.39)	(0.76)	(-5.39)	(-4.85)	(-4.08)
村庄总人口	-1.0791	-0.1351	0.1781	-1.6140**	-0.7456**	-0.4965**
	(-1.05)	(-0.17)	(0.26)	(-2.40)	(-2.28)	(-2.02)
村庄是否属于少数民族聚居区	2.6218	1.0141	0.6047	3.3647***	1.4494**	0.8996**
	(1.42)	(0.70)	(0.49)	(2.77)	(2.45)	(2.02)
人均可经营土地面积	1.8237***	1.2351***	0.9289***	0.2863*	0.1564**	0.1175**
	(7.65)	(6.64)	(5.84)	(1.83)	(2.06)	(2.05)

续表

变量	样本算法			模拟算法		
	贫困发生率	贫困深度	贫困强度	贫困发生率	贫困深度	贫困强度
村庄人口密度	-0.1795*	-0.0975	-0.0713	-0.0095	-0.0100	-0.0084
	(-1.86)	(-1.29)	(-1.10)	(-0.15)	(-0.33)	(-0.36)
村庄平均家庭规模	-1.2037**	-1.0372**	-0.9351**	2.0512***	0.9878***	0.6646***
	(-1.99)	(-2.20)	(-2.31)	(5.16)	(5.12)	(4.57)
村庄是否有占总户数10%以上的大姓	0.9216	0.2800	-0.0733	2.8271***	1.1286**	0.6384*
	(0.62)	(0.24)	(-0.07)	(2.91)	(2.39)	(1.80)
村庄劳动力(16—65岁)占比	-5.3622	-2.8436	-1.5231	-4.2191	-2.8690*	-2.4862**
	(-1.05)	(-0.71)	(-0.44)	(-1.25)	(-1.75)	(-2.01)
村庄15岁及以下儿童占比	-4.0229	-3.9448	-3.5922	2.0716	0.0838	-0.4390
	(-0.91)	(-1.14)	(-1.22)	(0.71)	(0.06)	(-0.41)
村庄农业劳动力占比	-0.0449**	-0.0470***	-0.0415***	0.0295*	0.0099	0.0042
	(-1.97)	(-2.64)	(-2.72)	(1.96)	(1.35)	(0.77)

第二节 健康资本投资对村庄福利水平影响的实证分析

续表

变量	样本算法			模拟算法		
	贫困发生率	贫困深度	贫困强度	贫困发生率	贫困深度	贫困强度
村庄外出务工劳动力占比	0.0036	0.0001	-0.0005	-0.0037	-0.0034	-0.0037
	(0.14)	(0.01)	(-0.03)	(-0.22)	(-0.43)	(-0.62)
村庄外来人口占比	-2.7925	-1.9214	-1.3617	-0.2700	0.1161	0.2098
	(-0.94)	(-0.83)	(-0.68)	(-0.14)	(0.12)	(0.29)
农业产值在村庄总产值中的占比	4.7825***	3.7788***	3.0668***	-0.8436	-0.4822	-0.3457
	(2.72)	(2.75)	(2.61)	(-0.73)	(-0.86)	(-0.82)
村庄集体经济收入在总产值中的占比	-5.5e+02**	-2.5e+02	-1.7e+02	-2.5e+02	-1.3e+02	-87.7491
	(-2.08)	(-1.24)	(-0.98)	(-1.45)	(-1.51)	(-1.39)
村庄距离本县县城的距离	0.0835***	0.0597***	0.0480***	0.0131	0.0028	0.0000
	(4.64)	(4.25)	(3.99)	(1.10)	(0.48)	(0.01)
中部地区	1.3628	1.1565	1.2287	3.0786***	1.2947***	0.7733***
	(1.13)	(1.23)	(1.52)	(3.88)	(3.36)	(2.66)

续表

变量	样本算法			模拟算法		
	贫困发生率	贫困深度	贫困强度	贫困发生率	贫困深度	贫困强度
西部地区	4.4719***	1.8897*	1.0383	5.5483***	2.0952***	1.0944***
	(3.37)	(1.82)	(1.17)	(6.35)	(4.94)	(3.42)
常数项	24.3807***	17.7989***	14.9886***	17.6938***	14.4916***	13.5505***
	(6.67)	(6.24)	(6.14)	(7.37)	(12.42)	(15.42)
观测值	1145	1145	1145	1145	1145	1145
R 平方	0.141	0.100	0.087	0.362	0.336	0.287
调整 R 平方	0.126	0.084	0.072	0.351	0.325	0.275
F 统计量	9.680	6.547	5.671	33.534	29.959	23.816
P 值	0.000	0.000	0.000	0.000	0.000	0.000

注：括号内表示估计系数对应的 t 值；*、** 和 *** 分别表示在 10%、5% 和 1% 的统计水平上显著。

第二节 健康资本投资对村庄福利水平影响的实证分析

表5-12 东部地区村庄健康投资决策对贫困发生率的估计结果

变量	样本算法			模拟算法		
	贫困发生率	贫困深度	贫困强度	贫困发生率	贫困深度	贫困强度
村庄健身投资	-5.6076***	-4.1045***	-3.7910***	-5.5721***	-3.2880***	-2.6332***
	(-2.92)	(-2.76)	(-2.99)	(-4.78)	(-5.40)	(-5.43)
村庄医疗投资	-1.3702	-0.8160	-0.4239	-1.7557	-1.3601*	-1.2686**
	(-0.61)	(-0.47)	(-0.29)	(-1.30)	(-1.92)	(-2.25)
城乡分类	-2.0001	-0.6860	-0.2046	-4.6407***	-1.9854***	-1.2077**
	(-0.97)	(-0.43)	(-0.15)	(-3.70)	(-3.02)	(-2.31)
村庄总人口	-1.4948	-0.4972	-0.1107	-1.0095	-0.5527	-0.4163
	(-1.16)	(-0.50)	(-0.13)	(-1.29)	(-1.35)	(-1.28)
村庄是否属于少数民族聚居区	0.3363	0.6349	0.6872	5.4824**	2.7362**	1.9159**
	(0.09)	(0.23)	(0.29)	(2.54)	(2.42)	(2.13)

续表

变量	样本算法			模拟算法		
	贫困发生率	贫困深度	贫困强度	贫困发生率	贫困深度	贫困强度
人均可经营土地面积	1.6355***	1.1410***	0.9125***	0.2686	0.1061	0.0574
	(4.10)	(3.70)	(3.46)	(1.11)	(0.84)	(0.57)
村庄人口密度	-0.2297*	-0.1410	-0.1009	-0.0039	-0.0063	-0.0049
	(-1.78)	(-1.41)	(-1.18)	(-0.05)	(-0.15)	(-0.15)
村庄平均家庭规模	-1.5955*	-1.3024**	-1.1458**	1.5477***	0.7753***	0.5324**
	(-1.92)	(-2.02)	(-2.08)	(3.06)	(2.93)	(2.53)
村庄是否有占总户数10%以上的大姓	1.2905	0.4482	0.0962	0.9675	0.0593	-0.1947
	(0.58)	(0.26)	(0.07)	(0.71)	(0.08)	(-0.34)
村庄劳动力(16—65岁)占比	-1.0575	-1.7684	-1.1277	0.9813	-0.2470	-0.5862
	(-0.14)	(-0.30)	(-0.22)	(0.21)	(-0.10)	(-0.30)

续表

变量	样本算法			模拟算法		
	贫困发生率	贫困深度	贫困强度	贫困发生率	贫困深度	贫困强度
村庄15岁及以下儿童占比	1.7784 (0.19)	1.0177 (0.14)	1.9148 (0.31)	12.9635** (2.30)	3.2487 (1.10)	0.4786 (0.20)
村庄农业劳动力占比	-0.0549 (-1.60)	-0.0492* (-1.85)	-0.0403* (-1.78)	0.0272 (1.30)	0.0117 (1.08)	0.0073 (0.84)
村庄外出务工劳动力占比	-0.0448 (-1.19)	-0.0428 (-1.47)	-0.0421* (-1.69)	0.0072 (0.31)	0.0056 (0.47)	0.0051 (0.53)
村庄外来人口占比	-4.6424 (-1.10)	-4.9796 (-1.53)	-4.1764 (-1.50)	1.2845 (0.50)	1.2281 (0.92)	1.1954 (1.12)
农业产值在村庄总产值中的占比	5.0505* (1.85)	4.5623** (2.16)	3.7879* (2.10)	0.2492 (0.15)	-0.3809 (-0.44)	-0.5322 (-0.77)

第五章　健康资本投资对村域层面可持续生计的影响分析

续表

变量	样本算法			模拟算法		
	贫困发生率	贫困深度	贫困强度	贫困发生率	贫困深度	贫困强度
村庄集体经济收入在总产值中的占比	-2.2e+02	-50.8418	-12.9339	-2.8e+02	-1.9e+02*	-1.6e+02*
	(-0.62)	(-0.18)	(-0.05)	(-1.30)	(-1.68)	(-1.80)
村庄距离本县县城的距离	0.0771**	0.0564**	0.0453**	-0.0159	-0.0112	-0.0096
	(2.46)	(2.33)	(2.19)	(-0.84)	(-1.13)	(-1.22)
常数项	28.2229***	20.1793***	16.5963***	18.1951***	14.8740***	13.8878***
	(5.32)	(4.92)	(4.74)	(5.65)	(8.83)	(10.36)
观测值	514	514	514	514	514	514
R 平方	0.117	0.095	0.089	0.292	0.248	0.197
调整 R 平方	0.086	0.064	0.058	0.267	0.222	0.169
F 统计量	3.856	3.051	2.850	12.014	9.597	7.155
P 值	0.000	0.000	0.000	0.000	0.000	0.000

注：括号内表示估计系数对应的 t 值；*、**和***分别表示在10%、5%和1%的统计水平上显著。

第二节 健康资本投资对村庄福利水平影响的实证分析

表 5-13 中部地区村庄健康投资决策对贫困发生率的估计结果

变量	样本算法			模拟算法		
	贫困发生率	贫困深度	贫困强度	贫困发生率	贫困深度	贫困强度
村庄健身投资	-0.9931	-2.4144	-2.6117*	-0.2315	-1.6953***	-2.1132***
	(-0.48)	(-1.46)	(-1.83)	(-0.17)	(-2.71)	(-4.70)
村庄医疗投资	-0.4717	-0.9266	-1.0431	0.6491	-0.1788	-0.4552
	(-0.13)	(-0.31)	(-0.41)	(0.27)	(-0.16)	(-0.56)
城乡分类	-0.4508	-0.0442	0.4028	-3.8952**	-1.8328**	-1.2583**
	(-0.17)	(-0.02)	(0.22)	(-2.21)	(-2.26)	(-2.16)
村庄总人口	2.5414	1.0955	0.6808	-2.5376*	-1.0717	-0.6583
	(1.12)	(0.61)	(0.44)	(-1.71)	(-1.57)	(-1.34)
村庄是否属于少数民族聚居区	3.9143	3.6184	3.4295	2.3710	1.4251	1.1822
	(0.69)	(0.80)	(0.88)	(0.64)	(0.83)	(0.96)

续表

变量	样本算法			模拟算法		
	贫困发生率	贫困深度	贫困强度	贫困发生率	贫困深度	贫困强度
人均可经营土地面积	1.4137*** (3.30)	0.8346** (2.45)	0.5612* (1.91)	0.5874** (2.09)	0.2815** (2.18)	0.1908** (2.05)
村庄人口密度	-0.1939 (-0.95)	-0.1180 (-0.73)	-0.0959 (-0.68)	-0.0763 (-0.57)	-0.0632 (-1.03)	-0.0574 (-1.30)
村庄平均家庭规模	-0.3868 (-0.30)	0.0026 (0.00)	-0.1354 (-0.15)	1.5231* (1.82)	0.8973** (2.33)	0.6937** (2.51)
村庄是否有占总户数10%以上的大姓	-0.0199 (-0.01)	-1.3280 (-0.53)	-1.7221 (-0.80)	6.5659*** (3.18)	2.6699*** (2.81)	1.5477** (2.27)
村庄劳动力(16—65岁)占比	-3.8968 (-0.38)	-1.3021 (-0.16)	0.0737 (0.01)	-6.2111 (-0.92)	-5.4600* (-1.75)	-5.2509** (-2.35)

续表

变量	样本算法			模拟算法		
	贫困发生率	贫困深度	贫困强度	贫困发生率	贫困深度	贫困强度
村庄15岁及以下儿童占比	-4.0417	-4.8385	-4.8706	2.7004	1.3655	0.9981
	(-0.50)	(-0.75)	(-0.87)	(0.50)	(0.55)	(0.56)
村庄农业劳动力占比	-0.0122	-0.0249	-0.0208	-0.0062	-0.0085	-0.0091
	(-0.26)	(-0.67)	(-0.65)	(-0.20)	(-0.60)	(-0.90)
村庄外出务工劳动力占比	0.0298	0.0203	0.0219	0.0160	-0.0017	-0.0072
	(0.58)	(0.50)	(0.62)	(0.48)	(-0.11)	(-0.65)
村庄外来人口占比	3.3484	5.4304	5.4347	3.1255	0.6318	-0.0572
	(0.54)	(1.10)	(1.28)	(0.77)	(0.34)	(-0.04)
农业产值在村庄总产值中的占比	3.5267	1.9213	1.6267	-5.8244***	-2.6129***	-1.6753**
	(1.07)	(0.73)	(0.72)	(-2.69)	(-2.62)	(-2.34)

续表

变量	样本算法			模拟算法		
	贫困发生率	贫困深度	贫困强度	贫困发生率	贫困深度	贫困强度
村庄集体经济收入在总产值中的占比	-1.3e+03**	-8.2e+02*	-6.2e+02*	-1.3e+02	57.4779	112.5486
	(-2.34)	(-1.92)	(-1.67)	(-0.37)	(0.35)	(0.96)
村庄距离本县县城的距离	0.0549	0.0287	0.0194	-0.0184	-0.0148	-0.0133
	(1.29)	(0.85)	(0.66)	(-0.66)	(-1.15)	(-1.43)
常数项	17.6516**	14.5532**	13.5684***	18.6607***	15.0398***	14.0191***
	(2.46)	(2.55)	(2.75)	(3.97)	(6.95)	(9.01)
观测值	343	343	343	343	343	343
R 平方	0.090	0.072	0.070	0.298	0.302	0.291
调整 R 平方	0.043	0.024	0.021	0.261	0.265	0.254
F 统计量	1.902	1.488	1.435	8.112	8.254	7.851
P 值	0.017	0.097	0.118	0.000	0.000	0.000

注：括号内表示估计系数对应的 t 值；*、**和***分别表示在10%、5%和1%的统计水平上显著。

第二节 健康资本投资对村庄福利水平影响的实证分析

表5-14 西部地区村庄健康投资决策对贫困发生率的估计结果

变量	样本算法			模拟算法		
	贫困发生率	贫困深度	贫困强度	贫困发生率	贫困深度	贫困强度
村庄健身投资	-0.4601	-0.6489	-0.7200	-5.7719***	-3.5950***	-2.9481***
	(-0.20)	(-0.37)	(-0.48)	(-3.56)	(-4.77)	(-5.46)
村庄医疗投资	-7.2275**	-5.1911**	-4.2022**	-5.4506**	-3.1686***	-2.5539***
	(-2.29)	(-2.11)	(-2.02)	(-2.42)	(-3.03)	(-3.41)
城乡分类	2.9152	2.6939	2.2621	-5.3151**	-2.3995**	-1.5963**
	(0.98)	(1.16)	(1.15)	(-2.49)	(-2.43)	(-2.25)
村庄总人口	-6.8441**	-2.6189	-1.2250	-2.8426	-0.8522	-0.2747
	(-2.32)	(-1.14)	(-0.63)	(-1.35)	(-0.87)	(-0.39)
村庄是否属于少数民族聚居区	4.2293*	1.5222	0.6890	2.4427	0.8916	0.4421
	(1.69)	(0.78)	(0.42)	(1.37)	(1.08)	(0.74)

续表

变量	样本算法			模拟算法		
	贫困发生率	贫困深度	贫困强度	贫困发生率	贫困深度	贫困强度
人均可经营土地面积	2.4241***	1.7201***	1.2886***	0.1678	0.1862	0.1909*
	(5.58)	(5.08)	(4.50)	(0.54)	(1.29)	(1.85)
村庄人口密度	0.0661	0.1050	0.0812	-0.0020	-0.0047	-0.0053
	(0.28)	(0.57)	(0.53)	(-0.01)	(-0.06)	(-0.10)
村庄平均家庭规模	-1.6891	-1.7593	-1.4206	2.4260**	1.1224**	0.7557**
	(-1.16)	(-1.55)	(-1.48)	(2.34)	(2.33)	(2.19)
村庄是否有占总户数10%以上的大姓	0.5163	0.3227	-0.0121	3.5301*	1.8915**	1.4170**
	(0.19)	(0.16)	(-0.01)	(1.87)	(2.16)	(2.25)
村庄劳动力(16—65岁)占比	-10.5199	-5.6279	-3.1759	-6.9292	-3.7866	-2.9185
	(-1.02)	(-0.70)	(-0.47)	(-0.94)	(-1.10)	(-1.19)

续表

变量	样本算法			模拟算法		
	贫困发生率	贫困深度	贫困强度	贫困发生率	贫困深度	贫困强度
村庄15岁及以下儿童占比	-4.2546 (-0.59)	-4.3415 (-0.78)	-4.5139 (-0.96)	-1.2163 (-0.24)	-1.2347 (-0.52)	-1.1355 (-0.67)
村庄农业劳动力占比	-0.0373 (-0.86)	-0.0497 (-1.48)	-0.0527* (-1.86)	0.0541* (1.76)	0.0191 (1.34)	0.0087 (0.85)
村庄外出务工劳动力占比	0.0204 (0.42)	0.0204 (0.54)	0.0192 (0.60)	-0.0346 (-1.01)	-0.0152 (-0.95)	-0.0102 (-0.89)
村庄外来人口占比	-3.7495 (-0.52)	-0.7681 (-0.14)	0.6165 (0.13)	-4.4598 (-0.88)	-2.0440 (-0.86)	-1.4078 (-0.83)
农业产值在村庄总产值中的占比	8.1056** (2.25)	6.4347** (2.29)	5.3045** (2.23)	1.5505 (0.60)	0.7216 (0.60)	0.5311 (0.62)

续表

变量	样本算法			模拟算法		
	贫困发生率	贫困深度	贫困强度	贫困发生率	贫困深度	贫困强度
村庄集体经济收入在总产值中的占比	-1.1e+02	413.7057	437.4378	-18.5034	-18.9999	-9.1094
	(-0.17)	(0.84)	(1.05)	(-0.04)	(-0.09)	(-0.06)
村庄距离本县县城的距离	0.0995***	0.0721***	0.0570***	0.0419**	0.0176*	0.0106*
	(3.68)	(3.42)	(3.21)	(2.18)	(1.97)	(1.66)
常数项	30.7765***	21.3583***	16.9986***	24.5848***	16.7230***	14.3451***
	(3.67)	(3.27)	(3.08)	(4.12)	(6.03)	(7.22)
观测值	288	288	288	288	288	288
R 平方	0.250	0.216	0.201	0.395	0.411	0.398
调整 R 平方	0.203	0.166	0.150	0.356	0.374	0.360
F 统计量	5.295	4.368	3.985	10.348	11.065	10.509
P 值	0.000	0.000	0.000	0.000	0.000	0.000

注：括号内表示估计系数对应的 t 值；*、** 和 *** 分别表示在10%、5%和1%的统计水平上显著。

（2）对比三个地区村庄健康资本投资决策的估计结果又存在明显的差异性。总的来说，东部地区与西部地区健康资本投资决策对贫困发生率存在显著影响，而中部地区的这种影响效应并不明显；从影响因素上看，东部地区公共健身投资对贫困发生率的影响更显著，而西部地区相反，公共医疗投资对其作用明显更大。对于这一结果的分析，我们可以从以下几点来考虑：第一，随着社会的进步与发展，人们对生活和健康有了更高的标准与要求，体育健身也逐渐成为人们生活方式的重要组成部分。一般来说，相比于城市，农村公共健身场所、设施均比较匮乏，而公共健身投资依赖于一个地区的地方财政，由于东部地区经济较发达，东部地区公共健身投资明显优于西中部地区。从长期来看，公共健身投资的价值在于提高群众的健康人力资本，从而实现收入的提高。因此，公共健身投资对村庄福利水平的提升必然起到决定性作用。另外，由于人均收入水平较高，东部地区公共医疗投资更依赖于地方财政和个人缴费，因此在公共医疗投资的筹资机制具有稳定可靠、增长合理的特点，区域内并没有明显的差异性，因此，影响效果相对不显著。第二，由于地理位置、区位因素等限制，西部地区贫困问题较东中部地区严重，主要表现为贫困发生面大、发生率高和贫困程度深，因此一直以来都被认为是国家经济发展的"短板"。在影响可持续生计的众多因素中，"因病致贫"是困扰西部地区发展的最大阻力，加大西部地区健康资本投资是推动可持续生计的重点，而从1994年开始实施分税制改革后，卫生事业就属于地方政府负责，各个地区公共健康资本投资主要依靠当地区经济发展水平，因此，对于西部地区来说，健康资本投资决策对于村庄福利水平的提升起着至关重要的作用。

（3）在其他控制变量中，城乡分类、人均可经营土地面积、村庄平均家庭规模等的估计结果较稳健。并且较之于样本算法的估计结果，模拟算法的估计结果较好，但这一结论还没有比较科学和合理的检验标准。

第五章 健康资本投资对村域层面可持续生计的影响分析

(二)健康资本投资数量对村庄贫困发生率的影响

表 5-15 汇报了样本算法和模拟算法下的健康资本投资数量对村庄贫困发生率影响的不同估计结果，即研究村庄投资的公共锻炼场地或设施的数量以及医院、医疗点或药店的数量等对贫困发生率等的影响。

从核心解释变量村庄健身投资数量和村庄医疗投资数量来看，在不同的算法下，它们对贫困发生率的影响均为负向影响。但对比表 5-11 的估计结果，村庄健康资本投资数量对贫困发生率的影响并不那么显著，表 5-11 给出的结果显示，公共健身投资数量对贫困发生率的影响只在模拟算法下显著，而公共医疗投资数量对贫困发生率的影响也只在样本算法下才表现为在 5% 的显著性水平下显著负相关。这说明村庄健康资本投资"从无到有"比"从有到优"对贫困发生率、贫困深度和贫困强度的影响更大，也证明了村庄健康资本投资作为人力资本投资工程的基础性。对比表 5-11 和表 5-15 的其他影响因素的估计结果，无论是在影响方向上还是显著程度上大体一致，显著性较高的影响变量为村庄是否属于少数民族聚居区、人均可经营土地面积、村庄平均家庭规模、村庄农业劳动力占比以及村庄距离本县县城的距离等。我们认为村庄是否属于少数民族聚居区对贫困的影响为正，换句话说，少数民族聚居区的贫困问题更为突出，贫困发生率更高、贫困深度和贫困强度也更大，这点和现实也是高度一致的，也是当前学者研究的重难点问题之一，同时，在表 5-15 中我们可以发现西部地区贫困发生率也更大，估计结果最为显著。以上实证结果更加表明为了实现全民族共同富裕、实现全面脱贫，必须补齐"全面"中的"短板"，加大对西部地区的扶持力度，做到扶贫政策向西部地区倾斜，从而推动西部地区经济稳定快速发展。而人均可经营土地面积、村庄平均家庭规模、村庄农业劳动力占比以及村庄距离本县县城的距离分别从经济条件、劳动力、交通等方面研究贫困，人均可经营土地面积估计结果为正，表明人均可经营土地面积越大，贫困发生率越高，而从地理区位来看，人均可经营土地面积越大代表着村庄距离城市越远，显然这类村庄陷入贫困的可能性越大。村庄平均家庭规模和村庄农业劳动力

第二节 健康资本投资对村庄福利水平影响的实证分析

表5-15 村庄健康投资数量对贫困发生率的估计结果

变量	样本算法			模拟算法		
	贫困发生率	贫困深度	贫困强度	贫困发生率	贫困深度	贫困强度
村庄健身投资数量	-0.1090 (-0.44)	-0.0463 (-0.24)	-0.0636 (-0.38)	-0.5110*** (-3.11)	-0.2725*** (-3.36)	-0.2012*** (-3.25)
村庄医疗投资数量	-0.5462*** (-2.86)	-0.3802** (-2.54)	-0.2945** (-2.30)	-0.1490 (-1.18)	-0.0712 (-1.14)	-0.0509 (-1.07)
城乡分类	-0.7074 (-0.51)	0.1424 (0.13)	0.4078 (0.44)	-5.4425*** (-5.90)	-2.5755*** (-5.65)	-1.7598*** (-5.06)
村庄总人口	-0.4699 (-0.44)	0.2214 (0.27)	0.4549 (0.64)	-1.2609* (-1.80)	-0.6334* (-1.83)	-0.4548* (-1.72)
村庄是否属于少数民族聚居区	3.1278* (1.69)	1.4276 (0.99)	0.9720 (0.78)	3.8192*** (3.12)	1.7616*** (2.91)	1.1721** (2.54)
人均可经营土地面积	1.4687*** (5.96)	0.9693*** (5.02)	0.7013*** (4.24)	0.0096 (0.06)	-0.0135 (-0.17)	-0.0222 (-0.36)

续表

变量	样本算法			模拟算法		
	贫困发生率	贫困深度	贫困强度	贫困发生率	贫困深度	贫困强度
村庄人口密度	-0.1878*	-0.1018	-0.0737	-0.0044	-0.0049	-0.0033
	(-1.94)	(-1.34)	(-1.14)	(-0.07)	(-0.16)	(-0.14)
村庄平均家庭规模	-1.1975**	-1.0237**	-0.9229**	2.0171***	0.9739***	0.6568***
	(-1.98)	(-2.16)	(-2.28)	(5.03)	(4.92)	(4.35)
村庄是否有占总户数10%以上的大姓	0.4324	-0.1066	-0.4031	2.4439*	0.8639*	0.4056
	(0.29)	(-0.09)	(-0.41)	(2.50)	(1.79)	(1.10)
村庄劳动力(16—65岁)占比	-5.8722	-3.1471	-1.7498	-4.2610	-2.8026*	-2.3875*
	(-1.14)	(-0.78)	(-0.51)	(-1.25)	(-1.67)	(-1.86)
村庄15岁及以下儿童占比	-3.4739	-3.5091	-3.2322	2.2167	0.1975	-0.3319
	(-0.79)	(-1.01)	(-1.09)	(0.76)	(0.14)	(-0.30)
村庄农业劳动力占比	-0.0389*	-0.0417**	-0.0367**	0.0369**	0.0153**	0.0091
	(-1.71)	(-2.35)	(-2.41)	(2.45)	(2.06)	(1.60)

续表

变量	样本算法			模拟算法		
	贫困发生率	贫困深度	贫困强度	贫困发生率	贫困深度	贫困强度
村庄外出务工劳动力占比	0.0109 (0.44)	0.0081 (0.42)	0.0074 (0.45)	0.0034 (0.20)	0.0027 (0.33)	0.0022 (0.35)
村庄外来人口占比	-2.7466 (-0.93)	-1.8804 (-0.81)	-1.3332 (-0.67)	0.0087 (0.00)	0.3300 (0.34)	0.4081 (0.55)
农业产值在村庄总产值中的占比	4.8137*** (2.74)	3.7948*** (2.76)	3.0717*** (2.61)	-0.6972 (-0.60)	-0.3770 (-0.66)	-0.2505 (-0.57)
村庄集体经济收入在总产值中的占比	-5.5e+02** (-2.11)	-2.7e+02 (-1.32)	-1.9e+02 (-1.08)	-2.5e+02 (-1.43)	-1.3e+02 (-1.57)	-98.7525 (-1.51)
村庄距离本县县城的距离	0.0841*** (4.68)	0.0602*** (4.28)	0.0483*** (4.01)	0.0128 (1.07)	0.0029 (0.48)	0.0003 (0.06)
中部地区	1.8397 (1.52)	1.5537 (1.64)	1.5848* (1.96)	3.3297*** (4.16)	1.4673*** (3.71)	0.9231*** (3.06)

续表

变量	样本算法			模拟算法		
	贫困发生率	贫困深度	贫困强度	贫困发生率	贫困深度	贫困强度
西部地区	4.7309***	2.1105**	1.2406	5.7173***	2.2121***	1.1961***
	(3.57)	(2.03)	(1.39)	(6.50)	(5.09)	(3.61)
常数项	21.4231***	15.1406***	12.5936***	13.8948***	11.5888***	10.8827***
	(6.42)	(5.79)	(5.62)	(6.28)	(10.60)	(13.05)
观测值	1145	1145	1145	1145	1145	1145
R 平方	0.141	0.096	0.081	0.351	0.303	0.233
调整 R 平方	0.127	0.081	0.066	0.340	0.291	0.220
F 统计量	9.759	6.321	5.251	32.056	25.758	17.969
P 值	0.000	0.000	0.000	0.000	0.000	0.000

注：括号内表示估计系数对应的 t 值；*、**和***分别表示在10%、5%和1%的统计水平上显著。

占比的估计结果具有类似性,在样本算法中为负向影响关系,在模拟算法中为正。我们可以从劳动力的角度分析,村庄平均家庭规模和农业劳动力占比越大意味着劳动力越丰富,由于财富主要由劳动生产获得,负向符号表明劳动生产与健康资本投资或健康资本存量是可以相互替代的,劳动生产减少了村庄陷入贫困的概率。而在模拟算法中两者估计结果为正,我们认为随着社会经济的发展以及经济条件、住房条件、思想观念等变化,分家立户是人们追求自由化的象征,家庭规模也在不断缩减,2010 年第六次人口普查全国平均家庭规模为 3.09 人,而在本书中村庄的平均家庭规模为 4.264 人,说明在我国农村家庭的抚养相比城市要大,而在以农业为主的农村,低收入与高抚养负担的夹杂势必加大了陷入贫困的风险。

(三)健康资本投资对村庄人均纯收入的影响

在村庄人均纯收入方面,为探讨健康资本投资对村庄人均纯收入的影响是否存在差异,表 5-16 采用分位数回归方法,选择 10% 分位、25% 分位、50% 分位、75% 分位和 90% 分位五个分位点,汇报了健康资本投资决策对村庄人均纯收入影响的估计结果。

根据表 5-16 回归结果,均值回归中村庄健身投资和医疗投资的回归结果均在 5% 的统计水平下显著正相关。而在分位数回归中,由于不考虑同方差、正态分布的假设,估计结果更加稳健,村庄健身投资仅在 70% 分位和 90% 分位上在 10% 的统计水平下显著正相关,而村庄医疗投资对高分位数收入的影响不显著,对 10%、25% 和 50% 分位数上的中低收入存在显著的正向影响关系。上述结果表明,村庄收入水平不同,健康资本投资对村庄人均纯收入的影响程度存在较大差异。公共医疗投资作为最基本的农村医疗保障,对低收入群体的影响更为明显,公共医疗投资通过提高医疗服务可及性和利用率改善低收入群体的健康决策和健康行为,进而最大限度提高其健康资本水平,最终实现收入的提高;但随着收入水平的提高,这种保障已不能满足所有群体的需求,村庄健身投资通过健身场地和设施的普及影响农民的健康意识,引导农民群体向"预防型"健康需求转变,使得他们更注重平时的保健和身体锻炼,从源头上避免一些疾病的发生,最终通过影响劳动参与这一机制实现收

表 5-16 健康资本投资对村庄人均纯收入的估计结果

变 量	均值回归	工具变量	10分位	25分位	50分位	75分位	90分位
村庄健身投资	0.0791** (2.25)	0.3058*** (4.84)	0.0140 (0.68)	0.0185 (0.58)	0.0435 (1.37)	0.1076* (1.71)	0.1373* (1.73)
村庄医疗投资	0.1187** (2.45)	-0.0690 (-0.80)	0.1764*** (6.21)	0.1963*** (4.50)	0.1529*** (3.50)	0.1096 (1.26)	0.0799 (0.73)
城乡分类	0.1369*** (3.25)	0.1086** (2.49)	0.0500** (2.02)	0.0721* (1.90)	0.0998*** (2.62)	0.2408*** (3.19)	0.3429*** (3.61)
村庄总人口	0.0518* (1.69)	0.0533* (1.69)	0.0598*** (3.31)	0.0459* (1.66)	0.1071*** (3.86)	0.1759*** (3.19)	0.1264* (1.82)
村庄是否属于少数民族聚居区	-0.0678 (-1.22)	-0.0542 (-0.96)	0.0287 (0.88)	-0.0311 (-0.62)	-0.0304 (-0.61)	-0.0388 (-0.39)	-0.1176 (-0.94)
人均可经营土地面积	0.0312*** (4.37)	0.0254*** (3.42)	0.0063 (1.51)	0.0158** (2.46)	0.0298*** (4.62)	0.0300** (2.34)	0.0232 (1.44)
村庄人口密度	0.0141*** (4.86)	0.0141*** (4.80)	0.0036** (2.13)	0.0049* (1.89)	0.0169*** (6.44)	0.0210*** (4.03)	0.0216*** (3.29)

续表

变量	均值回归	工具变量	10分位	25分位	50分位	75分位	90分位
村庄平均家庭规模	-0.0622***	-0.0595***	-0.0122	-0.0299*	-0.0670***	-0.1015***	-0.0692*
	(-3.43)	(-3.23)	(-1.14)	(-1.83)	(-4.08)	(-3.11)	(-1.69)
村庄是否有占总户数10%以上的大姓	-0.1419***	-0.1456***	-0.0178	-0.0331	-0.0923**	-0.1636**	-0.3022***
	(-3.20)	(-3.23)	(-0.69)	(-0.83)	(-2.31)	(-2.06)	(-3.02)
村庄劳动力(16—65岁)占比	0.4880***	0.4779***	0.1676*	0.1785	0.1652	0.6004**	0.8587**
	(3.17)	(3.06)	(1.85)	(1.29)	(1.19)	(2.17)	(2.47)
村庄15岁及以下儿童占比	-0.0682	-0.0550	-0.0640	-0.0674	-0.1832	-0.0759	-0.0693
	(-0.51)	(-0.41)	(-0.82)	(-0.56)	(-1.53)	(-0.32)	(-0.23)
村庄农业劳动力占比	-0.0026***	-0.0024***	-0.0007*	-0.0011*	-0.0014**	-0.0020*	-0.0046***
	(-3.72)	(-3.44)	(-1.68)	(-1.74)	(-2.24)	(-1.65)	(-3.00)
村庄外出务工劳动力占比	-0.0031***	-0.0022***	0.0000	-0.0012*	-0.0023***	-0.0025*	-0.0031*
	(-4.11)	(-2.76)	(0.01)	(-1.74)	(-3.37)	(-1.86)	(-1.83)
村庄外来人口占比	0.2987***	0.2722***	-0.0470	0.0517	0.1558*	0.3119*	0.3345*
	(3.34)	(2.98)	(-0.90)	(0.64)	(1.93)	(1.94)	(1.66)

续表

变量	均值回归	工具变量	10分位	25分位	50分位	75分位	90分位
农业产值在村庄总产值中的占比	0.2574*** (4.87)	0.2396*** (4.44)	0.0078 (0.25)	0.0383 (0.80)	0.1512*** (3.16)	0.2904*** (3.06)	0.3666*** (3.07)
村庄集体经济收入在总产值中的占比	6.5322 (0.83)	3.9264 (0.49)	-4.8645 (-1.05)	0.5839 (0.08)	6.0212 (0.84)	10.0855 (0.71)	22.4724 (1.26)
村庄距离本县县城的距离	-0.0005 (-0.97)	-0.0006 (-1.09)	0.0001 (0.35)	0.0001 (0.17)	-0.0003 (-0.60)	-0.0003 (-0.27)	-0.0006 (-0.45)
中部地区	-0.2215*** (-6.11)	-0.1919*** (-5.14)	-0.0755*** (-3.55)	-0.0917*** (-2.81)	-0.1418*** (-4.33)	-0.1535** (-2.36)	-0.2318*** (-2.83)
西部地区	-0.2263*** (-5.67)	-0.2084*** (-5.13)	-0.0640*** (-2.74)	-0.0783** (-2.18)	-0.1486*** (-4.12)	-0.1979*** (-2.76)	-0.2458*** (-2.73)
常数项	0.9005*** (8.21)	0.8971*** (6.90)	0.2375*** (3.69)	0.4369*** (4.42)	0.8145*** (8.22)	1.0805*** (5.49)	1.4620*** (5.90)
观测值	1145	1145	1145	1145	1145	1145	1145
R平方	0.431	0.405	0.1291	0.1219	0.2350	0.3474	0.4219

注：括号内表示估计系数对应的 t 值；*、** 和 *** 分别表示在 10%、5% 和 1% 的统计水平上显著；分位数回归中给出的 $R2$ 为拟 $R2$；在工具变量估计中采用 2SLS 方法，弱识别 F 统计量为 249.619，exinv 和 meinv 的联合内生性检验 Chi2 为 23.489，P 值为 0.000。

入的提高。

在其他控制变量方面，城乡分类、村庄总人口、人均可经营土地面积、村庄人口密度、村庄平均家庭规模、村庄是否有占总户数10%以上的大姓、村庄劳动力（16—65岁）占比、村庄农业和外出务工劳动力占比和农业产值在村庄总产值中的占比等均是影响村庄人均纯收入的重要因素，且在表5-16中可以看出每个分位数上的影响效应存在一定差异。总体上，城乡分类、村庄总人口、人均可经营土地面积、村庄人口密度和农业产值在村庄总产值中的占比等对村庄人均纯收入的影响在各个分位数上均为正向关系，而村庄平均家庭规模、村庄是否有占总户数10%以上的大姓、村庄农业和外出务工劳动力占比的影响为负向显著。单独来看，城乡分类、村庄人口密度和村庄劳动力（16—65岁）占比对村庄人均纯收入的影响在高分位上越显著，村庄总人口和人均可经营土地面积对50%和75%分位上村庄人均收入的影响最大；村庄平均家庭规模、村庄是否有占总户数10%以上的大姓、村庄农业劳动力占比在高分位数上越显著，而村庄外出务工劳动力占比在50%分位上显著性最高。

第三节　稳定性检验

在本章的实证部分，分别采用样本算法和模拟算法分析村庄健康资本投资对贫困发生率的影响和分位数回归法分析健康资本投资对村庄人均纯收入的影响，通过估计结果验证了健康资本投资对贫困发生的抑制作用以及对村庄人均纯收入的提升作用。为了验证这一结果的合理性，本书就模型可能存在的内生性和样本选择问题进行深层次分析，通过工具变量法和倾向评分匹配（PSM）对可能存在的问题加以克服，以便对估计结果进行更系统的稳健性检验。

一、基于工具变量法的内生性问题分析

尽管公共健身和公共医疗投入能够很好地反映村庄健康资本投资，但健康资本投资可能是一个内生变量，因为该变量与模型中的

其他变量可能存在互为因果的关系。一般，公共层面的健康资本投资主要存在两种等额扶持和差额扶持两种方式，等额扶持即所有地区不存在差异，都有相关配套资金，差额扶持即对申报公共健身投资和公共医疗投资的所有主体，根据相关要求，择优扶持。但往往公共健康资本投资与地区经济有着密切的关系，一些经济条件相对发达的省份可能会吸引到更多的中央财政资金，省级财政配套资金、自筹资金也可能更加充足，往往健康资本投资力度更大，贫困发生率也更低。这种典型的逆向因果关系将导致健康资本投资和贫困发生率的内生性问题难以避免[①]。因此为了尽可能减少内生变量对估计结果的干扰，本书使用工具变量法进行稳定性检验。在具体操作中，由于好的工具变量必须满足外生的和相关的两个基本条件，我们引入区县健身投资普及率和区县医疗投资普及率作为工具变量。同样由于工具变量个数正好等于内生变量个数，属于恰好识别，采用2SLS估计。在表5-17工具变量法的估计结果中，我们可以看出无论是基于样本算法还是模拟算法，核心解释变量村庄健身投资和村庄医疗投资的估计结果仍为负向相关关系，但相较于表5-11中的结果更显著，尤其是村庄医疗投资的估计结果，这表明在克服模型内生性问题之后，健康资本投资依旧可以显著降低村庄的贫困发生率，贫困深度和贫困强度也明显有所降低，因此模型所选取的工具变量是有效的，参数估计结果较为可靠。

另外，在表5-17中弱识别检验的F统计量远远大于10，因此拒绝"存在弱工具变量"的原假设，说明区县健身投资普及率和医疗投资普及率是强工具变量。并且从单个内生性和联合内生性的检验结果中，我们可以看出村庄健身投资更趋向于内生，这是由于公共健身投资更依赖于地区经济水平，受经济基础薄弱和大力推进工业化进程等因素的影响，早期农村公共健身投资比较薄弱，基础性公共健身服务严重滞后。

---

① 赵勇智，罗尔呷，李建平．农业综合开发投资对农民收入的影响分析——基于中国省级面板数据[J]．中国农村经济，2019(5)．

第三节 稳定性检验

表5-17 村庄健康投资决策对贫困发生率的2SLS估计结果

变量	样本算法			模拟算法		
	贫困发生率	贫困深度	贫困强度	贫困发生率	贫困深度	贫困强度
村庄健身投资	-5.6006*** (-2.70)	-4.4919*** (-2.78)	-4.2249*** (-3.06)	-6.3754*** (-4.69)	-3.9808*** (-6.03)	-3.2710*** (-6.58)
村庄医疗投资	-7.1722** (-2.53)	-4.6945** (-2.12)	-3.3513* (-1.77)	-3.1329* (-1.68)	-2.0230** (-2.24)	-1.7166** (-2.52)
城乡分类	0.2170 (0.15)	0.8832 (0.79)	1.0803 (1.13)	-4.5189*** (-4.82)	-1.9604*** (-4.30)	-1.2365*** (-3.61)
村庄总人口	-0.6214 (-0.60)	0.1555 (0.19)	0.3946 (0.57)	-1.4513** (-2.13)	-0.6672** (-2.02)	-0.4443* (-1.79)
村庄是否属于少数民族聚居区	2.2590 (1.22)	0.7816 (0.54)	0.4173 (0.34)	3.1407*** (2.58)	1.3432** (2.28)	0.8292* (1.87)
人均可经营土地面积	1.9420*** (7.97)	1.3111*** (6.90)	0.9916*** (6.11)	0.3684** (2.30)	0.1952** (2.51)	0.1432** (2.45)
村庄人口密度	-0.1939** (-2.01)	-0.1067 (-1.42)	-0.0782 (-1.22)	-0.0151 (-0.24)	-0.0128 (-0.41)	-0.0102 (-0.44)

续表

变 量	样本算法			模拟算法		
	贫困发生率	贫困深度	贫困强度	贫困发生率	贫困深度	贫困强度
村庄平均家庭规模	-1.2065**	-1.0394**	-0.9393**	2.0329***	0.9793***	0.6590***
	(-2.00)	(-2.21)	(-2.34)	(5.13)	(5.09)	(4.55)
村庄是否有占总户数10%以上的大姓	1.3234	0.5358	0.1220	3.0019***	1.2123**	0.6940*
	(0.89)	(0.46)	(0.12)	(3.09)	(2.57)	(1.96)
村庄劳动力(16—65岁)占比	-5.9952	-3.2444	-1.8139	-4.3920	-2.9533*	-2.5424**
	(-1.17)	(-0.81)	(-0.53)	(-1.31)	(-1.81)	(-2.07)
村庄15岁及以下儿童占比	-4.1806	-4.0469	-3.6815	1.9268	0.0157	-0.4840
	(-0.95)	(-1.18)	(-1.25)	(0.67)	(0.01)	(-0.46)
村庄农业劳动力占比	-0.0536**	-0.0525***	-0.0458***	0.0253*	0.0079	0.0029
	(-2.33)	(-2.93)	(-2.99)	(1.68)	(1.08)	(0.53)
村庄外出务工劳动力占比	-0.0034	-0.0044	-0.0048	-0.0122	-0.0074	-0.0064
	(-0.13)	(-0.22)	(-0.28)	(-0.72)	(-0.91)	(-1.03)
村庄外来人口占比	-3.4897	-2.3607	-1.6655	-0.3615	0.0691	0.1780
	(-1.17)	(-1.01)	(-0.84)	(-0.18)	(0.07)	(0.25)

续表

变量	样本算法			模拟算法		
	贫困发生率	贫困深度	贫困强度	贫困发生率	贫困深度	贫困强度
农业产值在村庄总产值中的占比	4.4224**	3.5525***	2.9143**	-0.8641	-0.4941	-0.3539
	(2.50)	(2.58)	(2.47)	(-0.74)	(-0.88)	(-0.83)
村庄集体经济收入在总产值中的占比	-5.1e+02*	-2.3e+02	-1.5e+02	-2.2e+02	-1.1e+02	-78.8971
	(-1.96)	(-1.14)	(-0.89)	(-1.28)	(-1.35)	(-1.25)
村庄距离本县县城的距离	0.0811***	0.0581***	0.0469***	0.0126	0.0026	-0.0001
	(4.51)	(4.15)	(3.91)	(1.07)	(0.45)	(-0.02)
中部地区	1.3657	1.1541	1.1984	2.8891***	1.2069***	0.7154**
	(1.12)	(1.21)	(1.47)	(3.60)	(3.09)	(2.44)
西部地区	4.4551***	1.8765*	1.0110	5.4263***	2.0386***	1.0570***
	(3.35)	(1.81)	(1.14)	(6.21)	(4.80)	(3.31)
常数项	30.3302***	21.5798***	17.8266***	19.9534***	15.5779***	14.2728***
	(7.11)	(6.49)	(6.27)	(7.13)	(11.46)	(13.95)
观测值	1145	1145	1145	1145	1145	1145

续表

变量	样本算法			模拟算法		
	贫困发生率	贫困深度	贫困强度	贫困发生率	贫困深度	贫困强度
R 平方	0.129	0.092	0.081	0.355	0.330	0.282
F 统计量	9.881	6.597	5.617	32.821	28.176	21.129
P 值	0.000	0.000	0.000	0.000	0.000	0.000
弱识别检验-F	351.935	249.619	249.619	249.619	249.619	249.619
exinv 内生性 Chi2	3.403	2.326	2.310	5.268	4.962	3.830
exinv 内生性 P 值	0.065	0.127	0.129	0.022	0.026	0.050
meinv 内生性 Chi2	4.539	2.966	1.998	0.321	0.342	0.272
meinv 内生性 P 值	0.033	0.085	0.157	0.571	0.559	0.602
联合内生性 Chi2	7.620	5.065	4.120	5.478	5.192	4.013
联合内生性 P 值	0.022	0.079	0.127	0.065	0.075	0.134

注：括号内表示估计系数对应的 t 值；*、** 和 *** 分别表示在 10%、5% 和 1% 的统计水平上显著。

二、基于 PSM 的样本选择问题分析

倾向匹配得分法(Propensity Score Matching Method,PSM)是近年来政策效应评估中较为常见方法之一,该方法通过从对照组中寻找与处理组特征相近的村庄来进行匹配,得到可比较的处理组和对照组样本,从而减轻选择性偏误,本章中设定有健康资本投资为"处理组",无健康资本投资为"对照组",并观察比较两组的差异。

表 5-18 和表 5-19 汇报了基于 PSM 的公共健身投资的平均处理效应以及平衡检验结果。表 5-18 展示了一对一匹配、一对四匹配、一对一无放回匹配、核匹配以及半径匹配等五种匹配方法中村庄有无公共健身投资对贫困发生率、贫困深度和贫困强度影响的估计结果,从表中结果来看,首先,一对一无放回匹配的结果最不理想,由于是无放回匹配,样本量较其他比不足,估计结果不具有代表性,从 t 值结果来看,一对四匹配、核匹配和半径匹配的估计结果最为显著。其次,对比"处理组"——有公共健身投资和"对照组"——无公共健身投资的估计结果,处理组的平均处理效应更优,

表 5-18 基于 PSM 方法识别的平均处理效应:健身投资

匹配方法	因变量	共同支撑样本	有健身投资	无健身投资	差值	标准误	t 值
一对一匹配	样本算法;贫困发生率	1123	19.197	24.154	-4.957	2.028	-2.44
	样本算法;贫困深度	1123	12.854	17.522	-4.668	1.551	-3.01
	样本算法;贫困强度	1123	10.272	14.717	-4.445	1.324	-3.36
	模拟算法;贫困发生率	1123	20.631	22.15	-1.525	1.552	-0.98
	模拟算法;贫困深度	1123	13.806	15.286	-1.480	0.713	-2.07
	模拟算法;贫困强度	1123	11.747	13.225	-1.478	0.499	-2.96
	村庄人均收入	1123	0.956	0.923	0.033	0.054	0.60

续表

匹配方法	因变量	共同支撑样本	有健身投资	无健身投资	差值	标准误	t 值
一对四匹配	样本算法:贫困发生率	1123	19.197	24.389	-5.192	1.681	-3.09
	样本算法:贫困深度	1123	12.854	17.572	-4.718	1.298	-3.63
	样本算法:贫困强度	1123	10.272	14.684	-4.412	1.112	-3.97
	模拟算法:贫困发生率	1123	20.631	23.654	-3.023	1.300	-2.33
	模拟算法:贫困深度	1123	13.806	15.968	-2.162	0.583	-3.71
	模拟算法:贫困强度	1123	11.747	13.667	-1.920	0.401	-4.79
	村庄人均收入	1123	0.956	0.838	0.118	0.044	2.65
一对一无放回匹配	样本算法:贫困发生率	635	20.034	22.853	-2.818	1.376	-2.05
	样本算法:贫困深度	635	12.288	15.162	-2.874	1.051	-2.73
	样本算法:贫困强度	635	9.385	12.216	-2.831	0.890	-3.18
	模拟算法:贫困发生率	635	27.213	29.063	-1.851	1.086	-1.70
	模拟算法:贫困深度	635	16.477	18.553	-2.076	0.478	-4.35
	模拟算法:贫困强度	635	13.289	15.423	-2.134	0.320	-6.67
	村庄人均收入	635	0.559	0.585	-0.026	0.029	-0.90
核匹配	样本算法:贫困发生率	1123	19.197	23.817	-4.621	1.575	-2.93
	样本算法:贫困深度	1123	12.854	17.204	-4.350	1.210	-3.59
	样本算法:贫困强度	1123	10.272	14.336	-4.064	1.037	-3.92
	模拟算法:贫困发生率	1123	20.631	24.008	-3.378	1.207	-2.80
	模拟算法:贫困深度	1123	13.806	16.308	-2.502	0.543	-4.61
	模拟算法:贫困强度	1123	11.747	14.001	-2.254	0.375	-6.01
	村庄人均收入	1123	0.956	0.822	0.134	0.041	3.23

续表

匹配方法	因变量	共同支撑样本	有健身投资	无健身投资	差值	标准误	t 值
半径匹配	样本算法:贫困发生率	1123	19.197	23.602	-4.406	1.499	-2.94
	样本算法:贫困深度	1123	12.854	17.008	-4.154	1.152	-3.61
	样本算法:贫困强度	1123	10.272	14.203	-3.930	0.987	-3.98
	模拟算法:贫困发生率	1123	20.631	24.687	-4.057	1.148	-3.53
	模拟算法:贫困深度	1123	13.806	16.677	-2.871	0.517	-5.56
	模拟算法:贫困强度	1123	11.747	14.281	-2.534	0.357	-7.09
	村庄人均收入	1123	0.956	0.781	0.174	0.040	4.37

从侧面印证了公共健身投资有助于降低村庄的贫困发生率、贫困深度及贫困强度，此外，使用一对四匹配、核匹配和半径匹配估计后，公共健身资本投资对贫困发生率、贫困深度、贫困强度、村庄人均纯收入的影响，无论基于样本算法还是模拟算法均在1%的水平下显著，与表5-11和表5-16对比呈现一定的效应提升，验证了前述回归结果的稳健性。

同时，为了再次确保倾向得分匹配结果的准确度，我们检验了控制性变量在处理组和对照组之间是否存在着显著差异，即匹配的平衡性检验，结果见表5-19。由表5-19可知，匹配前多数变量在处理组和对照组之间存在显著差异，但经过倾向得分匹配后消除了处理组与对照组可观测变量之间的显性偏差（T检验的p值绝大多数大于10%），即通过平衡性检验，倾向得分匹配结果可靠。但结果显示村庄人口密度、村庄平均家庭规模、村庄劳动力（16—65岁）占比、村庄集体经济收入在总产值中的占比及西部地区的检验未通过，说明差异并未完全消除，但从t值的绝对值来看，匹配后存在大幅降低，综合来看，我们仍认为匹配后很大程度上改善了样本选择差异问题。

表 5-19　　PSM 后的平衡检验：健身投资

变量	是否匹配	健身投资-均值	无健身投资-均值	差值占比	差值降低比例	t值	P值
城乡分类	U	0.578	0.222	77.800		11.660	0.00
	M	0.569	0.557	2.500	96.800	0.460	0.65
村庄总人口	U	0.538	0.256	56.700		7.880	0.00
	M	0.479	0.449	6.000	89.400	1.380	0.17
村庄是否属于少数民族聚居区	U	0.068	0.129	-20.300		-3.330	0.00
	M	0.070	0.059	3.900	81.000	0.930	0.36
人均可经营土地面积	U	1.712	1.188	24.100		3.660	0.00
	M	1.683	1.758	-3.500	85.700	-0.640	0.52
村庄人口密度	U	4.366	2.435	34.500		5.110	0.00
	M	4.293	3.764	9.400	72.600	1.780	0.08
村庄平均家庭规模	U	4.175	4.473	-33.300		-5.140	0.00
	M	4.186	4.045	15.700	52.900	2.950	0.00
村庄是否有占总户数10%以上的大姓	U	0.508	0.728	-46.400		-7.030	0.00
	M	0.517	0.547	-6.400	86.100	-1.210	0.23
村庄劳动力（16—65岁）占比	U	0.159	0.164	-5.000		-0.750	0.45
	M	0.161	0.174	-13.400	-167.700	-2.540	0.01
村庄15岁及以下儿童占比	U	0.150	0.186	-30.100		-4.440	0.00
	M	0.152	0.151	0.700	97.600	0.150	0.88
村庄农业劳动力占比	U	25.962	43.120	-59.900		-9.150	0.00
	M	26.495	26.704	-0.700	98.800	-0.140	0.89
村庄外出务工劳动力占比	U	19.100	34.594	-63.900		-9.990	0.00
	M	19.413	20.226	-3.400	94.800	-0.680	0.50

第三节 稳定性检验

续表

变量	是否匹配	健身投资-均值	无健身投资-均值	差值占比	差值降低比例	t值	P值
村庄外来人口占比	U	0.146	0.113	18.800		2.870	0.00
	M	0.142	0.135	3.600	80.800	0.700	0.49
农业产值在村庄总产值中的占比	U	0.515	0.469	16.000		2.460	0.01
	M	0.512	0.519	-2.200	86.400	-0.430	0.66
村庄集体经济收入在总产值中的占比	U	0.001	0.001	7.200		1.110	0.27
	M	0.001	0.001	-9.100	-26.000	-1.660	0.10
村庄距离本县县城的距离	U	30.178	35.824	-18.200		-2.850	0.00
	M	30.145	32.520	-7.700	57.900	-1.530	0.13
中部地区	U	0.283	0.339	-12.200		-1.910	0.06
	M	0.286	0.314	-6.100	50.500	-1.210	0.23
西部地区	U	0.224	0.316	-20.700		-3.280	0.00
	M	0.226	0.168	13.200	36.100	2.920	0.00

同样，表5-20和表5-21也基于五种匹配方法汇报了基于PSM的公共医疗投资的平均处理效应以及平衡检验结果。从表5-20的结果来看，整体上，"处理组"——有公共医疗投资比"对照组"——无公共医疗投资的平均处理效应更优，但一对一无放回匹配的变化不大，而一对四匹配、核匹配和半径匹配的变化较明显。其次，从t值来看，一对四匹配、核匹配、半径匹配后，公共医疗投资对贫困发生率、贫困深度和贫困强度的影响均显著为负，对村庄人均纯收入的影响只在核匹配和半径匹配后显著为正，尽管存在差异，但与表5-11和表5-16比也存在较大效应提升，说明公共医疗投资显著降低了村庄贫困的发生率以及对人均纯收入有提升作用，同时，也验证了前述回归结果的稳健性。

表5-20 基于PSM方法识别的平均处理效应：医疗投资

匹配方法	因变量	共同支撑样本	有医疗投资	无医疗投资	差值	标准误	t值
一对一匹配	样本算法:贫困发生率	1024	19.708	25.246	-5.539	2.762	-2.01
	样本算法:贫困深度	1024	12.993	17.726	-4.733	2.056	-2.30
	样本算法:贫困强度	1024	10.369	14.484	-4.114	1.742	-2.36
	模拟算法:贫困发生率	1024	23.545	25.130	-1.586	2.160	-0.73
	模拟算法:贫困深度	1024	15.337	16.689	-1.352	1.037	-1.30
	模拟算法:贫困强度	1024	12.872	14.196	-1.324	0.747	-1.77
	村庄人均收入	1024	0.832	0.828	0.004	0.100	0.04
一对四匹配	样本算法:贫困发生率	1024	19.708	25.598	-5.890	2.359	-2.50
	样本算法:贫困深度	1024	12.993	17.543	-4.550	1.774	-2.57
	样本算法:贫困强度	1024	10.369	14.150	-3.780	1.523	-2.48
	模拟算法:贫困发生率	1024	23.545	26.705	-3.160	1.875	-1.68
	模拟算法:贫困深度	1024	15.337	17.664	-2.327	0.887	-2.62
	模拟算法:贫困强度	1024	12.872	14.987	-2.115	0.636	-3.33
	村庄人均收入	1024	0.832	0.750	0.082	0.087	0.94
一对一无放回匹配	样本算法:贫困发生率	241	22.403	23.173	-0.770	2.424	-0.32
	样本算法:贫困深度	241	14.359	15.330	-0.971	1.800	-0.54
	样本算法:贫困强度	241	11.254	12.115	-0.861	1.524	-0.57
	模拟算法:贫困发生率	241	24.826	27.215	-2.389	1.932	-1.24
	模拟算法:贫困深度	241	15.589	17.650	-2.061	0.913	-2.26
	模拟算法:贫困强度	241	12.836	14.834	-1.998	0.652	-3.06
	村庄人均收入	241	0.814	0.690	0.124	0.091	1.36

续表

匹配方法	因变量	共同支撑样本	有医疗投资	无医疗投资	差值	标准误	t 值
核匹配	样本算法:贫困发生率	1024	19.708	24.104	-4.396	2.166	-2.03
	样本算法:贫困深度	1024	12.993	16.252	-3.259	1.627	-2.00
	样本算法:贫困强度	1024	10.369	12.949	-2.580	1.396	-1.85
	模拟算法:贫困发生率	1024	23.545	27.291	-3.746	1.725	-2.17
	模拟算法:贫困深度	1024	15.337	17.817	-2.479	0.820	-3.02
	模拟算法:贫困强度	1024	12.872	15.011	-2.139	0.589	-3.63
	村庄人均收入	1024	0.832	0.680	0.152	0.082	1.86
半径匹配	样本算法:贫困发生率	1024	19.708	23.182	-3.475	2.017	-1.72
	样本算法:贫困深度	1024	12.993	15.316	-2.323	1.515	-1.53
	样本算法:贫困强度	1024	10.369	11.993	-1.623	1.300	-1.25
	模拟算法:贫困发生率	1024	23.545	27.108	-3.564	1.606	-2.22
	模拟算法:贫困深度	1024	15.337	17.590	-2.252	0.763	-2.95
	模拟算法:贫困强度	1024	12.872	14.770	-1.898	0.548	-3.46
	村庄人均收入	1024	0.832	0.674	0.158	0.076	2.08

而在表5-21的平衡检验中，只有村庄总人口、村庄15岁及以下儿童占比、村庄外来人口占比以及中部地区这些控制变量未通过平衡检验，而村庄总人口和中部地区这两个变量 t 值绝对值匹配后显著降低，综合考虑我们也认为匹配后改善了样本选择差异问题。

表 5-21　　　　PSM 后的平衡检验：医疗投资

变量	是否匹配	医疗投资-均值	无医疗投资-均值	差值占比	差值降低比例	t 值	P 值
城乡分类	U	0.487	0.347	28.600		2.960	0.00
	M	0.429	0.411	3.600	87.300	0.760	0.45
村庄总人口	U	0.480	0.240	53.800		4.460	0.00
	M	0.332	0.296	8.000	85.100	3.090	0.00
村庄是否属于少数民族聚居区	U	0.082	0.121	-12.800		-1.450	0.15
	M	0.082	0.096	-4.400	65.500	-0.990	0.32
人均可经营土地面积	U	1.597	1.209	18.300		1.830	0.07
	M	1.534	1.493	1.900	89.400	0.410	0.68
村庄人口密度	U	3.791	3.775	0.300		0.030	0.98
	M	3.385	3.244	2.300	-775.700	0.530	0.60
村庄平均家庭规模	U	4.268	4.231	3.800		0.430	0.67
	M	4.293	4.256	3.900	-0.500	0.800	0.43
村庄是否有占总户数10%以上的大姓	U	0.570	0.605	-7.100		-0.740	0.46
	M	0.622	0.618	0.900	87.200	0.190	0.85
村庄劳动力（16—65岁）占比	U	0.159	0.174	-14.400		-1.490	0.14
	M	0.165	0.172	-6.800	52.900	-1.470	0.14
村庄15岁及以下儿童占比	U	0.161	0.161	-0.400		-0.040	0.97
	M	0.167	0.182	-11.800	######	-2.580	0.01
村庄农业劳动力占比	U	30.151	38.790	-27.700		-3.030	0.00
	M	32.930	32.971	-0.100	99.500	-0.030	0.98
村庄外出务工劳动力占比	U	23.679	24.129	-1.800		-0.190	0.85
	M	25.925	26.094	-0.700	62.400	-0.140	0.89

续表

变量	是否匹配	医疗投资-均值	无医疗投资-均值	差值占比	差值降低比例	t 值	P 值
村庄外来人口占比	U	0.133	0.158	-12.800		-1.490	0.14
	M	0.126	0.078	24.200	-89.000	6.820	0.00
农业产值在村庄总产值中的占比	U	0.494	0.562	-22.700		-2.450	0.01
	M	0.498	0.478	6.800	70.200	1.460	0.14
村庄集体经济收入在总产值中的占比	U	0.001	0.001	-3.300		-0.360	0.72
	M	0.001	0.001	6.200	-86.200	1.350	0.18
村庄距离本县县城的距离	U	31.113	38.050	-20.400		-2.370	0.02
	M	32.343	31.376	2.800	86.100	0.710	0.48
中部地区	U	0.314	0.177	32.200		3.160	0.00
	M	0.298	0.342	-10.400	67.600	-2.020	0.04
西部地区	U	0.250	0.266	-3.700		-0.400	0.69
	M	0.247	0.233	3.000	18.600	0.660	0.51

另外，参照第三章，同样选取 Rosenbaum(2002) 提出的 bounding approach 对上述检验结果进行隐藏偏误分析，检验结果发现，当隐藏偏误造成的风险比率（γ 值）为 3 时，Q_{MH} 检验结果显示上述估计结果仍显著，说明该模型并未受到不可观测变量导致的隐藏偏误的影响，即该估计结果仍具有稳健性。

第四节 结 论

本章基于 CFPS(2010—2016) 数据，选取公共健身投资决策、公共健身投资数量和公共医疗投资决策、公共医疗投资数量这四项村庄健康资本投资指标，采用样本算法、模拟算法和分位数回归估计健康资本投资对村庄贫困发生率、贫困深度、贫困强度以及村庄

人均纯收入的影响,最后运用工具变量法和倾向得分匹配(PSM)对估计结果进行稳健性检验,主要结论可以从以下几点进行概括:

1. 村庄健康资本投资决策对贫困发生率的影响

公共健康资本投资具有基础性,能够显著改善农村居民生计状况,降低其遭遇经济贫困的发生概率,是农村居民生计风险的减震器。我们从村庄是否有公共健身投资和公共医疗投资两方面考虑健康资本投资决策对贫困发生率的影响,从估计结果中基本可以验证包含公共健身投资和公共医疗投资两方面的健康资本投资对贫困发生率、贫困深度及贫困强度的负向显著影响,即被健康资本投资覆盖的农村居民福利水平均有明显改善,贫困发生率下降,贫困深度和贫困强度降低,体育类和医疗类健康资本投资的贫困发生率在样本算法和模拟算法下分别降低了2.993、8.993和3.283、4.426。并且东、中、西三个地区公共健身投资决策对贫困发生率的影响既有相同性,又因为地区经济、文化、地理等不同而存在差异。总的来说,东部地区与西部地区健康资本投资决策对贫困发生率存在显著影响,而中部地区的这种影响效应并不明显,从影响因素上看,东部地区公共健身投资对贫困发生率的影响更显著,而西部地区相反,公共医疗投资对其作用明显更大。东部地区两种算法下村庄公共健身投资对贫困的发生率的影响均为负向显著影响(2.8584和3.8812),并且贫困深度和贫困强度均在1%的显著性水平下高度显著。和东、中部地区相比,西部地区的公共医疗投资对贫困发生率的影响效应强于公共健身投资的影响。

2. 村庄健康资本投资数量对贫困发生率的影响

在广大贫困地区,普遍存在健康资本投资不完善、范围小、可及性差等问题,本章研究表明健康资本投资对贫困发生率的影响在数量上表现明显差异,即村庄投资的公共锻炼场地或设施的数量以及医院、医疗点或药店的数量等对贫困的影响会因投资多寡而产生不同,并且认为村庄健康资本投资"从无到有"比"从有到优"对贫困发生率、贫困深度和贫困强度的影响更大,这也反映了村庄福利水平的提升过程。研究中也发现西部地区的贫困发生率更高、贫困深度和贫困强度也更大,贫困问题更加突出,估计结果最为显著,贫困发生率分别为 4.7309、5.7173。

3. 健康资本投资决策对村庄人均纯收入的影响

分位数回归显示村庄健身投资在 70% 分位和 90% 分位上在 10% 的统计水平下显著正相关，而村庄医疗投资对 10%、25% 和 50% 分位数上的中低收入存在显著的正向影响关系，对高分位数收入的影响不显著，总的来说，健康资本投资对村庄人均纯收入存在显著影响，但影响程度在健身类和医疗类公共健康资本投资间存在较大差异，从村庄人均纯收入的比较来看，两项投资后的收入明显较高，并且进行健身投资后的村庄人均收入（0.969 万元）高于医疗投资后的收入（0.865 万元）。公共医疗投资作为最基本的农村医疗保障，对低收入群体的影响更为明显，公共医疗投资通过提高医疗服务可及性和利用率改善低收入群体的健康决策和健康行为，进而最大限度提高其健康资本水平，最终实现收入的提高；但随着收入水平的提高，这种保障已不能满足所有群体的需求，村庄健身投资通过健身场地和设施的普及影响农民的健康意识，引导农民群体向"预防型"健康需求转变，使得他们更注重平时的保健和身体锻炼，源头上避免一些疾病的发生，最终通过影响劳动参与这一机制实现收入的提高。

本 章 小 结

改革开放以来中国农村扶贫成效显著，农村贫困人口从 1978 年的 7.7 亿人到 2015 年 0.56 亿人，约减少了 92.8%。但是 2016 年年底仍有 4335 万贫困人口，其中因病返贫、因灾返贫占相当大比例，并且目前农村公共健康资本投资覆盖率远远低于城镇，也就是说农村福利规模和城镇相比较小，并且二元制度体制下公共健身、医疗资源配置与利用在城乡之间呈现不平衡的特征。健康资本投资对农村居民可持续生计的促进效果十分显著，包含健身和医疗两方面的村庄公共健康资本投资是公共产品的一种，从增强村庄自身发展能力的角度来看，由"输血式"扶贫转为"造血式"扶贫是必然的政策选择，强化健康资本投资、增加合适且必需公共产品的供给既是政府管理水平的提高，也是可持续生计分析框架下消除贫困的生计策略选择。而现有的有关可持续生计的诸多研究成果中，虽然公共产品供给都是政府消除农村贫困的重要政策建议，但是关于健康资本投资对村域层面可持续生计的提升效果究竟如何的成果并不多见。本书基于中国家庭追踪调查（CFPS）2010年和2014年的村庄层面数据，基于可持续分析框架，以经济性福利水平提升为目标，讨论健康资本投资对村庄福利水平的改善情况，以期村域层面的生计得以持续，健康精准扶贫"落实到户"政策可以更好地执行，最终如期实现2020年农村全面脱贫目标。

第六章 主要结论与政策建议

结合健康资本投资和可持续生计理论,认为可持续生计资本尤其是健康资本的缺乏是导致"因病致贫"在我国农村较为普遍的重要原因。从理论层面来看,健康资本投资这一生计策略,其效用表现形式多样,但从农民或家庭实际需求来看,健康资本投资对农村居民收入的提高、对家庭贫困脆弱性的降低以及对村庄福利水平的提升是衡量和评价健康资本投资这一生计策略的输出结果的重要指向性指标。本章在梳理前几章研究的基础上,总结本书研究得到的主要结论,并基于得出的结论提出相关政策建议,最后指出本书研究存在的不足之处和未来需要进一步研究的方向。

第一节 主 要 结 论

一、健康资本投资是农村居民增收的重要保障,有利于个体层面生计的可持续

(一)健康资本投资提升了农村居民收入水平

本书选取健身类和医疗类两类健康资本投资指标,研究健康资本投资对农村居民农业收入和非农收入的影响。从农业收入角度来看,回归结果表明,本章选取的三类健康资本投资变量均对农村居民农业收入存在正向显著影响,并且各个健康资本投资指标对收入的影响存在差异性,是否有商业医疗保险的影响最大,是否参与体育锻炼次之,平均每周锻炼次数影响程度最小。而从非农收入的角度来看,平均每周锻炼次数和是否参与体育锻炼两种"健身类"的投资对农村居民非农收入无明显影响,但是否有商业医疗保险对农

村居民的非农收入影响显著且为正向影响关系,"医疗类"的健康资本投资的产出效应大于"健身类"的健康资本投资。这是由于在我国农村由于绝大多数农村居民以体力为生、以农业为主,"健身类"的投资对其农业收入的影响大于非农收入的影响。从其他影响因素来看,受教育年限对农村居民的农业和非农收入均存在正向显著影响,并且非农收入影响明显大于农业收入影响,慢性病对农村居民农业收入和非农收入间的影响也存在一定差异,其中,是否患慢性病对农村居民农业收入的影响较为显著。因此,良好的健康水平是农村居民获得收入的重要基础,在以农业为主的农村,加强健康资本投资可以在一定程度上提升农村居民收入水平,实现生计的可持续。

(二) 健康资本投资提高了农村居民劳动参与时间和劳动生产率

健康资本存量低是劳动力被迫提前退出劳动市场的重要原因之一,和城镇居民相比,健康资本对以体力为生的农民来说影响更大。根据健康生产函数,农村居民健康资本投资与健康水平呈正相关关系。健康资本投资通过提高农村居民的健康资本水平,从而使其劳动参与显著增加,本书估计结果显示有商业医疗保险的比没有商业医疗保险的在劳动时间上提高了 21.4%。另一方面,舒尔茨(1997)认为健康和生产率密切相关,劳动生产率的提高被认为是近几十年来农业发展和农民人均收入增加的一个主要原因(亚洲生产率组织,1970;埃文森和基斯莱,1975)。从估计结果中看出,平均每周锻炼次数、是否参与体育锻炼和是否有商业医疗保险对农村居民劳动生产率均存在正向影响。其中,是否参与体育锻炼对农村居民劳动生产率的影响最大,且参与体育锻炼的比没有参与体育锻炼的农村居民的劳动生产率单位时间内高了 6.851 元,有商业医疗保险的比没有商业医疗保险的农村居民的劳动生产率单位时间内高了 3.247 元。我们认为农村居民劳动生产率的提高是其收入提升的必要路径。

(三) 健康资本投资在一定程度上扩大了农村居民的收入渠道

各个健康资本投资指标对收入的影响存在差异性,对农民农业收入和非农收入的影响程度和影响方向也不尽相同。从非农收入角度看，健康资本投资对非农收入存在正向影响，并且这种影响在农村逐步明显。健康状况较好的农民外出就业的倾向更大，他们认为自己的身体状况能够适应高强度的体力工作，并且更多的打工机会也偏向于健康的农民。同时，这种增长势必会整体上极大地促进农村居民总收入的快速增长，健康资本投资对农村居民家庭贫困风险的规避作用不容忽视。农业劳动不再是农村居民独有的就业方式，参与非农劳动具有健康的自选择机制，健康资本投资提高了他们成功参与非农劳动的可能性，实现农村居民生计策略的多样化发展，使他们有能力在一定程度上规避生计风险。

二、健康资本投资是缓解家庭贫困脆弱性的有效途径，有利于家庭层面生计的可持续

世界银行认为脆弱性包括个人或群体面临某些风险的可能性，以及因遭受风险致使财富缩水或生活质量降低至某特定水平的可能性。脆弱性是一个动态的概念，是依据过去各种冲击对家庭造成的福利损失，来判断各种冲击在今后发生的可能性以及家庭在冲击发生时的应对能力，进而预判社区或家庭在今后的福利水平变化，是一种具有前瞻性的预测[1]。在我国农村，"因病致贫"现象屡见不鲜，当家庭中有成员受到健康冲击时，会导致该家庭在生活消费、医疗支出以及健康资本投资等之间的再配置，如果是家庭中主要收入来源者受到严重的负外部冲击，则很可能产生更持久的影响[2]。并且越是贫困和收入越低的人群，健康资本存量越低，更容易遭到负的健康冲击，导致较为明显和持续的贫困脆弱性。

本书在第五章中研究表明家庭是否购买补充医疗保险、家庭购买补充医疗保险的人数、家庭是否有成员参加体育锻炼以及家庭平均每周参加体育锻炼的健康资本投资对贫困脆弱性的影响均在1%

---

[1] 陈诗慧. 脆弱性与农村扶贫——基于贵州、云南、江苏的扶贫开发调研[J]. 华中师范大学研究生学报，2018(4).
[2] 邹薇，方迎风. 健康冲击、"能力"投资与贫困脆弱性：基于中国数据的实证分析[J]. 社会科学研究，2013(4).

的统计水平下显著负相关,"造血式"扶贫方式——健康资本投资对家庭层面的可持续生计已是不争的事实,从脆弱性视角出发做出的健康资本投资这一生计策略是一种预防,注重在当前家庭发展中提升家庭成员的健康资本,能够降低"疾病—贫困"风险,防患于未然。并且在研究中发现不同消费函数下家庭是否有购房或建房、家庭是否有婚丧嫁娶、家庭成员中患有慢性病的人数等冲击性事件是影响农村家庭贫困脆弱性的共性因素,冲击大多是外生的,很难控制,提升家庭成员的个体能力(如健康状况)或者积极采取预防措施(如购买补充医疗保险、积极参加体育锻炼等)是生计策略的选择,也是缓解贫困脆弱性的关键性因素,如此才能降低农村家庭的成员一旦遇到健康冲击落入贫困陷阱的可能,最终消除农村家庭贫困脆弱性,实现家庭层面的可持续生计。

三、健康资本投资是提升村庄福利水平的路径选择,有利于村域层面生计的可持续

(一)健康资本投资降低了农村贫困发生率

加强健康资本投资不仅是个人和家庭的经济选择,也是一种公共政策选择。公共健康资本投资具有基础性,能够显著改善农村居民的生计状况,降低其遭遇经济贫困的发生概率,是保证农村居民可持续生计的重要路径选择。本书从公共层面的健康资本投资角度研究其对村庄福利水平的影响,从整体上看,包含公共健身投资和公共医疗投资两方面的健康资本投资对贫困发生率、贫困深度及贫困强度的负向显著影响,即被健康资本投资覆盖的农村居民福利水平均有明显改善,贫困发生率下降,贫困深度和贫困强度有所降低。并且,东、中、西三个地区由于经济、地理、文化的不同对健康资本投资存在影响差异,公共健身投资对东部地区的影响更显著,而公共医疗投资则对公共产品相对不足的西部地区作用更加明显。

另外,研究发现在广大贫困地区,普遍存在健康资本投资不完善、范围小、可及性差等问题,西部地区的贫困发生率、贫困

深度和贫困强度更大,农村居民可持续生计受到威胁。另外,我们认为村庄健康资本投资"从无到有"比"从有到优"对贫困发生率、贫困深度和贫困强度的影响更大,农村居民的主观福利感受更明显。

(二)健康资本投资提高了村庄人均纯收入水平

分位数回归显示村庄健身投资在70%分位和90%分位上在10%的统计水平下显著正相关,而村庄医疗投资对10%、25%和50%分位数上的中低收入存在显著的正向影响关系,对高分位数收入的影响不显著。总的来说,健康资本投资对村庄人均纯收入存在显著影响,但影响程度在健身类和医疗类公共健康资本投资间存在较大差异。从村庄人均纯收入的比较来看,两项投资后的收入明显较高,并且进行健身投资后的村庄人均收入(0.969万元)高于医疗投资后的收入(0.865万元)。公共医疗投资作为最基本的农村医疗保障,对低收入群体的影响更为明显,公共医疗投资通过提高医疗服务可及性和利用率改善低收入群体的健康决策和健康行为,进而最大限度提高其健康资本水平,最终实现生计的可持续;但随着收入水平的提高,这种保障已不能满足所有群体的需求,福利水平的提升存在"门槛"效应,必须引导农村居民向"预防型"健康需求转变,如此才能保证村域层面的可持续生计。

第二节　政　策　建　议

随着"健康中国"的提出,农村健康资本投资水平不断提升,但与城镇相比,无论是个体层面、家庭层面还是村域层面,健康资本投资水平仍存在着一定的城乡差距,这种格局导致农村居民可持续生计受到阻碍,福利增长空间受限。基于本研究的分析结果,我们可以以农村居民生计的可持续为目标,以健康资本投资为抓手,从树立正确的健康资本投资理念、建立创新的健康资本投资渠道、完善科学的健康资本投资管理等方面具体提出以下几点可行性政策建议,促进"人口红利"转化为"健康红利"。

第六章　主要结论与政策建议

一、树立正确的健康资本投资理念

(一) 个体层面

在我国贫困的农村，农村居民的"短视"行为严重遏制了对健康资本的投资，当面对疾病时，往往"小病拖、大病扛"，更严重的是造成家庭贫困的循环往复。健康资本投资既是一种消费品，也是一种投资品，具有显著的正外部性。因此，必须引导农民树立正确的健康资本投资观念，鼓励农民增加对医疗、体育锻炼等方面的合理消费。首先，扩大对食物消费和营养的摄入，正确饮食，保证饮食上的健康。从医学角度，食物消费不均衡、营养摄入不足造成的营养不良都会造成一个人自身的新陈代谢紊乱，从而影响健康。农村居民必须加强营养摄入，提高热量、碳水化合物和蛋白质等高质量营养素摄入水平的同时，减少对劳动生产率存在负向影响的类似脂肪的摄入。从娃娃抓起，注重营养和合理膳食，摒弃不良饮食习惯，少吃咸菜、剩菜，多食新鲜果蔬，通过饮食来预防、控制类似高血压、高血糖、糖尿病等农村常见慢性病的发生。其次，积极参与到健康体检、慢性病防治、医疗卫生运动等活动中去，改善自我健康生活方式和就医行为，真正成为自身健康的主导者。每年定期体检身体，预防疾病的发生，面对健康疾病风险时，应该及时主动就医。最后，坚持锻炼健身，"管得住嘴、迈得开腿"，积极参与各种全民体育活动，增强体魄，发挥主观能动性，不能错误地将参与农业劳动当作健身锻炼的方式，应合理安排"闲暇—劳动"时间，每日保证 8 小时的休息时间，也可以保持长期规律的运动锻炼，例如，参加广场舞。

(二) 家庭层面

研究结果表明家庭成员参与健康资本投资的人数越多，家庭所面临的贫困脆弱性会越低，并且家庭儿童和老年抚养比越高，家庭贫困脆弱性越高。从生命周期的角度看，老人由于健康资本存量低，往往更易于陷入疾病风险，医疗消费支出更大，为老年人购买具有年金特征的医疗保险或商业医疗保险，可以为其健康提供保障，在某些方面也缓解了家庭经济压力。对于家庭中青年群体来说,更应该注重对其健康资本的投资,不但要积极购买相应的医疗保险,还应督促他们多参加体育锻炼,提高健康资本存量水平。对于家庭更小的成员来说,家庭也需要转变健康观念,加大对其健康资本投资,从起点上保证公平,同时家庭也应该提供优良的生活环境,坚决不让孩子做"二手烟民",从小养成孩子健康的生活习惯,例如,早睡早起、多喝水、多吃瓜果蔬菜等。

(三)村庄层面

在我国农村,尤其是贫困地区,农民存在信息闭塞、健康知识匮乏、生活方式不健康等情况,首先,政府应该积极采取"健康知识下乡"、村口及广场等显眼处摆放健康宣传展板等有效方式,加强对农村范围健康知识的宣传与普及,通过传播科学的健康知识,督促农民树立正确的健康观,养成良好的卫生习惯,减少因生活习惯不当造成的慢性疾病。其次,重视公共健康资本投资,加强营养和科学饮食宣传,改善农民的营养摄入水平和结构,坚持实施农村义务教育学生营养改善计划。平抑农村市场物价,保证农村居民合理的食物消费及营养摄取,加强对食品安全的监管,严格落实"四个最严"要求,严防严管严控食品安全风险,保证饮食安全、健康,把"让人民吃得放心"的要求真正落到实处;加强大气、水、土壤、工业污染等治理,发展"美丽乡村"建设,为农村居民提供有利于健康的生态环境。再次,扩大农村地区基本卫生服务投入规模,改善其质量水平,有助于减少疾病发生,降低疾病发生的严重程度,增加农村居民的健康资本。最后,落实全民健身国家战略,提高农村居民对全民健身计划的认识,倡导健康文明生活方式,塑造自主自律健康行为。广泛开展"三减三健"行动,加大对群众体育健身的经费的投入,加强农村体育场地及设施建设,并组织开展多种形式的有奖体育竞技比赛,鼓励、激发农民对体育健身的兴趣。

二、建立创新的健康资本投资渠道

(一)引入社会资本,降低健康资本投资成本

按照渠道的划分,健康资本投资主要存在私人和公共健康资本

第六章　主要结论与政策建议

投资两种方式，私人层面的健康资本投资具有自发性，"谁投资，谁受益"，而公共层面的健康资本投资作为政府投资于民生健康的一种公共产品供给，具有规划性，但两种健康资本投资渠道都会在不同程度上受到农村居民或家庭、村庄经济水平的制约，产出效应并不能发挥到最大水平。社会资本在健康资本投资效率、投资管理和受众群体的医疗服务上相比更有优势，政府应发展PPP新模式，鼓励有条件的私营企业、民营资本与政府进行合作，参与公共卫生医疗基础设施建设、优化健康服务、增加服务供给、发展健康产业，保障社会慈善资金对村民的帮扶和救助，充分发挥市场资源配置作用。民营医院通过企业化的方法进行管理，在吸引人才、设备采购、绩效考核、服务定价的多个方面都有自主权，经营方式比较灵活，有很大的自主性。

(二)推行"互联网+医疗"，提高医疗服务利用效率

在大数据时代，应通过大力发展"互联网+医疗"，提高农村居民医疗服务利用效率。例如，"平安好医生"的移动医疗、阿里巴巴联合滴滴出行推出的"滴滴医生"网易云的互联网互惠医疗、"丁香园""春雨"等都是通过健康医疗云平台的构建实现大数据在贫困患者的精准识别、智能匹配、帮扶救助、医疗服务和管理控制全过程的贯通，并利用多种终端和手段的协同来实现健康医疗全覆盖，提高医疗服务利用的效率，最大限度地降低农村居民"疾病—贫困"风险。同时，"互联网+智慧医疗"通过开通预约诊疗、远程会诊、门诊挂号服务，解决了农村居民"看病难"的问题。实证中也发现，距离县城越远，健康资本投资对农村居民收入的影响越低，这在某种程度上是由于信息的不对称以及看病成本高造成的，而"互联网+医疗"促进信息数据充分流动，实现互联互通，打通医疗环节中的各参与者、各系统、各终端，带给农村疾病患者全新的就医体验，这种医疗方式安全、便利，农村居民可以"足不出户"就能享受到优质的诊疗服务。并且通过第三方支付平台连接银行、保险等金融机构，增强患者获取服务的便利性和透明度，充分利用跨医院的医疗数据共享交换标准体系，建立个人健康信息数据库，避免重复检查，实现信息共享。

三、完善科学的健康资本投资管理

在我国,健康资本投资管理方面的服务几乎为零,特别是在农村,更是少之又少。很多人都习惯了"生病就医"的医疗模式,也就是说,在生病住院之前,人们几乎没有管理自己的健康,大部分人处于"亚健康"状态以及"高危"的状况下。研究表明慢性病作为家庭冲击性事件之一,与家庭贫困脆弱性高度相关,是影响农村居民可持续生计的重要因素。西方国家 20 多年的健康投资管理经验证实了健康投资管理是医疗服务体系中不可或缺的一部分,完善科学的、防患于未然的健康投资管理体系,能够做到"未雨绸缪",在面对健康风险时,能够帮助我们加以预防和解决,使自身更好地免于健康风险。

首先,当地政府必须给予足够的重视和支持,贯彻新发展理念,倡导把健康融入所有政策,做到社会保障全民覆盖,人人享有基本医疗卫生服务等。建立健全的医疗保障体制,进一步加大对"农村医疗保险"的政策、财政扶持力度,对保险涉及不到的,设置专项救助基金进行适当补充,经济社会发展规划中突出健康目标,公共政策制定实施中向健康倾斜,财政投入上保障健康需求,切实维护农村居民健康权益。其次,强化政府在医疗卫生、食品、药品、环境和体育等健康领域的监管职责,建立政府监管、行业自律和社会监督相结合的监督管理体制,加强健康领域监督执法体系和能力建设。再次,继续推行城乡居民基本医疗保险制度,实现农民在基本医疗保险制度上的平等和管理资源上的共享,广辟筹融资渠道,尽可能扩大对贫困农村的报销范围和报销比例,减轻他们的健康经济压力。最后,提高贫困农村地区的基本医疗水平,增加对贫困农村疾病预防和控制中心的建设,引进先进设备和培养专业医疗人才,增强对疾病的控制,降低农民进城就医的机会成本。优化财政支出结构,将更多财力用于保障和改善民生。另外,公共财政要加大对"三农"、社会事业等领域的投入,加大对医疗、社会保障等方面投入,加大对中西部地区特别是革命老区和民族、边疆、贫困地区的财力支持,让更多人享受到经济增长的"涓滴效应",

第六章　主要结论与政策建议

提高发展性福利水平，保证生计的可持续。

第三节　本书的不足和研究展望

一、本书的不足

本书主要研究了健康资本投资对农村居民可持续生计的影响，具体从健康资本投资对个体层面可持续生计的影响、健康资本投资对家庭层面可持续生计的影响以及健康资本投资对村域层面可持续生计的影响三个方面展开。回顾全书，本人的研究还存在以下不足：

第一，在涉及的三个微观机制方面。本书分别针对健康资本投资对农村居民收入的影响，健康资本投资对农村家庭贫困脆弱性的影响以及健康资本投资对村庄福利水平的影响进行了探讨，由于可持续生计的结果多元化，不能从单一主体去研究，本书对可能的影响机制进行分类探讨虽具有代表性但仍不完善。另外，鉴于本人方法的掌握以及研究能力的不足，尚未进一步测算其影响程度到底有多大，这些也是目前本人在积极努力去学习的新方向。

第二，在对非农收入的测算上。第三章健康资本投资对农村居民收入的影响主要通过对农业收入、非农收入、农村居民劳动时间及劳动生产率等方面的影响进行实证分析，本书利用的是工资性收入与经营性收入。这样的计算存在一定的缺陷，在一定程度上低估了农民的非农收入。但囿于现有公开的资料中没有直接表示农民非农收入的数据，因此本书利用这一指标作为农民非农收入的代理变量。

第三，在变量的选取上。本书使用CFPS(2010—2016)四期跟踪调查数据进行研究，虽是根据研究目的对可提供的数据做出的截取，但仍然遗漏了一些重要的影响变量，由于变量选择的不够充分，可能在某些方面也会对显著性造成影响。

二、研究展望

本书认为，关于健康资本投资对农村居民可持续生计影响的深入研究可以从理论机制、内容拓展等方面展开，目前已从可持续生计生计结果的三个方面进行展开，即健康资本投资对农村居民收入的影响、健康资本投资对农村家庭贫困脆弱性的影响以及健康资本投资对村庄福利水平的影响三个方面进行探讨，但需要进一步挖掘可能存在的其他影响机制，并寻找相关数据对机制进行检验。另外，在目前已有研究的深度上仍有待拓展，例如，在第五章健康资本投资对村庄福利水平的影响中，虽然公共健康资本投资作为公共产品的一种，加大对公共健康资本投资力度本身就是一种文化性福利水平的提升，但影响程度多大仍有待计算。

参 考 文 献

[1] 程名望,盖庆恩,史清华.农村减贫:应该更关注教育还是健康?——基于收入增长和差距缩小双重视角的实证[J].经济研究,2014(11).

[2] 刘国恩.中国的健康人力资本与收入增长[J].经济学(季刊),2008(2).

[3] 王弟海.健康人力资本、经济增长和贫困陷阱[J].经济研究,2012(6).

[4] 吕娜.健康人力资本与经济增长研究文献综述[J].经济评论,2009(9).

[5] 储雪玲.农村居民健康人力资本的收入效应与影响因素研究[D].浙江大学博士论文,2010(5).

[6] 李树森.中国农村居民健康收入效应的经验研究[D].吉林大学博士论文,2010(10).

[7] 张车伟.人力资本回报率变化与收入差距:"马太效应"及其政策含义[J].经济研究,2006(12).

[8] 张广科.新农合对农户疾病风险共担效果跟踪研究[J].中南财经政法大学学报,2012(3).

[9] 刘生龙,李军.健康、劳动参与及中国农村老年贫困[J].中国农村经济,2012(1).

[10] 赵锋.可持续生计分析框架的理论比较与研究述评[J].兰州财经大学学报,2015(5).

[11] 杨建芳,龚六堂,张庆华.人力资本形成及其对经济增长的影响——一个包含教育和健康的内生增长模型及其检验[J].管理世界,2006(4).

[12] 汪超. 可持续生计理论对农民工资产贫困的理解与公共政策启迪[J]. 理论月刊, 2019(6).

[13] 于大川. 健康对中国农村居民收入的影响研究[D]. 华中科技大学博士论文, 2013(11).

[14] 王振振, 王立剑. 精准扶贫可以提升农村贫困户可持续生计吗?——基于陕西省70个县(区)的调查[J]. 农业经济问题(月刊), 2019(4).

[15] 王立安, 许晓敏. 基于可持续生计资本框架的海岛地区农户生计脆弱性探析——以东海岛为例[J]. 安徽农业科学, 2018(8).

[16] 张车伟. 营养、健康与效率——来自中国贫困农村的证据[J]. 经济研究, 2003(9).

[17] 王翌秋, 雷晓燕. 中国农村老年人的医疗消费与健康状况: 新农合带来的变化[J]. 南京农业大学学报(社会科学版), 2011(10).

[18] 张永辉, 王征兵. 我国农村居民自评健康状况的实证分析[J]. 中南财经政法大学学报, 2009(5).

[19] 朱玲. 健康投资与人力资本理论[J]. 经济学动态, 2002(4).

[20] 俞福丽. 健康资本对农村居民家庭资源配置影响的研究——基于中国健康与营养调查数据的实证[D]. 扬州大学博士论文, 2015(5).

[21] 于大川, 潘光辉. 健康人力资本与农户收入增长—基于(CHNS)数据的经验研究[J]. 经济与管理, 2013(3).

[22] 方迎风, 邹薇. 能力投资、健康冲击与贫困脆弱性[J]. 经济学动态, 2013(7).

[23] 沈冰清, 郭忠兴. 新农保改善了农村低收入家庭的脆弱性吗?——基于分阶段的分析[J]. 中国农村经济, 2018(1).

[24] 沈冰清. 新农合对农村低收入家庭脆弱性的影响研究——来自中国家庭追踪调查的证据[J]. 农村经济与科技, 2017(9).

[25] 杨文. 社会资本能够降低中国农村家庭脆弱性吗[J]. 贵州财经学院学报, 2012(2).

[26] 杨龙, 汪三贵. 贫困地区农户脆弱性及其影响因素分析[J]. 中国人口·资源与环境, 2015(10).

[27] 谢申祥, 刘生龙, 李强. 基础设施的可获得性与农村减贫——来自中国微观数据的经验分析[J]. 中国农村经济, 2018(5).

[28] 章晓懿, 沈崴奕. 医疗救助对低收入家庭贫困脆弱性的缓解作用研究[J]. 东岳论丛, 2014(8).

[29] 李盛基, 吕康银, 孙晔. 中国扶贫资金支出结构的动态减贫效果研究[J]. 技术经济与管理研究, 2014(8).

[30] 张伟宾, 汪三贵. 扶贫政策、收入分配与中国农村减贫[J]. 农业经济问题, 2013(2).

[31] 于大川. 更好的营养会促进农民的劳动参与吗？——基于CHNS面板数据的实证分析[J]. 西部论坛, 2016(1).

[32] 韩静舒, 谢邦昌. 中国居民家庭脆弱性及因病致贫效应分析[J]. 统计与信息论坛, 2016(7).

[33] 冯娇, 陈勇, 周立华等. 基于可持续生计分析框架的贫困农户脆弱性研究——以甘肃省岷县坪上村为例[J]. 中国生态农业学报, 2018(11).

[34] 葛珺沂. 西部少数民族地区贫困脆弱性研究[J]. 经济问题与探索, 2013(8).

[35] 杨波, 蒋如玥. 商业健康保险地区发展差异及其影响因素研究——基于需求视角的分析[J]. 东南大学学报(哲学社会科学版), 2018(3).

[36] 解垩. 公共转移支付和私人转移支付对农村贫困、不平等的影响: 反事实分析[J]. 财贸经济, 2010(12).

[37] 张源洁, 宋媛. 民族地区健康扶贫优化发展的路径研究——基于医疗供给侧结构性改革的视角[J]. 社会纵横, 2018(3).

[38] 朱礼华, 郝身永. 调查患病率反映了真实健康状况吗？——基于社会经济状况影响患病认知的经验分析[J]. 统计与信息论坛, 2013(6).

[39] 孙祁祥, 彭晓博. 早期环境、健康不平等与健康人力资本代

际传递效应述评[J]．中国高校社会科学，2014(1)．

[40]黄潇．什么引致了农村居民贫困风险——来自贫困脆弱性测度和分解的证据[J]．贵州财经大学学报，2018(1)．

[41]刘广彬．教育与居民健康：我国教育的健康收益实证研究[D]．东北财经大学博士理论，2009(5)．

[42]桑新刚．新型农村合作医疗制度对慢性非传染性疾病患者的保障能力研究[D]．山东大学博士理论，2011(5)．

[43]朱礼华．心理健康、劳动参与和生产率——基于中日韩的研究[D]．南开大学博士论文，2013(5)．

[44]吴江洁．城市通勤时耗对个人幸福感与健康的影响研究[D]．华东师范大学博士论文，2016(5)．

[45]王洪亮，邹凯，孙文华．中国居民健康不平等的实证分析[J]．西北人口，2017(1)．

[46]卢华．健康对农村家庭非农劳动供给的影响[J]．农林经济管理学报，2017(4)．

[47]王瑜，汪三贵．农村贫困人口的聚类与减贫对策分析[J]．中国农业大学学报(社会科学版)，2015(2)．

[48]曹阳，宋文等．新型农村合作医疗制度的收入再分配效应研究——基于江苏的实证调查[J]．中国卫生事业管理，2014(10)．

[49]郑浩．贫困陷阱：风险、人力资本传递和脆弱性[D]．武汉大学博士论文，2012(1)．

[50]高蓉，苏群，沈军威．中国农村收入差距、医疗保险对居民健康不平等的影响[J]．江苏农业科学，2016(5)．

[51]张全红，周强．中国农村多维贫困的动态变化：1991—2011[J]．财贸研究，2015(5)．

[52]宁满秀，刘进．新型农村合作医疗制度对农户医疗负担的影响——基于供给者诱导需求视角的实证分析[J]．公共管理学报，2014(3)．

[53]章蓉，曹乾，路云等．新型农村合作医疗制度的健康效应[J]．上海交通大学学报(医学版)，2014(2)．

[54] 刘畅. "新农合"制度下农民健康调查引发的思考[J]. 科研管理, 2014(4).

[55] 王丹华. "新农合"健康绩效及其作用机制研究——基于CLHLS数据[J]. 社会保障研究, 2014(3).

[56] 卢洪友, 刘丹. 贫困地区农民真的从"新农合"中受益了吗[J]. 中国人口·资源与环境, 2016(2).

[57] 孟琴琴, 张拓红. 老年人健康自评的影响因素分析[J]. 北京大学学报, 2010(3).

[58] 樊丽明, 解垩. 公共转移支付减少了贫困脆弱性吗?[J]. 经济研究, 2014(8).

[59] 程令国, 张晔. 新农合: 经济绩效还是健康绩效?[J]. 经济研究, 2012(1).

[60] 王勇, 李建民. 生命周期视角下与收入相关的健康不平等分析——基于组群分析的方法[J]. 南方人口, 2014(4).

[61] 黄潇. 与收入相关的健康不平等扩大了吗[J]. 统计研究, 2012(6).

[62] 李湘君, 王中华, 林振平. 新型农村合作医疗对农民就医行为及健康的影响-基于不同收入层次的分析[J]. 世界经济文汇, 2012(6).

[63] 白重恩, 李宏彬, 吴斌珍. 医疗保险与消费: 来自新型农村合作医疗的证据[J]. 经济研究, 2012(8).

[64] 李湘君, 王中华. 新型农村合作医疗对农民就医行为及健康的影响——基于不同收入层次的分析[J]. 世界经济文汇, 2012(2).

[65] 丁锦希, 李晓婷, 顾海. 新型农村合作医疗制度对农户医疗负担的影响——基于江苏、安徽、陕西的调研数据[J]. 农业经济问题, 2012(11).

[66] 翟绍果, 严锦航. 健康扶贫的治理逻辑、现实挑战与路径优化[J]. 西北大学学报(哲学社会科学版), 2018(3).

[67] 范涛, 曹乾, 蒋露露等. 新型农村合作医疗对农民健康自评的影响[J]. 上海交通大学学报(医学版), 2011(12).

[68]郭劲光.我国贫困人口的脆弱度与贫困动态[J].统计研究,2011(9).

[69]孟德锋,张兵,王翌秋.新型农村合作医疗保险对农民健康状况的影响分析——基于江苏农村居民的实证研究田》[J].上海金融,2011(4).

[70]祁毓,卢洪友.污染、健康与不平等——跨越"环境健康贫困"陷阱[J].管理世界,2015(9).

[71]刘成奎,任飞容,王宙翔.公共产品供给真的能减少中国农村瞬时贫困吗?[J].中国人口·资源与环境,2018(1).

[72]齐良书.新型农村合作医疗的减贫、增收和再分配效果研究[J].数量经济技术经济研究,2011(7).

[73]王甫勤.社会经济地位、生活方式与健康不平等[J].社会,2012(2).

[74]杨文,孙蚌珠,王学龙.中国农村家庭脆弱性的测量与分解[J].经济研究,2012(4).

[75]高明,唐丽霞.多维贫困的精准识别——基于修正的FGT多维贫困测量方法[J].经济评论,2018(2).

[76]孙武军,祁晶.保险保障、家庭资本增长与贫困陷阱[J].管理科学学报,2016(12).

[77]齐良书,王诚炜.健康状况与社会经济地位:基于多种指标的研究[J].中国卫生经济,2010(8).

[78]李卫友.农村居民慢性非传染性疾病经济风险及其影响因素和风险管理策略研究[D].山东大学博士论文,2012(5).

[79]郑瑞强,王英.精准扶贫政策初探[J].财政研究,2016(2).

[80]刘司可.精准扶贫视角下农村贫困退出机制的实践与思考——基于湖北省广水市陈家河村152户贫困户的问卷调查[J].农村经济,2016(4).

[81]李燕,孙晓杰,刘坤.国内外老年人社会经济地位与健康关系的研究综述[J].中国社会医学杂志,2015(4).

[82]齐良书.收入、收入不均与健康:城乡差异和职业地位的影响[J].经济研究,2006(11).

[83] 程名望, Jin Yanhong, 史清华. 农户收入水平、结构及其影响因素[J]. 数量经济技术经济研究, 2014(5).

[84] 解垩. 与收入相关的健康及医疗服务利用不平等研究[J]. 经济研究, 2009(2).

[85] 严斌剑, 周应恒, 于晓华. 中国农村人均家庭收入流动性研究: 1986—2010[J]. 经济学季刊, 2014(3).

[86] 齐良书, 李子奈. 与收入相关的健康和医疗服务利用流动性[J]. 经济研究, 2011(5).

[87] 章元, 许庆, 邬璟璟. 一个农业人口大国的工业化之路: 中国降低农村贫困的经验[J]. 经济研究, 2012(12).

[88] 王弟海, 龚六堂, 李宏毅. 健康人力资本、健康投资和经济增长——以中国跨省数据为例[J]. 管理世界, 2008(4).

[89] 万广华, 张茵. 收入增长和不平等对中国贫困的影响[J]. 经济研究, 2006(6).

[90] 万广华, 周章跃, 陆迁. 中国农村收入不平等: 运用农户数据的回归分解[J]. 中国农村经济, 2005(5).

[91] 赵金辉. 以农民收入差异为视角探索完善新农合补偿机制[J]. 卫生经济研究, 2008(9).

[92] 王弟海. 健康人力资本投资和经济增长[J]. 管理世界, 2008(5).

[93] 张学杰. 经济收入与健康存量相关关系的数量模型分析[J]. 医学与社会, 2008(6).

[94] 封进, 余央央. 中国农村的收入差距与健康[J]. 经济研究, 2007(7).

[95] 袁迎春. 不平等的再生产: 从社会经济地位到健康不平等——基于CFPS2010的实证分析[J]. 南方人口, 2016(2).

[96] 张苏. 财富的不平等与健康的不平等——2015年诺贝尔经济学奖获得者安格斯·迪顿的思索[J]. 中央财经大学学报, 2015(12).

[97] 程永宏. 改革以来全国总体基尼系数的演变及其城乡分解[J]. 中国社会科学, 2007(5).

[98] 李实,罗楚亮. 中国城乡居民收入差距的重新估计[J]. 北京大学学报(哲学社会科学版),2007(6).

[99] 赵曼,吕国营. 关于中国医疗保障制度改革的基本建议[J]. 中国行政管理,2007(7).

[100] 胡善联,左延莉. 中国新型农村合作医疗研究:成绩与挑战[J]. 卫生经济研究,2007(11).

[101] 王一兵,张东辉. 中国健康人力资本对收入的影响分析——来自纵贯数据的证据[J]. 卫生经济研究,2007(8).

[102] 黄潇. 健康在多大程度上引致贫困脆弱性——基于CHNS农村数据的经验分析[J]. 统计与信息论坛,2013(9).

[103] 王秀芝,易婷. 健康人力资本的收入效应[J]. 首都经济贸易大学学报(双月刊),2017(4).

[104] 浦科学. 寿命不确定条件下的消费者健康投资分析[J]. 中国卫生经济,2013(11).

[105] 殷俊,刘一伟. 互联网使用对农户贫困的影响及其机制分析[J]. 中南财经政法大学学报,2018(2).

[106] 董晓莉. 关于完善我国国家医疗保障体系的若干思考[J]. 管理世界,2006(8).

[107] 高梦滔,姚洋. 农户收入差距的微观基础:物质资本还是人力资本[J]. 经济研究,2006(5).

[108] 王新军,郑超. 医疗保险对老年人医疗支出与健康的影响[J]. 财经研究,2014(12).

[109] 李婷,李实. 中国收入分配改革:难题、挑战与出路[J]. 经济社会体制比较,2013(5).

[110] 朱昕婷,徐怀伏. 医疗保险对老年人健康影响研究[J]. 中国卫生经济,2016(1).

[111] 李宪印,陈万明. 农户人力资本投资与非农收入关系的实证研究[J]. 农业经济问题,2009(5).

[112] 王德文,张凯悌. 中国老年人口的生活状况与贫困发生率估计[J]. 中国人口科学,2005(1).

[113] 周建,艾春荣,王丹枫,唐莹. 中国农村消费与收入的结构

效应[J].经济研究,2013(2).

[114] 曲兆鹏,赵忠.老龄化对我国农村消费和收入不平等的影响[J].经济研究,2008(12).

[115] 魏众,B·古斯塔夫森.中国居民医疗支出不公平性分析[J].经济研究,2005(3).

[116] 朱信凯.流动性约束、不确定性与中国农户消费行为分析[J].统计研究,2005(2).

[117] 易行健,王俊海,易君健.预防性储蓄动机强度的时序变化与地区差异[J].经济研究,2008(2).

[118] 陈迎春等.新型农村合作医疗减缓"因病致贫"效果测量[J].中国卫生经济,2005(2).

[119] 汤少梁,许可塑.贫困慢性病患者疾病负担与健康精准扶贫政策研究[J].中国卫生政策研究,2017(6).

[120] 王绍光.政策导向、汲取能力与卫生公平[J].中国社会科学,2005(6).

[121] 高梦滔,姚洋.风险冲击对农户收入的影响[J].经济研究,2005(7).

[122] 李琴,雷晓燕,赵耀辉.健康对中国中老年人劳动供给的影响[J].经济学(季刊),2014(3).

[123] 孙博文,李雪松,伍新木.社会资本的健康促进效应研究[J].中国人口科学,2016(6).

[124] 魏众.健康对非农就业及其工资决定的影响[J].经济研究,2004(5).

[125] 高梦滔,姚洋.性别、生命周期与家庭内部健康投资——中国农户就诊的经验证据[J].经济研究,2004(7).

[126] 任国强,王福珍,罗玉辉.收入、个体收入剥夺对城乡居民健康的影响——基于CGSS2010数据的实证分析[J].南开经济研究,2016(4).

[127] 焦斌龙.人力资本对居民收入差距影响的存量效应[J].中国人口科学,2011(5).

[128] 阎竣,陈玉萍.农村老年人多占用医疗资源了吗?农村医疗

费用年龄分布的政策含义[J].管理世界,2010(5).

[129] 樊明.健康经济学健康对劳动市场表现的影响[J].北京:社会科学文献出版社,2002.

[130] 石贝贝.我国城乡老年人口消费的实证研究——兼论"退休—消费之谜"[J].人口研究,2017(3).

[131] 朱火云.城乡居民养老保险减贫效应评估——基于多维贫困的视角[J].北京社会科学,2017(9).

[132] 李宏彬,施新政,吴斌珍.中国居民退休前后的消费行为研究[J].经济学(季刊),2015(1).

[133] 陈成文.从"因病滞贫"看农村医疗保障制度改革[J].探索,2017(2).

[134] 王延中.中国社会保障发展报告[M].北京:社会科学文献出版社,2012.

[135] 鲍银胜.中国国民收入分配问题研究[M].北京:经济科学出版社,2015.

[136] 李实,赖德胜等.中国收入分配研究报告[M].北京:社会科学文献出版社,2013.

[137] 马丁.布朗芬布伦纳.收入分配理论[M].北京:华夏出版社,2009.

[138] 田飞丽,陈飞.我国农村贫困指数测度及政策减贫效应研究[J].东北财经大学学报,2014(4).

[139] 刘欢.人力资本投入对农村贫困家庭的减贫效应分析——基于健康、教育、社会保险、外出务工比较视角[J].经济经纬,2017(5).

[140] 袁莉.基于经济效应研究视角的"新农合"实施效果研究[D].中南财经政法大学博士论文,2017(12).

[141] 刘一伟.社会保险缓解了农村老人的多维贫困吗?——兼论"贫困恶性循环"效应[J].科学决策,2017(2).

[142] 陈诗慧.脆弱性与农村扶贫——基于贵州、云南、江苏的扶贫开发调研[J].华中师范大学研究生学报,2018(4).

[143] 刘伟,朱玉春.健康风险对农户贫困脆弱性的影响研究[J].

湖北农业科学,2014(13).

[144] 李丽,刘永久. 基于脆弱性视角的扶贫政策研究[J]. 财政研究,2010(9).

[145] 丁建军,冷志明,于正东,李湘玲. 经济多样性的减贫效应——基于美国阿巴拉契亚地区的经验[J]. 中国工业经济,2016(6).

[146] 李昱. 农村老龄人口健康、医疗服务利用和费用及其与新农合关系研究-基于山东省三县面板数据分析[D]. 山东大学博士论文,2015(11).

[147] 高若晨,李实. 农村劳动力外出是否有利留守家庭持久脱贫?——基于贫困脆弱性方法的实证分析[J]. 北京师范大学学报(社会科学版),2018(4).

[148] 田子,解垩. 新农保和城居保对城乡老年人口的减贫效应:基于贫困脆弱性视角的分析[J]. 公共财政研究,2018(5).

[149] 于大川. 社会医疗保险对代际医疗支持的影响——"挤出"效应还是"挤入"效应?[J]. 中南财经政法大学学报,2016(1).

[150] 周靖. 中国居民健康不平等的经济社会影响因素研究[D]. 华中科技大学大学博士论文,2013(5).

[151] 曲纵翔,张丹妮. 贫困农户的脆弱性与抗逆力探析——兼论分析框架的完善[J]. 东北大学学报(社会科学版),2018(2).

[152] 甘犁,刘国恩,马双. 基本医疗保险刘促进家庭消费的影响[J]. 经济研究,2010(5).

[153] Adam, W. Social Health Insurance Reexamined [J]. *Health Economics*,2009(19).

[154] Adam, W., Magnus, L. Can Insurance Increase Financial Risk? The Curious Case of Health Insurance in China[J]. *World Bank Policy Research Working Paper*,2005(4).

[155] Adam, W., Winnie, Y., Magnus, L., William, C. H. China's Health System and Its Reform: A Review of Recent Stud-

ies[J]. *Health Economics*, 2009(18).

[156] Adam, W., Eddy, V D, et al. Equity in the Finance of Health Care: Some Further International Comparisons[J]. *Journal of Health Economics*, 1999(3).

[157] Abdulmalik, J., Olayiwola, S., Docrat, S., Lund, C., et al. Sustainable Financing Mechanisms for Strengthening Mental Health Systems in Nigeria[J]. *International Journal of Mental Health Systems*, 2019(13).

[158] Buchmueller, T. C., K. Grumbach, et al. The Effect of Health Insurance on Medical Care Utilization and Implications for Insurance Expansion: A Review of the Literature[J]. *Medical Care Research and Review*, 2005(1).

[159] Card, D C., Dobkin, et al. The Impact of Nearly Universal Insurance Coverage Economic on Health Care Utilization: Evidence from Medicare[J]. *American Review*, 2008(5).

[160] Chen, Y Y., Jin, G Z. Does Health Insurance Coverage Lead to Better Health and Educational Outcomes? Evidence from Rural China[J]. *Journal of Health Economics*, 2012(1).

[161] Chaudhuri S., Jalan J., Suryahadi A. *Assessing Household Vulnerability to Poverty from Cross-sectional Data: A Methodology and Estimates from Indonesia*[M]. New York: Columbia University, 2002.

[162] Dong, Y. How Health Insruance Affects Health Care Demand-A Structural Analysis of Behavioral Moral Hazard and Adverse Selection[J]. *Economic Inquiry*, 2013(2).

[163] Du, J., Takeshi, Y. Health Capital Investment and Time Spent on Health-related Activities [J]. *Review of Economics of the Household*, 2017(15).

[164] Ekman, T. The Impact of Health Insurance on Outpatient Utilization and Expenditure: Evidence from One Middle-income Country Using National Household Survey Data[J]. *HealthResearch Policy*

and Systems, 2007(5).

[165] Venkatesh, P., Ranjan P., et al. Sustainability, Energy Budgeting, and Life Cycle Assessment of Cropdairy-fish-poultry Mixed Farming System for Coastal Lowlands under Humid Tropic Condition of India[J]. *Energy*, 2019(4).

[166] Esso-Hanam, A. Health Shocks in Sub-Saharan Africa: Are the Poor and Uninsured Households More Vulnerable? [J]. *Health Economics Review*, 2018(8).

[167] Fang, C., Zhang, X B., Fan, S G. Emergence of Urban Poverty and Inequality in China: Evidence from Household Survey[J]. *China Economic Review*, 2002(4).

[168] Filho, W. L., Balogun, A., Olayide, O. E., Azeiteiro, U. M., et al. Assessing the Impacts of Climate Change in Cities and Their Adaptive Capacity: Towards Transformative Approaches to Climate Change Adaptation and Poverty Reduction in Urban Areas in A Set of Developing Countries[J]. *The Science of the Total Environment*, 2019(20).

[169] Gong, L T., Li, H Y., Wang, D H. Health Investment, Physical Capital Accumulation, and Economic Growth[J]. *China Economic Review*, 2012(4).

[170] Haitham, B. A., Jayant, K. R. Vulnerability to Flood-induced Public Health Risks in Sudan[J]. *Disaster Prevention and Management*, 2014(4).

[171] Jacob, N., Justice, N., Richard, M., Levison, S. C. Health and Vulnerability to Poverty in Ghana: Evidence from the Ghana Living Standards Survey Round 5[J]. *Health Economics Review*, 2012(2).

[172] Kiely, K. M., Leach, L. S., Olesen, S. C., Butterworth, P. How Financial Hardship Is Associated with the Onset of Mental Health Problems over Time [J]. *Social Psychiatry and Psychiatric Epidemiology*, 2015(50).

[173] Liu, J P., Lu, R., Yi, R H., Zhang, T. Modelling Optimal Asset Allocation When Households Experience Health Shocks[J]. *Review of Quantitative Finance and Accounting*, 2017(49).

[174] Liu, G. G., Zhao, Z Y., Cai, R H., Yamada, T., Yamada, T. Equity in Health Care Access to: Assessing the Urban Health Insurance Reform in China [J]. *Social Science & Medicine*, 2002(10).

[175] Mahmuda, M., Anisul, H., M. Shah Alam Khan., Jeroen, F. W., et al. Development of a Sustainable Livelihood Security Model for Storm-surge Hazard in the Coastal Areas of Bangladesh [J]. *Stochastic Environmental Research and Risk Assessment*, 2016(30).

[176] Marco, M., Marcos, R., Mayra, S., Pablo, I., et al. Poverty, Vulnerability, and the Middle Class in Latin America [J]. *Latin American Economic Review*, 2016(4).

[177] Oliver, G. Shocks, Individual Risk Attitude, and Vulnerability to Poverty Among Rural Households in Thailand and Vietnam[J]. *World Development*, 2015(71).

[178] Rahman, Z., Mehdi, Z., Ebrahim, A. Zoning and Spatial Analysis of Poverty in Urban Areas (Case Study: Sabzevar City-Iran)[J]. *Journal of Urban Management*, 2019(3).

[179] R. V., L, S., K.-G. H., A. H. E., et al. Access to Health Care for Persons with Disabilities in Rural South Africa [J]. *BMC Health Services Research*, 2017(1).

[180] Sanchita, G., Ghosh, M. K., Sanjit, M., et al. Development and Application of Dairy-based Sustainable Livelihood Security Index in the Districts of West Bengal, India: A Tool for Dairy Development Planning[J]. *Journal of Rural Studies*, 2019(6).

[181] Suryanto, S., Rahman, A. Application of Livelihood Vulnerability Index to Assess Risks for Farmers in the Sukoharjo Regency and Klaten Regency, Indonesia[J]. *Jamba*, 2019(1).

[182] Singh, P. K., Hiremath, B. N. Sustainable Livelihood Security Index in a Developing Country: A Tool for Development Planning [J]. *Ecological Indicators*, 2009(2).

[183] Yip, W., William C. H. Non Evidence Based Policy: How Effective is China's New Cooperative Medical Scheme in Reducing Medical Impoverishment? [J]. *Social Science & Medicine*, 2009(2).

[184] You, J., Adam, O. Volatility and Inequality: Household Vulnerability as Uncertain Welfare in Rural China[J]. *The European Journal of Development Research*, 2015(27).